우리는 천국으로 출근한다

한미파슨스 김종훈 회장의 유토피아 경영

우리는 천국으로 출근한다

한미파슨스 김종훈 회장의 유토피아 경영

우리는 천국으로 출근한다

한미파슨스 김종훈 회장의
유토피아 경영

• 김종훈 지음 •

21세기북스
www.book21.com

창조 경영의 실전 교과서

이어령 전 문화부 장관

생명의 꽃을 피우는 숨결

나는 건축이나 건설에 대해서는 잘 알지 못한다. 그저 성냥곽처럼 빼곡히 들어찬 빌딩 숲을 보면 숨이 막힐 뿐이다. 하지만 그중에는 보는 이의 눈을 즐겁게 하는 아름다운 건축물도 더러 있다. 비록 차가운 쇳덩이와 콘크리트를 부어 지은 거대한 건축이지만 거기에 어떤 숨결을 불어넣느냐에 따라 생명의 꽃이 피기도 하는 모양이다.

상암 월드컵 주경기장의 기적

거대한 쓰레기더미 위에 세워진 상암 월드컵 주경기장이 그렇다. 2002년 한일 월드컵을 한창 준비하던 시절, 주경기장 건설 준비가 지지부진하여 월드컵을 치르는 데 큰 지장을 초래할지도 모르는 상황이었다. 그때 김종훈 회장과 한미파슨스 구성원들은 온갖 창의력을 짜내 서울 변두리의 버려진 땅에 생명의 꽃을 피운 것이다.

관행을 깨고 새로운 모델 제시

한미파슨스라는 독특한 회사를 이끌어온 김종훈 회장의 책을 보면서 CM이라는 건설 서비스가 건축에 생명을 불어넣을 수 있다는 것을 어렴풋이 알게 되었다. 하지만 그러한 과정이 그리 순탄하지만은 않았을 것이다.

김종훈 회장은 남이 하지 않은 일을 찾아내고 거기에 도전했으며 건설산업의 기존 관행에 저항했다. 그리고 엄정한 원칙경영과 투명경영을 통해 기업의 성과로 만들었다.

2개월의 안식휴가 제도

창조 경영이란 무작정 앞으로 나가는 것만을 뜻하지는 않을 것이다. 남들이 모두 뛰어가는 시대에 혼자 앉아 있는 것도 커다란 용기를 필요로 한다. 그것 또한 승리다. 멈추어야 할 때 확실하게 멈출 수 있도록 브레이크가 튼튼해야 자동차가 마음 놓고 달릴 수 있기 때문이다. 직장생활에서도 브레이크를 밟아야 할 때가 있다.

그런 의미에서 CEO가 먼저 두 달 동안이나 안식휴가를 떠나고 더불어 전 구성원이 차례로 두 달씩 안식휴가를 다녀올 수 있는 제도를 만들어 시행한 한미파슨스의 사례는 퍽 인상적이다.

우리나라 기업들 중에 전 직원들이 차례로 두 달씩 안식휴가를 다녀올 수 있는 곳이 몇이나 될까. 김종훈 회장은 웬만한 기업에서는 엄두도 못낼 일을 과감하게 시행한 것이다. 아마 그와 같은 안식휴가가 창조적 에너지의 원천임을 일찍 깨달은 듯하다.

회사의 최고 가치는 사회공헌활동

한편 한미파슨스라는 회사가 가진 최고의 가치는 노블리스 오블리제 정신에 따른 사회공헌활동이라는 생각이 든다. 우리는 모두 영적인 심성을 가지고 있다.

나는 지금이 아무리 황금만능시대라고 해도 여전히 많은 사람들이 자기가 가진 것을 꺼내어 베풀며 남에 대한 봉사로 기쁨을 누리며 사는 것은 그러한 영성 때문이라고 생각한다. 책에서 소개되고 있듯이 한미파슨스의 모든 구성원이 직장생활을 하면서 봉사활동을 통해 기쁨을 누리는 것도 그와 무관치 않을 것이다.

지식보다는 지혜, 지혜보다는 생명이 더 소중

이제 산업시대를 지나고 지식정보시대도 지나 새로운 시대가 열릴 것이다. 바로 지식보다는 지혜, 지혜보다는 생명이 더 소중하게 여겨지는 세상이다. 즉 생명과 사랑이 자본이 되는 시대라고 할 수 있다.

그런 점에서 미래의 자본은 생명과 사랑이라고 말할 수 있다.

이제 숱한 역경 속에 촘촘하게 숨어 있는 창조의 씨앗을 가꾸고 그 것으로 나를 살리고 사회를 살리는 생명의 에너지를 가진 기업만이 존재가치를 인정받을 것이다. 지금 이 책을 읽는 젊은 독자들이 그런 정신을 함양하여 미래의 크리에이티브 클래스를 형성할 것으로 믿 는다.

훌륭한 일터 만들기

정준양 포스코그룹 회장

기업문화가 기업의 운명을 결정한다

21세기에 기업의 운명을 결정짓는 것은 기업문화이다. 바람직한 기업문화는 훌륭한 일터를 만들기 위한 전제조건이다. 이처럼 바람직한 기업문화와 일하기 좋은 일터를 만드는 것은 모든 CEO들의 바람일 것이다. 그런 까닭에 오늘날 대부분의 기업들이 각사 특성에 적합한 바람직한 기업문화를 정착하는 데 많은 관심을 기울이고 있다.

대한민국 '훌륭한 일터'의 모범 한미파슨스

나는 CEO로서 평소 '훌륭한 일터'에 관심이 많은 편이다. 그래서 7년이나 연속 '대한민국 훌륭한 일터상'을 수상한 한미파슨스와 김종훈 회장에 대하여 관심을 가지고 있었다. 그간 한미파슨스라는 회사가 어떤 기업문화 속에서 즐겁고 행복한 일터 만들기GWPGreat Work Place 운동을 성공적으로 이끌며 모범적 사례를 만들어왔는지가 궁금하기도 했다. 그런 터에 그 궁금증을 풀어줄 책이 나와서 우선 반갑다는 말부터 전하고 싶다.

경영 혁신과 자기혁신을 통한 지속 성장

단기적 성과 못지않게 중요한 것은 기업문화다. 그렇기 때문에 선진국의 탁월한 CEO들은 기업문화가 기업의 최후의 보루라고 말한다. 바람직한 기업문화를 구축하는 것이야말로 지속적으로 성과를 창출해내는 지름길이기 때문이다. 또 그런 조건을 충족시키기 위해서는 끊임없이 경영혁신, 자기혁신을 이루어야 한다. 그런 과정을 통하여 한미파슨스에는 놀랍도록 짧은 기간에 독창적인 기업문화가 정착된 것으로 보인다. 그것은 그만큼 김종훈 회장의 의지가 강렬했다는 것을 뜻한다.

기업문화는 시간의 연속성을 전제로 하는 것이지만 지속적인 실천 문화가 바탕이 되어야 한다. 그 점에서 김종훈 회장과 한미파슨스 구성원들은 '직장인의 천국 만들기' 라는 구체적인 프로젝트를 설정하고 해볼 만하다고 판단이 되는 일은 바로 실천에 옮기는 자세를 보여주었다. 그러면서 GWP 운동의 성과를 일구어내는 과정이 무척 흥미로웠다.

CEO의 철학과 구성원의 의지가 만든 성과

훌륭한 일터는 CEO의 철학과 구성원의 의지 못지않게 성과창출이 전제가 되어야 한다. 김종훈 회장은 'CM의 전도사' 라는 별명을 얻으며 일찍이 건설 산업의 미래시장인 CM Construction Management 사업에 도전을 했다. 그리고 창업 초기에 맞은 IMF 외환위기마저 슬기롭게 이겨내면서 꾸준히 성장을 하며 국내 건설 산업에 신선한 바람을 일으켰고 지금은 전 세계를 향해서 도전하고 있다.

그는 GWP 운동이 성과 창출과 지대한 상관관계가 있다는 사실을 결과로써 입증하고 있다. 이 책은 김종훈 회장과 한미파슨스의 그런 과정을 총괄적으로 그리고 아주 자세하게 그려내고 있다.

평사원에서 출발해 CEO의 자리까지 오르기

이 책은 언뜻 보면 CEO들을 위한 책으로 보인다. 사실상 직장인의 천국을 만드는 데 일차적인 주체는 CEO라고 할 수 있기 때문이다. 그러나 일반 직장인들에게 시사하는 바도 크다.

이 책에서 김종훈 회장 또한 그 점을 밝히고 있다. 그는 이미 직장인이었을 때부터 훌륭한 직장, 더 나아가서 '직장인의 천국' 에 대한 꿈을 꾸고 있었고 창업을 한 뒤에 비로소 그 결과를 꽃으로 피운 것이기 때문이다.

사실 이 책의 저자인 김종훈 회장과 나는 두 가지 면에서 공통점이 있다. 모두 평사원에서 출발하여 CEO의 자리에 이르렀다는 것과 모두 엔지니어 출신이라는 점이다. 이런 사실이 평범한 여러 직장인들이나 학생들에게도 주는 메시지는 크리라 생각한다.

물론 아무나 훌륭한 CEO가 될 수 있는 것은 아니지만 누구나 노력하면 최고경영자가 될 수 있다는 강력한 희망의 메시지를 이 책에서 읽을 수 있을 것이라고 확신한다.

직장인의 천국을 만드는 것은 꿈인가

나는 회사 창립 때부터 '꿈의 직장'을 만드는 것을 목표로 삼고 매진해왔다.

창립 초기에는 구성원들이 출근하고 싶어 안달하고 휴가 가서도 동료가 보고 싶어 빨리 돌아오고 싶어하는 직장을 만들어보고 싶었다. 나는 고객과 주주에 앞서 '구성원 중심' 철학을 견지해왔고 회사의 이익에 앞서 구성원의 이익을 우선하는 정책을 운영의 기틀로 삼아왔다. 나는 IMF 외환위기의 혹독한 어려움 속에서도 한 명의 인력 퇴출 없이 고통분담을 통하여 위기를 극복했다.

나는 2000년대 초에 일하기 좋은 기업, 즉 즐겁고 행복한 일터 만들기 운동인 GWP Great Work Place 개념을 알게 되었다. 그 뒤부터는 혼신을 다하여 회사를 즐겁고 행복한 일터로 만들기 위해 노력했다. 그 활동의 종착역은 항상 '꿈의 직장 구현'과 '직장인의 천국'을 만드는 것이었다.

그 결과 창립 시엔 나를 비롯한 구성원들이 한 주의 주식도 없었으나 구성원들이 주식을 100퍼센트 소유하게 되었고 지속 성장을 위해서 거래소 시장에 상장까지 하게 되었다. 아울러 7년 연속 GWP상을 받았고 작년에는 GWP 종합대상을 받았다. 지금은 명실상부하게 한국 GWP 대표기업으로 자리매김하고 있다. 또한 2015년 글로벌 톱10의 비전을 달성하기 위하여 혼신의 노력을 해오고 있다.

내가 꿈꾸는 직장인의 천국이란 내부 고객인 구성원들이 만족을 통해 최고의 성과를 냄으로써 고객가치를 창출하고 이에 따라 주주가치는 자동적으로 창출되는 선순환의 지속 가능한 경영 메커니즘을 만드는 것이다. 선순환의 가장 중요한 기저는 내부 고객인 구성원만족 경영에 있다.

아울러 우리의 손길이 필요한 이웃을 위해서 기업이 가진 역량과 노력을 쏟아부음으로써 '기업이 세상을 더 좋은 곳으로 바꾸는' 가진자의 사명을 실현하는 것이 꿈이다.

나는 이러한 사명감을 가지고 창립 때부터 우리나라의 건설산업을 경쟁력 있는 글로벌 산업으로 만들기 위해서 끊임없이 노력해왔고 사회공헌활동을 노블리스 오블리제 차원에서 꾸준히 해왔다.

이 책은 지난 2006년 회사 창립 10주년을 맞이하여 기념사업으로 기획되었다. 그동안 내가 임직원들에게 쓴 CEO 단상, 언론매체의 각종 칼럼, 강연 원고 등을 중심으로 재정리 작업을 했다. 그러나 정리된 원고가 출판하기에는 부족했고 내 마음에도 흡족하지 않았다. 그 이후에 마음의 부담을 간직한 채 차일피일하다 몇 년이 흘러버렸다.

그러다가 작년에야 인간개발연구원 양병무 원장(현 재능교육 대표이사)의 원고 검토와 격려로 책을 내겠다는 결심을 다시 하게 되었고 이후 1년 여의 작업 끝에 책을 내게 되었다. 실로 쉽지 않은 과정이었고 5년 여 세월의 산고의 진통 속에서 이 책이 세상에 처음 탄생하게 된 것이다.

이 책이 세상에 나오기까지 많은 사람들의 도움과 격려가 있었다.

재능교육 양병무 대표, 명지대학교 김정운 교수, 더 퍼포먼스 류랑도 대표, 솔로몬연구소 김성호 대표, 우리투자금융 김종욱 전 회장, 삼성Japan 정준명 전 사장, 위닝 경영연구소 전옥표 대표, 아트 스피치 김미경 원장, HR&파트너스 김혜란 대표 등이 바쁜데도 불구하고 원고를 꼼꼼히 검토하고 지적해주었고 격려를 아끼지 않았다.

또한 정익교, 김정호, 이택수, 오현석, 박진배, 변봉수, 박상혁, 전영준, 최선경 등 직원들은 헌신적으로 원고 내용을 개선하는 데 도움을 주었다.

이 책은 내가 직장인의 천국을 만들어가는 과정을 그린 책이다. 나는 이상향인 엘리시온이 존재한다고 믿고 있다. 그리고 그 엘리시온을 찾아가는 과정 자체가 직장인의 천국으로서의 가치가 있다고 믿는다.

　나는 앞으로도 진리를 찾기 위해 혼신을 다 바쳐 수행하는 구도자처럼 천국을 만드는 일을 해나갈 것이다.

　직장인의 천국은 '완벽을 향한 열망' 이라고도 할 수 있다.

　이 책 출간을 통해 우리 사회가 조금이라도 나아지는 계기가 된다면 더 말할 나위 없는 보람이요 영광이겠다.

　많은 분들의 격려에 다시 한번 감사드린다.

2010. 11.

김종훈

추 천 사 • 창조 경영의 실전 교과서 | 이어령(전 문화부 장관) 4

홀륭한 일터 만들기 | 정준양(포스코그룹 회장) 8

프롤로그 • 직장인의 천국을 만드는 것은 꿈인가 12

| 차례 |

Part 1 직장 천국 만들기 프로젝트

직장을 천국으로 만들자

출근하고 싶어 안달 나는 회사 25

구성원이 주인인 회사 26

핵심 가치는 배려와 열정 28

회사의 주인은 구성원이다

고객과 구성원, 누가 우선인가 31 | O이론 32

구성원을 최우선 배려하라 36

구성원의 가족까지 돌봐라 38

구성원의 출산을 장려하고 적극 지원한다 40

구성원의 불행을 끝까지 책임진다 44

오늘보다 나은 준비된 내일

회사가 주는 최고의 선물은 '무자비한 훈련과 교육' 47

구성원의 경력을 체계적으로 관리하라 50

지속 가능 경영을 위한 경영권 승계 53

• 두렵지만…… 할 수 있다고 믿습니다 57

• 아무 걱정도 하지 말라고 했습니다 63

Part 2 미래 만들기 프로젝트

우리는 된다

전쟁터 같은 현장이 최고의 학교다 69

자부심은 혼신을 다 바친 자만이 갖는 훈장이다 72

경쟁하지 말고 뛰어넘어라 74 | 처음 해보지만 할 수 있다 77

미래를 예측하지 말고 만들어라

특단의 조치를 취하라 81 | 뜻이 있는 곳에 길이 있다 85

일하는 데는 광신도 같은 열정과 헌신이 필요하다 88

돈으로 살 수 없는 것들을 얻어라

102층 시너지파크에 CM의 꿈을 쏘다 91 | 위기는 도둑처럼 몰래 온다 93

아무리 힘들어도 끝까지 함께한다 95 | 고통을 서로 품앗이하라 98

대 사멸 이후의 비약적 진화 100

기적은 있다

단 1퍼센트의 가능성에 도전하다 105

상암동 쓰레기더미에 피운 CM의 꽃 108

CM의 기적, 4강의 기적 110 | 우리의 이름은 한미파슨스 113

나란히 평등한 원탁회의 114 | 소통만 되면 만사형통이다 116

CEO의 편지 119

꿈은 이루어진다

우리가 꿈꾸는 엘리시온 122 | 간절하고 절실한 꿈을 가져라 124

자신과의 약속은 반드시 지켜라 125 | 나만의 큰 바위 얼굴을 가져라 129

Part 3 초 일류 기업 만들기 프로젝트

모든 결론은 결국 성과다

천국 같은 직장, 최고의 성과 133 | 구성원이 행복해야 회사가 잘된다 135

한미파슨스 웨이 136 | 리더십이 살아 있는 조직에서 일하라 140

패러다임을 바꿔라

혁신을 위해서는 발상을 전환하라 143

뜻밖의 보너스로 고객에게 감동을 줘라 145 | 판을 새로 짜라 148

발은 현재에 눈은 미래에 150

블루오션은 가까운 곳에 있다

작은 고객도 소중하다 153 | 고객의 요구에 한 발 먼저 다가가라 156

새 집 줄게, 헌 집 다오! 159

글로벌 스탠더드로 무장하라

거시적 안목으로 연구하라 161 | 코리언 스탠더드는 과감히 버려라 164

건설산업의 선진화를 위해 167 | 글로벌 스탠더드가 곧 선진화다 170

세계 최고를 향해

글로벌 톱 10 CM기업의 비전 174

진정한 최고는 '일하기 좋은 기업 세계 1위' 176

최고의 비결은 끈기와 실행력 178

인치 경영이 아닌 시스템 경영

성과 지향적 조직을 구축하라 182 | 계기비행 같은 시스템 경영 184

정보가 아니라 지식이다 186 | 인재를 만드는 독서경영 190

Part 4 선순환 경영 구조 만들기 프로젝트

원 스트라이크 아웃

투명하니까 일을 준다 195 | 정직한 기업만 살아 남는다 198

원칙을 지키면 목숨도 건진다 200 | 한 해 매출과 맞바꾼 윤리경영 202

원스톱 서비스를 구축하라

디테일이 경쟁력이다 206 | 100에서 1을 빼면 0이다 209

미래시장은 소프트웨어가 지배한다 211

토털솔루션으로 명품업체를 지향한다 214

선진국 업체와 경쟁하라

중국 시장은 글로벌 경영의 디딤돌 216

해외 사회공헌에 기여하다 218

선진 건설의 각축장 중동에 진출하다 221

건설의 마에스트로를 향해

원칙과 절제의 미학을 가르쳐준 아버지 224

도전과 열정의 리더십 물려주신 어머니 227

경영비전을 제창하는 회사 230 | 건설의 마에스트로를 향해 232

Part 5 잠든 거인 깨우기 프로젝트

혼자서 낯선 것과 마주하라

한국인은 쉴 줄 몰라요 237 | 혼자만의 시간에 낯선 것과 마주쳐라 239

삶의 목표를 글로 구체화하라 241

여행이 만드는 마법

놀 듯이 일하면 일터가 행복하다 244

금속으로 피운 꽃, 빌바오 구겐하임미술관 247

시칠리아 섬에 마피아를 소탕하러 가다 250

단출하게 떠나는 국내여행도 좋다 253

애플 배케이션

어슬렁거리며 산책하다가 사과나무 아래에서 쉬기 255

당신은 출근할 때 무슨 생각이 드는가 257

CEO여, 먼저 떠나라 259

인도에서 잠시 삶의 쉼표를 찍다 263

안식휴가제도 정착을 위해 267

Part 6 모두의 행복 만들기 프로젝트

봉사할 수 있음에 감사하라

내가 봉사활동을 하는 이유 273

소외된 사람들과의 나눔은 축복이다 275

우리는 모두 예비 장애인 277

한 달에 하루는 '사회공헌의 날' 279

1퍼센트가 모여 이루어낸 100퍼센트의 기적 281

얼어 죽어도 바꿀 수 없는 감동 285

사회공헌활동도 글로벌하게 287

따뜻한 사람들과 따뜻한 동행

나눔은 가슴 뭉클한 행복이다 290 | 장애 없는 세상을 만든다 292

함께 나눔을 위해

기업연합재단의 꿈 295 | 실버클럽과 CEO 지식 나눔 298

고마움을 먼저 알자 299

노블리스 오블리제의 전통을 만들자 303

내 인생의 이모작을 위해 306

에필로그 • 기업이 세상을 더 좋은 곳으로 바꿀 수 있다 310

일하기 좋은 기업은 저절로 이뤄질 수는 없다. 회사는 구성원을 소중하게 여기는 철학을 지속적으로 견지하고 그에 따른 구체적인 노력을 기울여야 한다. 가령 우리는 회사 사규를 적용할 때 모호한 조항에 대해서는 무조건 구성원에게 유리하도록 유권해석을 한다. 나는 경영지원 부서에 '회사 편에 서지 말고 구성원 편에 서라' 는 원칙을 지침으로 주곤 한다. 물론 그 바탕에는 회사에 대해서 자부심을 가지고 자신을 갈고 다듬는 구성원들이 있다. 이러한 구성원이 늘어날 때 회사의 성장은 기본이다.

출근할 때면 그날 해야 할 일에 대한 기대로 가슴이 설레는 회사, 맞이하는 하루하루가 새롭고 역동적인 회사, 즐겁게 일하는 가운데서 보람을 찾고 이를 통해 얻은 값진 열매를 구성원들이 함께 나눠 가질 수 있는 회사, 이런 회사야말로 CEO가 만들어가야 할 훌륭한 일터, 천국 같은 직장일 것이다.

Part 1
직장 천국 만들기 프로젝트

직장을 천국으로 만들자

출근하고 싶어 안달 나는 회사

'직장인의 천국을 구현하는 한미파슨스'

우리 회사에서 새 구성원을 뽑을 때 구인광고에 내건 헤드 카피다. 내가 사업을 시작하면서부터 지금까지 끊임없이 지향해온 경영 화두이자 경영의 최종 목표이다.

나는 구성원들이 동료애를 느끼며 안정된 분위기 속에서 재미와 기쁨을 누릴 수 있도록 하기 위해 네 가지 목표를 세웠다.

1. 구성원 개개인은 출근하는 것이 즐거워야 한다.

2. 구성원끼리 일터에서 마주 대하는 것이 편안해야 한다.

3. 구성원끼리 경쟁보다는 배려와 협력을 통해 성장해야 한다.

4. 자아실현의 기쁨이 있어야 한다.

　회사에 만족하는 구성원은 고객을 만족시키기 위해 노력한다. 그러다 보면 자연스럽게 이직률이 낮아지고 유능한 인재들도 찾아와 결국은 회사 경쟁력을 높이게 된다. 기업활동에서 가장 바람직한 선순환구조를 형성하게 되는 것이다.

　경영자는 일하기 좋은 천국 같은 직장을 만들겠다는 확고한 의지가 있어야 한다. 또한 지속적으로 실천해야 한다. 그러면서도 CEO 개인의 욕심, 즉 사심이 없어야 한다. 그것이 리더로서 신뢰를 얻는 길이다. 그래야 구성원들이 믿고 따른다.

　나는 모든 구성원이 함께 비전을 공유하면서 '출근하고 싶어 안달 나는 회사'를 만드는 것이 꿈이다.

구성원이 주인인 회사

　내가 출근하고 싶어 안달 나는 회사를 만들겠다는 꿈을 갖게 된 건 말레이시아 쌍둥이 빌딩 KLCC 현장 근무를 하면서다. 당시 말레이시아에서 가족과 함께 머물 때의 일이었다.

　어느 날, 말레이시아 현지 학교를 다니던 우리 아이들 표정이 온종일 시무룩해 보였다. 나는 별 생각 없이 딸아이에게 물었다.

　"왜 그렇게 시무룩하니?"

　"방학을 해서요."

의외였다. 아이들은 으레 방학이 시작되면 신나게 놀다가 개학 때가 되면 학교에 가기 싫어 스트레스받는 게 흔한 모습이 아니던가? 나는 이유가 궁금해서 다시 물었다.

"신나는 방학인데 즐겁지 않아?"

"학교에 가는 게 훨씬 즐겁거든요."

그랬다. 거기에서는 학교가 아이들에게 즐거움을 주는 곳이었다. 학교에 못 가서 아이들이 안달할 만큼 말이다. 우리 아이들뿐만 아니라 다른 집 아이들도 마찬가지였다. 나는 그때 그 경험을 회사경영에 적용해보고 싶었다. 그때 우리 아이들이 그랬던 것처럼 직원들이 출근하고 싶어 안달하는 그런 꿈같은 회사를 만들 수는 없을까?

그런 고민을 하던 나는 뭔가 특별한 회사를 만들기 위해 스스로 세 가지 약속을 했다.

1. 건설산업 선진화의 기수가 돼 지속적으로 건설산업의 선진화와 혁신을 위해 노력하겠다.
2. 노블리스 오블리제 정신을 실천하겠다.
3. 구성원이 주인이 되는 회사를 만들겠다.

그런데 세 번째 생각은 매우 발칙한 발상이었다. 기업의 구성요소인 주주, 고객, 구성원 중에 누가 가장 중요한지는 관점에 따라 다르다. 주주 자본주의 하에서는 일반적으로 주주가 주인이고 주주 위주의 경영이 이뤄지므로 구성원 위주의 경영은 쉽지 않다. 그러나 내부 고객이라 칭하는 구성원이 만족하게 되면 그 구성원이 외부 고객을 만족시키고 좋은 성과를 창출해 선순환이 이루어진다. 또 그렇게 창출된 성과는 결국 주주에게로 돌아가게 된다고 굳게 믿었다.

나는 이 세 가지 약속을 지키기 위해 창업 이래 지금까지 지속적으로 노력해왔다. 그 결과 지금 우리 회사는 세계 36개국에 진출한 글로벌 기업이 됐다. 최근 내가 '건설산업선진화위원회' 위원장을 역임한 것도 그런 노력의 결실이라 할 수 있다. 또 노블리스 오블리제를 실천하는 사회공헌활동은 회사의 중요한 가치로 자리잡았다. 또한 우리 회사는 창업한 지 10년 만에 100퍼센트 구성원 지주회사로 탈바꿈했다.

기업은 경영자가 어떤 철학과 신념을 가지느냐에 따라 확연히 달라질 수 있다. 가령 경영자가 이윤 추구를 중시하면 구성원이 어떻게 되든 간에 어느 정도 성과를 뽑아낼 수 있다. 하지만 그런 기업은 오래가지 못한다.

반면, 탁월한 기업문화가 자리잡은 회사는 지속적 성장이 가능한 법이다. 나는 구성원이 주인인 천국 같은 회사, 최고의 일터를 꿈꾸었다. 바로 내 확고한 꿈이었고 희망이었다.

핵심 가치는 배려와 열정

'웃음이 넘치는 환한 얼굴, 신나고 재미있는 일터, 높아가는 자부심, 우리가 그려가야 할 자화상입니다.'

초창기 회사 곳곳에 붙어 있던 표어다.

나는 2003년에 천국 같은 회사, 최고의 일터를 구현하기 위한 방법으로 세계적인 컨설턴트 로버트 레버링Robert Levering 교수가 주창한 즐겁고 행복한 일터 만들기 운동GWP을 채택했다.

로버트 레버링 교수는 어떻게 해야 좋은 기업문화를 만들 수 있을까를 연구하던 중 성과가 뛰어난 초우량 기업에는 일반 기업과 다른 어떤 요인이 있다는 점을 발견했다. 그것은 우리가 흔히 생각하는 급여나 복리제도 같은 게 아니라 내부 조직문화였다. 바로 믿음, 존중, 공정성, 자부심, 재미 등이었다. 그래서 시작한 일이 바로 즐겁고 행복한 일터 만들기 운동이다.

우선, 나는 우리나라에 즐겁고 행복한 일터 만들기 운동을 처음 소개한 엘테크 신뢰경영연구소의 컨설팅을 받고 그해 10월에 시험 삼아 '2003년 한경-레버링 훌륭한 일터상'에 응모했다. 그 결과 우리 회사가 장려상을 받게 됐다. 창립 때부터 지속적으로 시행해온 '구성원 중심'의 회사 운영 시스템이 평가를 받은 것이다.

그러자 회사에는 즐겁고 행복한 일터를 만들어보자는 열망이 넘쳤고 마침내 열 명의 구성원이 모임을 만들어 적극적으로 활동하기 시작했다.

그 결과 여러 가지 변화가 생겼다. 우선, 회사 전 구성원을 대상으로 설문조사를 통해 즐겁고 행복한 일터를 만들기 위한 핵심가치로 '배려'와 '열정'을 선정했다. 또 회사 인트라넷에는 즐겁고 행복한 일터 폴더를 개설해 구성원 간의 커뮤니케이션 공간으로 활용했다. 다른 회사 사례를 연구하며 향후 3년에 걸친 실천계획도 세웠다.

우리 회사는 즐겁고 행복한 일터 만들기 운동의 성과에 힘입어 최근 몇 년 동안 매출이나 수익 면에서 급성장을 했다. 2006년과 2007년은 연속 50퍼센트씩 성장했고 글로벌 금융위기로 어려웠던 2008년에도 30퍼센트 정도의 성장을 이뤄냈다. 실로 어닝 서프라이즈라고 하지 않을 수 없다.

지금 즐겁고 행복한 일터 만들기 운동은 전 세계의 여러 기업에서 새로운 기업문화 혁신운동으로 확산되고 있다. 경영 전문지 『포춘』은 매년 '일하기 좋은 100대 기업'을 발표하고 있다. 거기에는 구글처럼 유명한 회사들뿐만 아니라 컨테이너 스토어The container store 같은 낯선 이름의 회사도 종종 상위에 랭크된다.

더불어 컨테이너 스토어 직원들은 휴가지에서도 동료들이 그리워 빨리 출근하고 싶어 안달한다는 등의 특이한 기업문화도 소개된다. 널리 알려진 초우량기업이 아니더라도 즐겁고 행복한 일터 만들기 운동을 통해 경영성과도 내고 훌륭한 일터도 만들 수 있음을 보여주는 사례이다.

즐겁고 행복한 일터 만들기 운동은 우리 회사에도 기업문화 혁신의 핵심 개념을 제공했다. 나아가 우리 회사가 추진하는 경영혁신활동의 근간이자 바탕이 됐다. 우리는 '즐겁고 행복한 일터'를 만들기 위해 회사 경영원칙을 '구성원 우선' '구성원만족' 경영을 실천해왔다.

회사의 주인은 구성원이다

고객과 구성원, 누가 우선인가

"우리는 구성원이 우선입니다."

많은 기업들이 고객만족, 고객감동, 고객가치를 외친다. 그러나 나는 내놓고 이렇게 말한다. 우리처럼 이렇게 내놓고 말하는 기업은 많지 않다.

그러나 위대한 기업은 내부 고객인 구성원의 만족을 통해 업무의 질과 서비스를 향상시킨다. 그에 따라 만족도가 높아진 내부 고객은 외부 고객을 감동시킨다. 그것은 결국 회사 발전과 탁월한 재무성과를 창출하고 주주가치 또한 올려준다. 그런 선순환이 이뤄져야 지속 가능한 일하기 좋은 기업이 된다.

일하기 좋은 기업은 저절로 이뤄질 수는 없다. 회사는 구성원을 소중하게 여기는 철학을 지속적으로 견지하고 그에 따른 구체적인 노력을 기울여야 한다. 가령 우리는 회사 사규를 적용할 때 모호한 조항에 대해서는 무조건 구성원에게 유리하도록 유권해석을 한다. 나는 경영지원 부서에 '회사 편에 서지 말고 구성원 편에 서라'는 원칙을 지침으로 주곤 한다. 물론 그 바탕에는 회사에 대해서 자부심을 가지고 자신을 갈고 다듬는 구성원들이 있다. 이러한 구성원이 늘어날 때 회사의 성장은 기본이다.

출근할 때면 그날 해야 할 일에 대한 기대로 가슴이 설레는 회사, 맞이하는 하루하루가 새롭고 역동적인 회사, 즐겁게 일하는 가운데서 보람을 찾고 이를 통해 얻은 값진 열매를 구성원들이 함께 나눠 가질 수 있는 회사, 이런 회사야말로 CEO가 만들어가야 할 훌륭한 일터, 천국 같은 직장일 것이다.

O이론

우리 회사는 1996년 설립 이후 5년 여 동안 국내 건설산업에 CM*을 전파하기 위한 노력을 치열하게 해왔다. 그러나 창립 후 얼마 안 돼 IMF 외환위기가 닥쳤고 그 여파로 미국 파슨스에서 파견된 직원

---

*CM Construction Management : 건설사업관리. 건설사업의 기획, 설계 단계로부터 발주 시공 및 유지관리 단계에 이르기까지 업무의 전부 또는 일부를 사업주의 대리인 및 조정자의 역할을 맡아 통합 관리함으로써 적기에 예산 범위 내 고품질의 시설물을 사업주에게 인도하는 서비스.

들 대부분이 철수하게 됐다.

미국 파슨스는 우리 회사의 장래를 긍정적으로 보지 않았고 투자 지분을 회수하려는 움직임을 보였다. 한국 파트너였던 서영기술단 측도 마찬가지였다.

나는 그것이 호기라 판단하고 지분인수 협상에 적극적으로 참여했다. 최종적으로 나를 비롯한 구성원이 회사 지분 45퍼센트를 인수해 최대 주주가 됐다. 우리는 회사 구성원 스스로가 책임경영을 실현할 수 있도록 종업원지주제*를 도입해 전 직원이 주주가 된 것이다.

종업원지주제는 모회사인 미국 파슨스의 전통이었다. 미국 파슨스는 양적인 성장보다 질적인 가치를 중시하는 전통을 가진 회사다. 그 전통은 1944년부터 지금까지 100퍼센트 종업원지주제라는 독특한 소유구조로 이어지고 있었다.

우리는 미국 파슨스의 전통을 도입했다. 그리하여 2000년 12월 우리사주조합을 설립하고 주식배분 가능요건을 내용으로 하는 정관 변경을 승인받았다. 그리고 이를 근거로 2001년 3월에 우리사주조합을 설립했다. 처음에는 173명의 조합원이 참여했지만 얼마 지나지 않아서 구성원 전원이 주식을 갖게 됐다.

---

*종업원지주제 : 종업원들이 자기 회사 주식을 취득하고 보유하는 제도. 종업원의 소유 참여로 근로의욕을 고취시키고 노사대립을 완화시킨다는 취지에서 실시하는 제도다. 제1차 세계대전 이후 영국과 미국 등에서 시작되었다. 우리나라는 1968년 처음 도입되었으며 신주발행 때 20퍼센트 이내의 물량을 근로자들에게 배정하고 근로자들은 퇴직, 결혼, 주택자금 마련 등의 특별한 사유를 제외하고는 1년 이내에 주식을 팔지 못하도록 의무보유기간이 정해져 있다.

마침내 2006년에 파슨스와 서영기술단의 추가지분을 모두 인수해 주식의 100퍼센트를 구성원이 모두 소유하는 회사가 됐다. 명실상부하게 구성원이 회사의 주인이 된 것이다. 덕분에 회사는 안정적인 지배구조를 확보하게 됐다. 또 자사주를 갖게 된 구성원들은 애사정신이 높아졌고 노사 협조 분위기가 자연스레 무르익었다.

구성원이 주인인 회사와 그렇지 않은 회사는 실적이나 영업이익에서 확연한 차이가 난다. 매킨지와 미국 국립종업원지주연구센터에서 개발한 'O이론'을 활용해 조사한 바에 따르면 회사 주식을 가진 직원은 그렇지 않은 직원에 비해 생산성이 3배가량 앞선다고 한다. 또 사원 10퍼센트가 주식을 소유한 경우, 회사 전체의 생산성이 경쟁회사보다 70퍼센트가량 높게 나타난다. 우리처럼 주식의 100퍼센트를 CEO와 구성원이 보유한 기업의 생산성과 실적에 대해서는 특별히 연구해볼 가치가 있을 것이다.

오너십 제도에 따라 생산성과 실적이 큰 차이를 보이는 것은 당연한 이치다. 구성원이 노력한 만큼 그 성과와 성취감에 대한 공정한 배분이 가능하기 때문이다. 오너십 제도만이 가질 수 있는 독특한 보상 경영 방식이 실적을 높이는 요인인 것이다.

한편, 우리는 2008년 들어 본격적으로 주식 상장을 준비했다. 주식 상장을 통한 공모자금으로 해외 업체의 인수합병을 추진해 글로벌 톱 10 비전 달성과 시너지 효과를 극대화하기 위해서였다. 상장을 준비할 무렵 우리사주와 관련한 에피소드가 있었다. 주식 상장 시에는 공모물량의 20퍼센트에 대해 우리사주 배정을 한다. 따라서 우리도 당연히 구성원들에게 우리사주를 추가로 배분하기 위한 절차를 밟았다. 하지만 증권예탁원에서 앞길을 가로막았다.

"한미파슨스 주식이 우리사주로 이미 배분이 돼 있고 임원 등 대주주를 제외하고 28퍼센트가 직원들에게 배분돼 있으므로 더 이상은 안 됩니다."

우리는 증권예탁원의 처분에 따를 수 없어 항변을 했다.

"기존 우리사주는 이미 일반 주식화가 됐습니다. 새로 배분받을 주식과는 성격이 다릅니다."

그러나 주식배분과 관련해 막강한 권한을 가진 증권예탁원은 여전히 브레이크를 걸었다. 우리는 그대로 물러설 수 없었다. 그래서 노동부에다 취지를 설명하고 유권해석을 구했다. 그랬더니 노동부에서는 의외로 긍정적인 반응을 보였다. 노동부 담당관은 우리 회사의 노사문화에 큰 관심을 보이며 이렇게 말했다.

"이런 회사가 있는 줄 몰랐습니다. 우리가 증권예탁원에 유권해석을 내려보내 뜻을 이루도록 조치하겠습니다."

노동부의 유권해석으로 결국 우리 회사 구성원들은 추가로 우리사주를 받을 수 있게 됐다. 게다가 노동부에서는 우리가 추구하는 우리사주 제도를 노사관계의 모범사례로 평가했다. 더욱이 그와 관련해 상을 받게 해주겠다는 약속까지 해주었다. 구성원이 주인인 회사를 추구하는 우리의 노력에 대한 보너스였다.

마침내 2009년 6월 23일, 우리는 드디어 CM업계 최초로 유가증권시장에 상장했다. 기업공개는 성공적이었다. 주식시장이 급락하던 시기였지만, 우리 주식은 오히려 상한가를 기록했다. 창업 초기부터 줄곧 보여준 믿음이 맺은 결실이었다.

그로써 향후 새로운 발전과 도약의 전기를 마련했다. 지난 13년 동안 비약적인 성장을 거듭해온 결과였다. 실제로 2009년 매출액은 1996년 창업 당시의 13배에 달했다.

또 지속적인 글로벌 경영을 추진해 전 세계 36개국에서 103건에 달하는 해외 프로젝트 수행실적을 보유하게 된 것도 놀랄 만한 성과였다. 특히 그 무렵에는 리비아 하우징 프로젝트를 추가로 수주했고 세계적인 건설원가관리 컨설팅 회사인 영국의 터너 앤 타운젠드 Turner & Townsend와 합작사 설립도 마무리했다. 한미파슨스의 역사에 의미 있는 한 해였다.

구성원을 최우선 배려하라

'구성원들에게는 일하기 좋은 기업을 만들어 즐겁고 보람 있는 일터를 제공한다.'

우리 회사의 구성원에 관한 미션이다. 우리 회사는 구성원이 주인이기 때문에 노사 구분이 없다. 우리가 서로를 직원이 아닌 구성원으로 부르는 이유다. 내가 회사를 설립한 이래 줄곧 '구성원 중심의 경영'을 해온 데서 비롯됐다.

그렇다면 즐겁고 행복한 일터란 무엇일까? 조직 내 신뢰가 높고 업무에 대한 자부심이 강하며 구성원이 즐겁고 보람 있게 일하는 회사를 말할 것이다. 그런데 나는 일하기 좋은 훌륭한 일터의 가장 중요한 조건은 배려하는 마음이라고 생각한다. 구성원끼리 서로 배려하는 것은 물론이다. 거기에 앞서 회사가 구성원을 배려해야 한다.

우리는 특히 구성원의 자기계발을 중시하고 있다. 그래서 대학원 진학을 지원하고 전산이나 어학 능력 향상을 위해 구성원 1인당 연간 50만 원가량을 지원한다. 거기에다 모든 구성원의 교양수준을 높이기 위해 한 달에 한 권 이상의 책을 읽을 수 있도록 도서구입비를 지급하면서 독서경영 프로그램을 운영하고 있다. 또 매주 목요일을 '자기계발의 날'로 정해 오후 5시면 퇴근하고 교양강좌나 동호인 모임에 참여케 한다.

우리는 구성원의 경력관리도 제도적으로 해준다. 직종별 27명의 전문가로 구성된 '커리어 카운슬러'*들이 구성원 경력개발을 코칭해주는 제도다. 신규 입사자에 대해서는 회사 적응을 돕기 위해 스폰서가 일대일로 코칭을 하도록 한다. 또한 퇴직자를 위해서는 전문기관 DBM에 위탁해 6개월간의 퇴직교육을 받을 수 있도록 지원하고 있다. 회사를 떠난 뒤까지도 최대한 배려하려는 것이다.

그밖에 '칭찬합시다'나 '축하합니다'와 같은 구성원 서로 간의 배려 프로그램을 운영하고 구성원의 가족까지 배려하는 여러 가지 프로그램을 운영하고 있다. 또한 업무 틈틈이 구성원들이 편안한 휴식

---

*커리어 카운슬러Career Counselor : 전문적인 역량과 리더십 자질을 보유한 사내 분야별 전문가로서 부하사원들의 경력개발을 지원하고 관리하는 경력개발 지도자.

을 취하며 여가활동 공간으로도 활용할 수 있도록 고급 카페 같은 '즐겁고 행복한 일터 라운지' 를 운영하고 있다. 구성원들은 은은한 음악이 흐르는 그곳에서 동료들과 잠시 차 한 잔을 나누며 머리를 식힐 수 있다. 또 각 현장에 파견된 구성원들도 본사에 올라왔을 때 잠시 쉬어갈 수 있다.

이와 같이 회사의 세심한 배려 속에서 구성원들은 적극적으로 성과 창출에 기여하며 회사의 지속 경영을 위해 헌신한다. 기업의 성장 목표가 구성원 개개인의 목표와 일치되기를 바라는 것이다. 거기에 매출액의 크기는 문제가 되지는 않는다. 올바른 조직문화와 바람직한 공동체 정신은 회사의 규모를 뛰어넘을 수 있다.

구성원의 가족까지 돌봐라

직장인은 집안이 편안해야 일에 집중할 수 있다. 구성원의 가족을 배려하는 가족친화경영이 오늘날 기업의 중요한 과제로 떠오르는 이유다. 특히 구성원이 건강해야 회사가 잘된다는 것은 상식이다. 그래서 많은 기업들이 직원을 대상으로 건강검진제도를 운영한다.

하지만 그것만으로는 부족하다. 구성원은 배우자나 가족이 건강하지 못해 근심이 생기면 일에 집중하기 어렵다. 그래서 우리 회사는 '배우자 건강검진제도' 라는 특이한 제도를 시행하고 있다. 구성원과 함께 그 배우자도 매년 정기검진을 받도록 한 것이다. 그 제도를 시행한 이후, 구성원의 배우자 두 사람이 초기 암을 발견해 조기치료를 할 수 있었다. 회사에서 큰돈 들이지 않고도 구성원의 가족에게 감동을 선사하게 된 것이다.

회사에서 구성원의 생일을 챙겨주는 것은 흔한 일이다. 우리 회사 또한 그렇다. 하지만 구성원뿐만 아니라 그 배우자에게도 생일축하 케이크를 집으로 배달해준다. 그때 나는 CEO로서 자필 사인의 축하 메시지를 함께 보낸다. 그 메시지를 받은 사람 가운데 상당수는 내게 감사의 답신을 보내온다. 그것을 읽는 것이 내겐 큰 기쁨이다.

회사가 구성원의 가족을 챙기는 것 못지않게 구성원과 그 가족끼리도 친밀감을 형성해 기쁨과 슬픔을 함께 나누는 일도 중요하다. 그래서 우리는 회사 창립 기념행사나 연말 송년회에 구성원의 가족들을 초대해 서로 친밀감을 다질 수 있도록 배려한다. 또 어떤 구성원이 불행한 일을 당하면 성금 모금을 위한 바자회 등을 열어 적극적으로 도움을 준다. 나아가 구성원들의 봉사활동에 그 가족도 자발적으로 참여하게 하고 있다.

회사가 가족친화경영을 위해 노력하는 것은 결국 회사가 추구하는 가치에 가족도 공감하게 하려는 것이다. 그로써 해당 구성원과 가족은 스스로 자긍심을 가지며 회사에 신뢰를 보낸다.

회사의 구성원들에게 가족은 든든한 서포터스다. 따라서 가족을 챙겨주면 그 결과가 구성원의 신뢰와 조직에 대한 충성심으로 되돌아온다. 궁극적으로 기업가치를 창출해주는 일이다. 그로써 행복한 일터가 만들어지고 생산성이 향상되기 때문이다.

나아가 가족친화경영은 기업의 사회적 책임을 실현하는 길이기도 하다. 우리 회사는 지난 2009년 보건복지가족부로부터 '가족친화 우수기업'으로 선정됐다. 그즈음 어떤 언론매체와 인터뷰를 한 우리 회사의 구성원 한 사람은 이렇게 말했다.

"우리 회사는 구성원들의 가족까지도 챙기는 사랑이 있습니다. 저도 제 가족이 아팠을 때 여러 번에 걸쳐 직원 모금과 바자회를 통해 도움을 받은 적이 있었는데 참 좋았습니다."

구성원의 출산을 장려하고 적극 지원한다

지금 우리나라 출산율은 2009년 기준으로 여성 1명당 1.08명으로 세계 최저 수준이다. 통계청의 암울한 예측에 따르면 머지않아 출산율이 1명 이하로 떨어져 인구 감소가 시작될 것이라고 한다. 이대로 가면 2050년에는 4,400만 명, 2100년에는 1,000만 여 명으로 인구가 줄어들고 2305년이면 한국인이 모두 사라진다는 결론이 나온다.

급격한 산업화 과정에서 빚어진 저출산 현상이 심각한 사회문제로 떠오르고 있다. 이는 곧 국가위기로 연결된다. 앞으로는 인구가 곧 국가 경쟁력이라는 게 미래학자들의 한결같은 예측이다. 머지않아 자녀들이 재산목록 1호가 되는 세상도 분명 올 것이다. 프랑스 같은 선진국에서는 자녀가 많으면 정부 보조금만으로도 생활할 수 있다. 그만큼 출산에 대한 사회적 인프라가 중요하다.

하지만 급격하게 산업화가 진행된 오늘날, 심각한 인구문제 해결을 정부에만 맡겨둘 수는 없는 일이다. 기업도 사회적 책무로 인식하고 적극 나서야 한다는 것이 내 생각이다. 그래서 회사 차원의 인구 정책을 펼치기로 마음먹었다. 우리 회사가 비록 대기업은 아니지만 기업 차원에서 인구문제 해결에 대한 화두를 던지기로 한 것이다.

이에 따라 우리 회사에서는 혼기에 이른 구성원을 대상으로 하는 '시집장가 보내기' 운동을 벌이고 있다. 혼기를 놓치지 않고 결혼을 해야 출산 가능성이 커지기 때문이다. 그래서 회사 차원에서 '결혼추진위원회'를 구성하여 결혼장려 캠페인을 벌이고 결혼정보업체와 제휴하여 각종 정보를 당사자에게 제공해주기도 한다. 또 결혼하는 구성원에게는 회사에서 주택자금 대출도 지원하고 있다. 구성원들의 출산을 위한 인프라 구축에 회사가 최대한 도움을 주려는 것이다.

사실 인구문제는 출산 당사자인 여성의 의지와 관련이 있다. 그래서 나는 미혼이나 신혼인 구성원들에게는 세 자녀 이상 출산하라고 자주 권고한다. 하지만 결혼한 여성들이 사회활동을 하는 데 있어 어려운 점이 많으리라는 것을 잘 안다. 무엇보다도 여성들이 직장생활과 자녀 양육을 병행하기 어려운 근로환경이 문제다.

여성들에게 행복한 일터를 제공하는 것이 무엇보다 중요하다고 생각한다. 그래서 결혼, 출산, 보육의 부담을 덜어주는 여러 가지 출산장려제도를 시행하고 있다. 한마디로 일하기 좋은 기업은 여성 구성원들에게 행복한 일터를 구현하는 것으로부터 이루어진다는 것이 나의 믿음이다.

누구에게나 출산은 축복이다. 새 생명이 태어난다는 것은 가족과 기업과 국가가 함께 기뻐할 일이다. 우리는 그 기쁨을 먼저 출산장려금으로 표현한다. 특히 세 자녀 이상인 경우에는 출산우대 장려금제도를 특별히 적용하고 있다. 인구문제 해결에 기여한 공로를 높이 사기 때문이다.

출산의 기쁨 뒤에는 산모의 노고가 따른다. 그러므로 산모에게 충분한 휴식을 제공해주어야 한다. 물론 현행 근로기준법은 90일의 산전산후 휴가를 규정하고 있고 남녀고용평등 관련 법률에는 1년간의 육아휴직을 권장하고 있다. 그러나 현실적으로 여성들에게 1년간의 육아휴직은 그림의 떡이다. 그래서 우리는 아예 산전산후 휴가 외에 3개월간의 육아휴직을 의무화하고 수당도 지급한다. 출산 여성에게 최소한 6개월간의 휴가를 회사가 먼저 보장해주자는 것이다.

그런데 사실 사회적으로 출산을 기피하는 가장 큰 이유는 아마도 교육비 부담일 것이다. 그래서 우리 회사는 일찍이 두 자녀에 한하여 유치원부터 대학까지 학자금을 지원하는 제도를 운영하고 있다. 하지만 조사를 해보니 자녀가 4명이나 되어 양육 부담이 많은 구성원 가족도 있었다. 그래서 제도를 바꾸어서 2000년부터는 학자금 지원 대상을 자녀수에 관계없이 무제한으로 늘리기로 했다. 또 자녀가 3명 이상인 구성원에 대해서는 인사팀에서 인센티브도 제공한다.

또 2010년 3월부터는 입양자에 대해서도 친생자와 같이 자녀수에 관계없이 대학까지 학비를 지원하는 제도를 도입했다. 이 제도의 도입은 우리가 고아수출국이라는 오명을 벗어나기 위한 길이기도 하다. 하지만 그에 앞서 인구문제를 해결하기 위한 작은 실천이다. 최근에 삼성전자 윤종용 고문은 에너지가 넘치는 개방형 사회로 가기 위해서는 향후 10년에서 15년에 걸쳐 아시아계 남녀 200만 명의 이민을 받아들여야 한다고 강조한 바 있다. 이민정책과 입양정책이 인구문제 해결의 중요한 방법임을 이제는 부인하기 어려운 시대가 된 것이다.

그밖에도 우리 회사는 자녀 양육과 관련하여 여러 가지 편의를 제공하고 있다. 먼저 3세 미만의 영아를 둔 여성 구성원에 대해서는 출퇴근 탄력 근무제를 실시한다. 또 회사에 수유授乳 시설을 설치하여 일과 육아를 병행할 수 있도록 돕고 있다. 자녀가 셋 이상인 사람에게 채용 시 가산점을 적용한다. 또 인사발령 때는 통근거리를 고려하여 근무지를 배치한다.

인구문제를 해결하는 데는 보육환경을 잘 만들어주는 것이 무엇보다 중요하다. 그래서 기업연합 탁아소를 설립하여 운영하거나 무주택자에게 주택을 지원해주는 일에 노력을 기울일 생각이다.

나는 지난 2009년 9월에는 매일경제신문의 지면을 빌려 결혼을 앞둔 내 딸에게 아이 네 명을 낳으라는 공개편지를 띄운 적이 있다. 그 편지에서 나는 아이 넷을 낳아야 하는 이유를 낱낱이 설명했다. 그리고 약속했다.

"양육문제가 힘이 들어도 걱정 마라. 내가 도와주마!"

이제는 아이를 많이 낳는 것이 사회에 이바지하는 시대다. 나는 모든 여성들에게 당부한다. 남성들이 국방의무를 다하듯 출산문제도 일종의 사회적 의무로 받아들여달라고.

구성원의 불행을 끝까지 책임진다

2005년 12월 어느 날이었다. 해외 프로젝트 현장에서 열정적으로 일하다가 백혈병 판정을 받은 김 부장이 사표를 제출했다. 회사에서는 휴직을 했다가 치료가 끝나면 회사에 복귀할 것을 여러 번 권했다. 하지만 김 부장은 한사코 회사에 누가 된다며 사표를 고집했다. 그리고 간단한 메모를 한 시집 한 권을 내게 전해준 뒤 치료를 위해 호주로 떠났다.

'이곳에서 일했던 기간 동안 베풀어주신 자상하고 따스한 마음과 배려에 감사의 말씀을 드립니다. 또다시 이곳, 제가 사랑하는 엑셀런트 컴퍼니 한미파슨스에서 기쁘고 즐겁고 신명나게 일할 수 있도록 건강해져서 돌아오겠습니다.'

그 후 한동안 나는 매일 김 부장이 주고 간 시집 『사랑하라 한번도 상처받지 않은 것처럼』을 읽으며 쾌유를 빌었다. 더불어 그런 간절한 마음을 적은 글을 '김 부장의 사표'라는 제목으로 홈페이지 CEO 단상에 올렸다. 그랬더니 며칠 뒤에 장문의 댓글 편지가 달렸다. 작성자는 '김 부장의 어머니'였다. 그 일부를 옮겨본다.

사장님께서 우리 아들 김 부장에게 평소에 많은 사랑을 보내주신 것에 감사드립니다. 이미 떠난 사람에게 애정 어린 글을 올려 많은 사람에게 김 부장의 쾌유를 기원해주라고 하신 말씀에 어머니로서 또 저희 가족은 다시 감사드립니다.

김 부장의 어머니는 어느 누구보다도 상심이 컸을 터였다. 하지만 그런 와중에도 내 홈페이지까지 찾아와 남긴 댓글을 보면서 나는 뜨거운 감동이 솟구치는 것을 느꼈다.

또 몇 년 전에는 황 부장이 급성백혈병에 걸려 사경을 헤매게 됐다. 이 사실을 알게 된 회사 구성원들은 황 부장의 치료비를 지원하기 위해 대대적인 자선바자회도 열고 모금운동도 벌였다. 불행한 일을 당한 구성원을 처음 돕는 일이라 우리 회사와 구성원들은 적극적으로 나서서 물심양면으로 지원을 아끼지 않았다. 그 결과 무려 8,000만 원가량을 모금해 황 부장에게 전달했다. 구성원들의 사랑 속에서 황 부장은 생명의 위기를 넘긴 뒤 상당기간 동안 요양하고 완치가 됐다. 그리고 회사에 복귀해 지금껏 잘 근무하고 있다.

또 한 번은 구성원 중 한 명이 대장암 판정을 받고 휴직해 암수술과 11번의 항암치료를 받은 끝에 다행히 병세가 호전돼 복직하게 됐다. 그날 우리는 회사 업무를 잠시 미루고 전 구성원들이 환영파티를 열어 감동적인 시간을 함께했다.

이처럼 우리 회사는 구성원에게 불행한 일이 생기거나 그 가족에게 궂은일이 생기면 물심양면으로 많이 지원해준다. 특히 중병에 걸리는 경우에는 회사에서 적극적으로 도와준다. 또 바자회와 모금운동 등으로 마련한 성금을 지원한다.

언젠가 우리 회사의 구성원 한 사람은 어느 신문사와의 인터뷰에서 이렇게 말했다.

"우리 회사가 즐겁고 행복한 일터GWP 상을 받은 것은 큰 자부심입니다. 단지 상을 받아서가 아니라 즐겁고 행복한 일터 만들기 운동이 추구하는 궁극적 목표에 우리 회사가 실제로 도달해가고 있기 때문입니다. 구성원들이 아플 때 전사적으로 적극적인 도움을 주는 모습을 보면서 한미파슨스는 구성원을 무척 사랑하는 회사라고 생각했습니다."

우리는 구성원이 불행한 일을 당해 부득이하게 현직을 떠나면, 구성원이 그 불행을 극복하고 회사에 복귀할 수 있도록 지원하면서 기다린다. 그래서 우리 회사 구성원들에게는 자신이 불행한 경우를 당하더라도 회사가 내치지 않을 것이라는 믿음이 있다. 나중에 다시 현업에 복귀할 수 있다는 희망과 안도감을 가지고 있는 것이다.

오늘보다 나은 준비된 내일

회사가 주는 최고의 선물은 '무자비한 훈련과 교육'

훌륭한 인재가 자신의 능력을 제대로 발휘하기 위해서는 무엇보다 경영자의 역할이 중요하다. 훌륭한 경영자는 스스로 뛰어난 능력을 보유한 사람이기도 하지만 구성원이 가진 잠재적 역량을 파악하고 이를 끝까지 육성시키며 활용할 줄 아는 사람이다. 내가 체계적인 인적자원관리 시스템을 중요하게 생각하는 이유가 바로 그것이다.

인적자원관리의 핵심은 교육이다. 특히 우리 회사의 비즈니스인 건설사업관리CM 업무는 구성원 개개인의 역량이 사업성과에 큰 영향을 미친다. 그래서 나는 창립 초기부터 구성원을 대상으로 하는 많은 교육 프로그램을 도입하고 직접 강의에 나섰다.

사실 우리는 국내에 CM사업을 처음으로 소개한 기업이라는 데 상당한 자긍심을 가지고 있다. 더불어 끊임없는 변화의 바탕이 되는 새로운 아이디어를 창출하겠다는 의지 또한 강하다. 그래서 새로운 지식을 적극적으로 수용하며 내부적으로 강도 높은 교육 프로그램을 진행하고 있다.

교육에 대한 이처럼 강한 욕구는 창립 때부터 드러났다. 1996년 회사를 설립할 당시 우리 회사의 한국인 구성원들은 대부분 시공사나 설계회사 출신이었다. 건설사업관리에 대한 경험이 전혀 없다 보니 업무 수행에 많은 혼선이 빚어졌다. 우리는 그런 문제를 해소하기 위해 내부적인 건설사업관리 교육에 집중했다.

초창기의 건설사업관리 교육은 미국 파슨스 직원이나 글로벌 건설관리 경험이 있는 외국인이 담당했다. 특히 미국 파슨스에서 파견된 인력을 통해 건설사업관리에 대한 개념과 이론은 물론이고 다양한 실제 경험담을 들을 수 있었다. 그 과정에서 우리는 내부적으로 조직적인 학습을 하다가 이후에는 꾸준한 교육 프로그램 진행과 함께 외국인들과의 협업을 통한 체험학습을 하게 됐다. 어찌 보면 설립 초기에 한국인 직원들은 업무가 곧 교육이고 교육이 곧 업무였던 것이다.

우리는 창립 첫해부터 품질과 관련된 교육과 기술 워크숍을 활발히 하게 됐다. 그리고 개별 프로젝트의 진행상 문제점을 체계적으로 해결하기 위한 교육은 프로젝트 단위로 수시로 실시해왔다. 또 신규 입사자를 대상으로 회사의 시스템을 이해하고 업무를 수행하는 데 있어 기본적으로 알아야 할 사항을 알려주는 입문교육을 정례화했다.

건설사업관리에 대한 이해를 높이고 각 분야별 역량 향상과 건설사업 관리자가 기본적으로 알아야 할 지식을 학습하는 기본과정 외에 기본교육을 이수한 임직원을 대상으로 하는 전문과정이 있다. 또 건설사업관리의 꽃이라고 할 수 있는 CM단장 교육과 그 후보군에 해당하는 예비단장 교육을 연간 3박4일 일정으로 실시하고 있다.

한편, 사내 교육과 별개 과정으로 해외 대학의 온라인 CM 석사과정에 매년 약간 명의 임직원을 선발해 보낸다. 더불어 2005년부터는 국내 대학원 수강에 대해서도 일정 인원을 선발해 지원하고 있다.

이와 더불어 임직원들의 상식과 소양을 넓히기 위해 창립 시부터 매월 월례조회 후 유명강사를 초청해 교양강좌를 연다. 지금까지 120명을 넘는 강사들이 다녀갔다. 그들은 모두 사회 각 분야의 오피니언 리더들이다. 교양강좌는 해를 거듭할수록 직원들의 반응이 좋아 이제는 확실한 회사의 문화로 자리 잡아가고 있다.

우리는 구성원뿐만 아니라 예비 구성원을 위한 교육에도 투자하고 있다. 사실 우리나라의 대학교육은 건설산업현장에서 요구하는 수준에 미치지 못한다. 교육 내용 또한 아예 효용가치가 떨어지는 경우가 많다. 그래서 우리는 2007년부터 성균관대학과 공동으로 차세대 건설 리더교육을 진행하고 있다. 대학교 4학년과 대학원생을 대상으로 방학 때 6주 동안 하루 8시간씩 산업에 필요한 교육을 시킨다. 또한 산업현장을 체험하면서 차세대 리더로서의 꿈과 역량을 키워주는 것이다. 얼마 전 7기 과정을 성공적으로 끝내고 현재 8기 과정을 준비하고 있다.

우리 임원 가운데 한 사람이 어떤 인터뷰에서 이렇게 말한 적이 있다.

"우리 회장님께서는 학습하고자 하는 열의가 대단합니다. 부지런하고 성실한 것은 여타 회장님들도 갖고 있는 특징이지만 정말 성실하게 공부하는 습관을 갖고 계십니다. 덩달아 직원들도 '공부는 계속해야 한다'는 생각을 갖게 됐습니다. 그래서 다들 열심히 공부합니다. 실무와 관련된 것뿐만 아니라 인문학 등 그 범위를 넓혀가고 있습니다."

그는 또 말했다.

"예전에 회장님께서 『이기는 습관』의 한 구절을 인용하신 적이 있습니다. '회사가 줄 수 있는 최고의 선물은 무자비한 훈련과 교육이다'라고 말씀하셨는데 이 말을 들을 때는 다들 웃었지만 곰곰이 생각해보면 큰 의미가 있습니다."

맞는 말이었다. 나는 실제로 무자비한 훈련과 교육이야말로 구성원들을 위한 최고의 선물이라고 생각한다. 더불어 그것은 구성원의 비전과 회사의 비전을 일치시키는 노력이다.

구성원의 경력을 체계적으로 관리하라

최근 글로벌 컨설팅 기업의 한 조사에 따르면 『포춘』 100대 기업의 80퍼센트 이상이 경력개발제도*를 도입했고 우리나라 기업도 31퍼센트가량 이 제도를 도입했다고 한다. 경력개발제도는 구성원 각자가 원하는 역량을 갖추어 높은 성과를 달성할 수 있도록 회사가 도와주는 것이다. 즉 기업의 비전과 구성원의 비전을 한 방향으로 일치시키고 그 간격을 줄이는 일련의 활동이라고 할 수 있다.

건설사업관리의 특성상 10년 이상의 경력직이 대다수인 우리 회사도 경력개발제도의 필요성을 일찍부터 인식했다. 그래서 직무체계를 새롭게 정립했고 구분된 직무를 명확히 하는 기술서를 작성했다. 또 이를 바탕으로 각 직무별로 커리어 카운슬러를 선임해 멘토링하게 하는데 그 과정은 이렇다.

먼저 커리어 카운슬러는 직무별 커리어 프로파일을 작성한다. 그 프로파일에 따라 전 구성원은 개인별 경력개발 계획서를 작성해 제출한다. 그러면 소속 부서장은 이것을 직무 커리어 프로파일과 견주어보고 부족한 부분에 대한 개발계획이 제대로 수립됐는지를 면밀히 검토한다. 그리고 그 결과에 따라 해당 구성원의 계획을 수정 보완케 하는 것이다.

이처럼 멘토링의 과정에서 구성원은 회사의 비전과 자기 목표를 일치시켜 나가면서 자신이 희망하는 경력을 개발할 수 있게 된다. 또 회사는 인력운영의 투명성, 예측 가능성, 합리성을 증대시킬 수 있게 된다. 멘토링을 통한 윈-윈 방식인 것이다.

＊경력개발제도Career Development Plan : 조직 구성원 개개인에 대해서 조직의 인재요건과 본인의 희망을 조화시켜 경력목표를 설정하고 이를 달성하기 위한 경력개발계획을 수립하여 각 개인의 경력을 개발하고 지원해주는 활동을 말한다. 즉 경력개발제도는 조직 구성원의 전문가적인 성장과 사회적 가치를 항상시키기 위하여 구성원의 경력을 조직적ㆍ계획적으로 개발하는 제도라고 할 수 있다.

최근의 경력개발제도는 단순한 해당 직무의 지식이나 정보를 습득하는 데서 나아가 전반적인 경력개발 중심으로, 회사 중심에서 개인 위주로, 승진 중심에서 직무순환 및 이동 중심으로, 일시적인 관리에서 지속적인 관리로 전환되는 추세다. 그러다 보니 많은 기업들이 경력개발제도 시행의 문제점을 드러내고 있다. 구성원들이 희망하는 경력개발 방향이 특정 부서나 직무에 집중되기 때문이다. 또한 성과 중심의 조직편성 및 운영에 따라 부서장들이 단기 성과 달성욕구 때문에 구성원 개개인들의 경력개발을 소홀하게 취급할 가능성도 있다.

나는 이런 문제를 해결하기 위해 먼저 회사의 비전과 개인의 비전을 연계할 수 있도록 경영가치체계를 새롭게 정립했고 구성원들에게 숙지시켰다. 그리고 무엇보다도 최고경영자로서 지속적인 관심과 지원을 유지하면서 각 부서장들이 지속적인 코칭과 멘토링으로 소속 구성원들의 경력개발활동을 지원하도록 유도하고 있다.

이러한 일련의 교육이나 프로그램은 결국 일하기 좋은 일터를 만들어가는 과정에 불과하다. 목적지는 오직 그것이다. 조직이 개인을 위해 존재하는 것도 아니고 반대로 개인이 조직을 위해 존재하는 것도 아니다. 회사와 개인은 서로 윈-윈 하기 위해 존재한다. 내가 일하기 좋은 회사, 직장인의 천국을 꿈꾸는 이유도 바로 그 때문이다.

지속 가능 경영을 위한 경영권 승계

우리 회사는 구성원 모두가 주인이다. 실제로 주식 대부분을 구성원이 가지고 있다. 나도 주식을 많이 가진 대주주 가운데 하나다. 하지만 내가 대주주이기 때문에 회사가 내 것이라는 생각을 해본 적이 없다. 단지 우리 회사일 따름이다. 그래서 나는 CEO 자리를 자식에게 물려줄 생각은 전혀 없다. 물론 내게도 자식이 있다. 하지만 그런 문제에 대해서는 가족과 의논조차 해본 적이 없다.

회사는 유능한 사람이 경영해야 한다. 주식을 많이 가졌다는 이유로 자식에게 회사를 물려주게 되면 그 회사는 어려워질 수 있다. 중요한 것은 경영자의 능력이다. 가장 우수한 인재가 차기 CEO가 돼야 하는 이유이다. 그래서 나는 한미파슨스를 이끌 후계자 선정을 앞두고 선진회사의 후계자 양성 프로그램을 꽤 심도 있게 연구했다.

한미파슨스를 이끌 후계자는 특출한 능력과 리더십을 겸비해야 한다. 최고경영자로서 최소한 10년 이상 한미파슨스를 이끌어야 하기 때문이다. 나아가 나는 경영권 승계와 관련해 한 가지 결심을 했다.

'창업자가 회사를 구성원 지주회사로 만들어놓고 공개적으로 CEO 후보를 물색해 공식적인 절차에 따라 경영권을 이양하는 최초의 사례를 만들어보자.'

나는 투명한 기업경영과 지속 가능한 성장을 달성하기 위한 선진적 CEO 승계 프로그램을 구상했다. 그리고 2004년에 CEO 승계방침을 구성원들에게 공표했다.

"차기 CEO는 우리 한미파슨스의 경영방침에 적극적으로 공감하고 조직을 잘 추스를 수 있는 리더십을 갖춰야 합니다. 회사를 이끌어갈 능력은 기본이며 보이지 않는 잠재능력까지 고려할 것입니다.”

그리고 승계 프로그램의 첫 작업으로 사내 외국인을 포함한 후보군을 선정했다. 1차로 23명의 잠재적 CEO 후보군이 선정됐다. 나는 그들에게 다양한 보직을 맡겨보면서 CEO로서의 자질을 평가했다. 그리고 계속적으로 후보자를 거르는 작업을 한 결과 최종적으로 네 명의 사내 인사가 후보로 압축됐다.

그러자 나는 네 명의 후보 명단에 들지 못한 사내 시니어 멤버 다섯 명을 소집해 집중토론을 통한 자질 평가를 했다. 그 결과 네 명 중에 두 명을 탈락시키고 남은 두 명으로 후보를 압축하자는 의견을 제시했다. 나는 이들 시니어들의 의견을 존중했다. 내가 생각한 두 명의 후보는 탈락됐고 최종 두 명으로 압축했다.

최종 후보 두 명에 대한 사내 핵심 멤버 스무 명과 사외 자문교수 다섯 명의 의견을 정리했다. 그리고 사외이사 네 명과 외부 전문가 두 명을 초빙해 ‘CEO 선정위원회’를 구성하고 2008년 말에 차기 CEO 선정절차에 들어갔다. 나는 거기에 참여하지 않고 사내 핵심멤버와 자문교수 등 25명의 의견을 종합한 자료를 전달했다. 그리고 선정위원회에서 두 후보에게 CEO가 되면 회사를 어떻게 성장시킬 것인지에 대한 계획을 중심으로 프레젠테이션을 실시하고 질의 응답하는 절차를 거치도록 했다.

‘CEO 선정위원회’에서는 창업 멤버인 이순광 부사장을 최후 1인으로 선정했다. 서울대 건축공학과 출신인 이순광 부사장은 삼성건설 건축사업본부와 해외사업본부 등을 거쳐 우리 회사 창립에 동참했다. 그는 건설업계에서 30년 가까이 잔뼈가 굵은 베테랑이었다. 우리 회사에서는 창업 초기부터 모든 프로젝트를 관리하고 기획, 경영관리, 영업 등 전 방위적으로 회사 살림을 꾸려온 공로자였다.

마침내 2009년 1월 1일, 이순광 부사장이 사장으로 취임했다. 신임 이순광 사장은 당분간 COO*로서 회사 업무 전체를 총괄한 후 마지막 관문을 통과하면 최종적으로 차기 CEO로서 한미파슨스의 경영을 최소 10년간 책임지게 된다.

더불어 나는 회장직을 유지하며 신임 사장과 5년 정도 같이 일하기로 했다. 이제 회사 운영과 관련된 대부분의 일은 새로운 사장이 할 것이다. 그리고 나는 전략적 의사결정이나 미래 성장동력을 찾는 일 등에 기여하다가 만 65세 때 회사일에서 손을 떼고 사회봉사활동에 매진하기로 마음먹었다.

내가 차기 CEO 후보 선정과정에서 가장 고심한 것은 물론 최선의 인물을 최종 후보로 선정하는 것이었다. 하지만 그에 못지않게 탈락자의 문제를 고심했다. 최종 후보군에 올라간 핵심인력이 '탈락자'라는 멍에 때문에 우리 회사를 떠나기라도 한다면 너무 큰 손실이기 때문이다.

나는 고심 끝에 최종 후보들에게 각서를 받았다. CEO 선정 과정에 대한 비밀을 유지할 것, 만약 탈락하더라도 회사를 그만두지 않겠다

*COOChief Operating Officer : 최고운영책임자

는 것, 최종 CEO에 선정된 경우에도 탈락한 상대방을 배려할 것 등을 약속 받았다. 이런 대처 방안 덕분에 최종 후보군에 들었다가 탈락한 핵심인재들이 지금도 서로 협력하며 요직에서 잘 근무하고 있다.

국내에서 최초로 선을 보인 우리 회사의 독특한 CEO 승계 프로그램은 무려 5년 여에 걸쳐 객관적이고 투명하게 이뤄졌다. 그 과정에서 모든 구성원이 프로그램에 공감하게 됐고 우리 회사의 투명경영에 대한 신뢰감을 높이는 계기가 됐다. 더불어 우리 회사의 차기 CEO 승계 프로그램은 언론과 학계의 주목을 받았다.

하지만 우리 회사는 향후 또 다른 과제를 가지고 있다. 그것은 지배구조와 연관된 경영권과 CEO 승계 프로그램을 잘 조화시켜 앞으로 우리 회사의 기업문화로 정착할 수 있도록 제도적인 시스템을 완성하는 일이다.

두렵지만…… 할 수 있다고 믿습니다

회장님, 안녕하세요?

장재곤 부장의 아내 되는 사람입니다. 남편이 암 투병을 하면서 우린 많은 분들에게 관심과 사랑을 받았지만 특히 한미파슨스 회장님과 임직원들의 격려와 위로에 너무도 큰 힘을 얻었습니다. 두 차례에 걸쳐서 암 투병을 하는 동안 멀리서도 방문해주시고 전화로 격려해주신 것과 더불어 치료에 좋은 음식, 암을 이기는 생활습관, 운동방법 등에 대해서도 많이 알려주셨는데 정말 큰 도움이 되었습니다.

또 생각지도 못했는데 한미파슨스 전 구성원이 자선바자회와 모금운동에 참여해서 많은 지원을 해주신 점과 두 번의 암 투병에 모두 격려금을 전달해주는 등의 실제적인 도움을 넘어서 시련을 지켜봐주고 함께하는 사람들이 있다는 사실에 감동했습니다.

남편이 회사를 다니면서도 봉사활동을 나가고 사회복지재단을 설립하는 등 다른 회사와는 다른 활동을 전개하는 것에 자랑스러움을 가졌습니다. 하지만 막상 우리 가족이 위기에 처할 때 관심과 도움을 주시니 참여할 때와는 또 다른 마음입니다. 이런 마음을 사실 지금까지 표현할 수 없어 빚을 진 것 같았는데 지면을 통해서라도 저희 가족의 마음을 표현하고 또 그간에 있었던 일들을 말씀드립니다.

5월 4일 화요일, 그날은 1차 대장암 수술 후 6개월 만에 받은 정기검진 결과가 나오는 날이었지만 작은아이 학교의 학부모 참관수업과 날짜가 겹쳐 남편만 병원에 갔습니다.

그날 의사면담이 끝날 시간에 맞추어 남편에게 전화를 걸었습니다. 남편은 뭔가 주저하면서 '조금 있다가 내가 다시 전화할게'라며 전화를 끊었습니다.

불길한 예감이 스쳤지만 다시 연락을 줄 때까지 기다리는 수밖에 없었습니다. 두 시간 여 지난 후 전화벨이 울리고 남편 목소리가 흘러나왔습니다.

"CT검사결과 골반과 폐에 전이가 된 것 같대. 당신과 아이들한테 미안해……."

세상이 정지해버리는 것 같았습니다. 왜 그 순간에 나와 아이들에게 미안하다고 말해야 하는지. 너무도 두려웠습니다. 또 모든 원인이 저의 무지와 오만함에 있는 것 같아 더욱더 괴로웠습니다. 왜 하필 제게 이런 시련이 오는지 원망스러웠지만 지금은 '그만한 뜻이 있겠지. 더 강해지고 더 성숙해지고 더 이웃에 봉사하라는 하느님의 뜻일 거야'라고 받아들이며 최선을 다하고자 합니다.

2년 3개월 전에 처음 대장암이 발생했지만 수술이 잘되었고 회복도 순조로웠으며 항암치료에도 잘 반응했습니다. 지금까지 정기검진에서도 이상이 없어 어느 정도는 안도하며 완치될 거라 생각하고 있었습니다. 그런데 눈에 보이지 않는 암세포가 남아 있었나 봅니다. 눈물은 신이 고통과 슬픔 속에서 몸부림치는 불쌍한 인간을 위로하기 위해 만든 선물이라던데 정말로 눈물만 흐르더군요.

5월 17일, 여섯 시간의 수술 끝에 좌우측 폐에서 암으로 의심되는 조직을 떼어내 조직 검사한 결과 암이 아닌 양성종양으로 나왔고 우측 폐에서는 0.8밀리미터 크기의 의심조직 하나를 두 시간 이상 찾았으나 잡히지 않아 제거하지 못했다고 했습니다.

정확한 병리검사 결과는 1주일 후에 나오지만 암의 재발이 아닐 수도 있으니 신중한 접근이 필요하다는 쪽으로 결정이나 일단 골반수술은 보류되었지요. 하지만 퇴원한 지 1주일 지나서 병원에 갔더니 병리검사보고서 화면만 한참 뚫어지게 바라보던 흉부외과 교수님의 입에선 전혀 예상하지 못한 말이 나왔어요.

"안타깝게도……."

우측 폐에서는 양성종양이지만 좌측 폐 조직에서는 암세포가 나왔다고 했습니다.

블랙홀에 빠져버린 느낌이었지요. 수술 후 회복도 다 안 된 상태에서 항암치료를 받기 위해 수술 3주일 만에 다시 병원에 입원했고 고통스러운 항암치료 부작용도 함께 시작되었습니다.

불안한 심리와 통증 때문에 잠을 설치기 일쑤였지만 수술 직후에 복용하던 수면제를 끊고 바깥양반이 스스로 불면증을 이겨냈습니다.

배가 뒤틀리듯 아프고 속은 울렁거리고 음식에서 쇠 냄새가 난다며 한 숟가락 뜨기도 힘들어할 때가 있었지만 잘 먹어야 독한 항암치료를 이겨낼 수 있기에 식사를 포기하지 않았습니다. 현미와 잡곡, 콩을 섞은 밥에 생선, 콩을 많이 먹고 때로 살코기도 먹습니다. 빨강, 노랑, 보라, 녹색, 담색 등 여러 가지 과일과 채소를 많이 먹는데 하루 다섯 접시 정도는 먹으려고 노력합니다.

일과를 잠깐 말씀드리면 체력관리를 위해 아침 7시경에 일어나서 요가를 40분 정도 하고 아침식사 후엔 두 시간 정도 공원을 산책하거나 주변 야산을 오릅니다. 해가 잦아들면 들에 나가 한두 시간 채소를 가꾸고 풀도 뽑으면서 땀 흘리며 일도 합니다. 밭에서 풀을 뽑고 고랑을 만들며 퇴비를 주는 단순한 노동을 할 땐 암에 대한 두려움도 알 수 없는 미래에 대한 불안도 잠시나마 사라지는 것 같습니다.

알파돔 현장사무실 직원들과 점심 약속이 있던 날 아침, 남편은 모처럼 출근복을 입으면서 눈물이 나려 한다고 말했습니다.

물론 일을 하는 동안에는 괴로운 부분도 있었겠지만 일을 한다는 것은 몰입과 성취라는 과정을 통해서 인간의 끝없는 불안을 잠재워주고 품위 있는 피로를 안겨주며 더 큰 괴로움에서 벗어나게 해줍니다. 의지와 상관없이 그 일을 놓아야 하는 상실감과 소외감이 너무도 큰가 봅니다.

그런 힘든 마음 때문인지 암 재발 판정을 받고 한동안 남편은 충격과 절망감을 무표정한 얼굴 속에 감추고 있었지만 이제는 다시 예전의 자상하고 다정한 가장으로 80퍼센트 정도 돌아왔습니다.

그것은 다양한 매체를 통한 대장암에 대한 정확하고 체계적인 지식습득과 암과의 싸움에서 이긴 사람들의 경험에 대해 공부하면서 암의 정체에 대해서 잘 알게 되었고 차츰 두려움과 공포에서 벗어나 '나을 수 있다'는 희망을 바라볼 수 있었기에 가능한 일이었습니다.

뭘 하든지 최선의 방법으로 시도하고 있다는 확신이 있어야만 했기에 8월은 그것을 알기 위해서 정말 고민하는 시간이었습니다.

4차 항암치료를 마친 후 우측 폐에 있는 암 의심조직에 대한 수술 여부와 시기를 놓고 불안하고 혼란스러워서 제2의 자문이 절실히 필요할 때 회장님께서 남편의 치료 근황을 들으시고 대장암 분야의 최고 명의이신 박재갑 교수님에게 친히 자문을 의뢰해주셨습니다.

교수님께서 직접 분당서울대병원 교수님들과 상의도 하시고 결과를 알려주셔서 적절한 치료방향에 대해 의료진과 면담한 결과, 우측 폐 수술을 10월 초에 하기로 하였습니다. 수술에 대한 두려움도 많지만 항암치료만 할 경우, 암의 뿌리가 남아 다시 재발하는 확률이 매우 높기 때문에 한 번 더 용기를 내야 했지요.

이번 일도 감사하지만 새삼 예전 생각도 납니다. 2008년 남편이 암치료 후 직장에 복직했을 때 회장님께서 화려한 꽃다발을 주며 환영해주시고 눈물을 흘리셨다는 말을 들었습니다. 그때 회장님이 기업의 CEO라기보다 집안의 어르신 같다는 느낌이 들고 마음이 따스해졌던 기억이 고스란히 남아 있습니다.

저는 남편의 건강회복을 위한 매니저, 코디네이터, 활동보조인, 간호사, 요리사 겸 가정관리사로 일인다역 하며 살고 있습니다.^^* 재발과 전이를 겪고도 치료가 잘돼서 오랫동안 생존하는 사람들도 많이 있다고 하던데 저희도 그러겠지요? 꼭 그렇게 되어야 하고 될 수 있습니다.

두렵지만…… 할 수 있다고 믿습니다. 김종훈 회장님과 임직원분들의 건강을 빌며 다시 한 번 가슴 깊이 감사드립니다.

2010. 9. 16

장재곤 부장의 아내 박금례

아무 걱정도 하지 말라고 했습니다

2004년 3월

1차 항암치료 후 집에서 몇 달을 요양하다가 2차로 병원에 입원해 항암치료를 받던 중입니다. 물론 저는 항암치료 기간 중 무균병실에 입원해 있었습니다. 그러던 어느 날 병실 밖에서 조금 어수선한 소리가 들렸습니다. 저는 침대에 누워 있고 아내가 옆자리를 지키고 있었을 뿐이니 작은 소리도 잘 들릴 수밖에 없었습니다.

웬일인가 궁금했는데 회장님이 들어오시더군요. 반도체공장 클린룸에 들어갈 때의 방진복 같은 차림으로 들어오신 회장님의 모습이 어색하게 느껴졌습니다. 하지만 저 복장을 하시느라 밖에서 간호사들이 얘기한 것이구나 생각하니 웃음이 나왔습니다.

회장님께서 들어오셔서 제게 무슨 책을 보느냐, 집에 있을 땐 영화도 보느냐, 이번 기회에 바둑을 많이 두어라 등의 말씀을 하신 것으로 기억합니다.

그리고서 면회를 마치고 나가시면서 저희 집사람이 밖에서 배웅했겠죠. 집사람이 병실로 들어오면서 제게 말하더군요.

회장님이 '황규찬 씨 아무 걱정 말고 치료에만 신경 써라'고 하시더라. '시간이 얼마나 걸리든 다 나으면 회사에 다시 입사해서 일하도록 할 테니 아무 걱정하지 말라'고 하셨다고요.

그 얘기를 들은 당시에는 솔직히 무덤덤했습니다. 왜냐하면 당시에 객관적으로 살 수 있는 확률이 30퍼센트 미만이었기 때문이기도 하고 한편으론 낫더라도 다시 사회생활을 할 수 있을 만큼 건강해질 수 있을까 하고 의문이 들었기 때문입니다.

2004년 7월

항암치료를 하는 3번째인가의 일입니다. 아마도 상태는 더 안 좋아진 것 같습니다. 저 자신도 몸과 정신이 혼미해지고 회진할 때 의사 선생님께서 독백처럼 "황규찬 씨 왜 저렇게 못 버티지." 하며 고개를 갸우뚱하는 것이 희미하게 들렸습니다.

정말로 이번에는 죽는구나 생각이 들었습니다. 지나온 날이 후회스럽기도 했고 오히려 담담하게 마음을 정리하기도 했습니다.

그런데 가끔 불현듯 회장님 말씀이 위로와 희망과 감사의 메시지로 다가왔습니다.

2006년 4월

우여곡절 끝에 항암치료를 마치고 집에서 요양을 한 지도 벌써 3년이 다 되어가는 어느 날입니다. 이제는 몸도 거의 정상을 되찾아 집 주변을 산책할 때면 친구끼리 모여서 소주 마시는 광경이 점점 그리워지더군요.

다시 회사에 돌아가서 근무도 할 수 있을 것 같고……. 집사람도 은근히 회사를 다시 다닐 수 있을까 기대하는 눈치였습니다. 하지만 저는 회사에 다시 근무하겠다고 연락을 할 수는 없었습니다. 지금까지 치료기간 중 보살펴준 것만 해도 감사한데 부담이 되어서는 안 된다는 생각이 들었고 어쩌면 알아서 그만두는 센스를 가져야 한다고 스스로 다짐하기도 했습니다. 실천은 못했지만.

솔직히 어떡해야 하나 몇 달 고민했습니다.

그러던 어느 날 인사팀장에게서 연락이 왔습니다. 이제 건강상태가 복귀해도 될 정도가 됐느냐고 묻기에 "네." 하고 대답했습니다.

2007년 6월

건축사업을 해야 하는데 관련 조직도 없고 전문인력도 없는 회사에 가서 CM의 당위성과 필요성을 설명했습니다. 처음에는 전화하는 것도 거부하던 분이었는데 얘기를 들어보니 자기 회사의 사업에 도움이 되겠다고 느낀 것 같습니다. 얘기하던 도중 여직원에게 차를 가져오라 하고 따뜻한 응대를 하더군요. 나중에 얘기가 끝났을 때는 엘리베이터 앞까지 배웅하면서 예를 표했습니다.

영업하는 보람을 느꼈습니다. 또 내가 회사에 기여를 하는구나 생각이 들었습니다. 그 프로젝트는 계약되었고 현재 CM을 수행중입니다.

발주처를 오가면서 저는 항상 회사에 대한 감사의 마음을 되새깁니다. 조금이라도 헛되지 않게 열심히 해야 한다고 제 자신을 채찍질합니다. 그것이 내가 회사에 조금이라도 보답하는 길이라고 생각하면서…….

– 황규찬 이사

Part 2
미래 만들기 프로젝트

우리는 된다

전쟁터 같은 현장이 최고의 학교다

내가 대학을 졸업한 1973년에는 제1차 오일쇼크가 몰아치고 있었다. 중동의 석유수출국들이 원유 생산량을 제한하면서 유가가 급등해 세계 경제가 풍전등화였다. 하필 그런 혼란기에 사회에 첫발을 내딛은 나는 앞날이 캄캄했다. 웬만한 회사에 취업하기가 어려운 시절이었다.

나는 조창걸 선배와 그 동기인 김영철 선배가 운영하던 한샘건축연구소에서 첫 직장생활을 시작했다. 조창걸 선배는 대학 때부터 건축설계에 특출나게 두각을 보였다. 당시 조 선배는 설계사무소와 부엌가구공장을 함께 경영하면서 주택사업 진출을 꿈꾸고 있었다.

조 선배는 사회의식 또한 투철했다. 그래서 부자들 호화주택이나 설계해주며 돈벌이에 급급해하는 건축가들을 무척 안타깝게 여기며 건축가의 사회적 사명을 강조했다. 나는 그런 선배에게서 일에 대한 자세와 철학을 배울 수 있었다. 직장생활에 바탕이 될 소중한 가르침이었다.

나는 입사 후 4년 여 동안 열심히 일했다. 처음에는 설계일을 했지만 차츰 부엌일과 관련된 자재 구매와 무역 업무 등 닥치는 대로 일을 했다. 그러나 어느 날 4년 여 동안 해온 한샘 일에 회의가 들었다. 그러다가 건축과는 완전히 단절될 것 같은 불안감이 들었다. 그래서 나는 새로운 길을 모색하기로 내심 결정을 하고 조 선배에게 속마음을 털어놓았다. 조 선배는 몇 번 만류하다가 내 결정을 수용해주었다.

1977년 나는 현대양행에 들어갔다가 2년 후인 1979년 ㈜한양으로 직장을 옮겼다. 그리고 입사 후 얼마 지나지 않아서 사우디아라비아 현장 발령을 받았다.

1979년 11월 내가 두근거리는 가슴을 안고 날아간 곳은 사우디 메디나에 있는 100여 동의 저층 아파트 건설현장이었다. 거기서 나는 공무과장으로 일하며 원가, 공정, 품질 등을 관리했다. 현장 관련 외국인들과 부대끼는 과정에서 영어실력도 제법 늘었고 기술도 배울 수 있었다. 더불어 인근에서 병원 신축 공사를 하는 독일 건설회사의 선진적 시공기법도 눈여겨보았다. 하지만 진짜 소득은 다른 데 있었다. 바로 건설사업관리에 눈을 뜨게 된 것이었다.

건설사업은 보통 여러 업체가 관여를 하게 된다. 발주사, 설계사, 시공사가 다 다르다. 거기에 또 하도급 업체가 줄줄이 달리는 경우도 많다. 따라서 각 관련 업체들이 의견을 조율해 의사결정을 내리는 게 쉽지 않다. 그러다 보니 대부분의 건설공사는 당초 계획보다 사업기간과 예산이 늘어나게 마련이었다.

당시 내가 근무한 현장도 예외가 아니었다. 공사 완료 후 준공기록을 작성하면서 나름대로 계산해본 결과 잦은 시행착오, 기회손실, 관리손실 때문에 쓰지 않아도 될 공사비가 20퍼센트나 더 투입됐다고 판단했다. 같은 5개 공사의 총 계약금액이 약 4억 5,000만 달러였으므로 1억 달러 가까이 허공에 날린 셈이었다. 현장 직원의 한 사람으로서 안타까웠다.

'우리는 많은 시행착오를 겪으며 공사를 하는데 선진국 건설업체들은 어떻게 한 치의 오차도 없이 계획대로 건물을 지을 수 있을까?'

그 답은 바로 CM이었다. 선진국 업체들은 건설사업의 기획부터 설계, 발주, 시공 등에 이르는 전 과정을 총체적으로 관리감독하는 건설사업관리를 통해 공사의 효율성을 극대화하고 있었던 것이다.

CM은 한마디로 건설사업 전 과정을 합리적이고 효율적으로 관리하는 시스템이다. CM을 적용하면 예산과 사업기간을 효율적으로 관리할 수 있다. 게다가 철저한 현장관리로 품질과 안전까지 확보할 수 있다. 나는 건설사업관리가 한국의 건설산업에 반드시 필요하다고 느꼈다. 그리고 내친김에 제대로 공부를 해보고 싶었다.

그래서 당시 현장에서 친구처럼 지내던 감독관 측 영국인 전문가의 도움을 받아 영국 유수 대학에 입학지원까지 했다. 귀국 후 재정적인 문제 등으로 망설이다가 결국 영국 유학은 좌절되고 말았지만,

2년 반 동안의 그 현장경험은 내 직장생활에 커다란 변화를 예고하는 것이었다.

자부심은 혼신을 다 바친 자만이 갖는 훈장이다

"요즘 뭐 하고 지내? 삼성건설에서 일해볼 생각 없어? 와서 나 좀 도와주라."

어느 날, 삼성건설 해외사업부 김시형 전무로부터 전화가 걸려왔다. 전 직장 상사이자 대학 선배인 김시형 전무는 다짜고짜 내게 스카우트 제의를 해왔다.

나는 1984년 사우디아라비아에 이어 본사에서 2년 여 근무하고 다시 쿠웨이트에서 짧은 현장근무를 마친 뒤 사표를 내고 쉬고 있었다. 심신이 많이 지쳐 있었다. 그래서 다음 직장을 알아보지도 않은 채로 무작정 3개월만 쉬자고 마음먹고 사표를 냈다.

나는 모처럼 제주도로 가족여행을 다녀왔다. 신혼여행을 가기로 했다가 기상악화로 못 간 제주도를 8년 만에 처음으로 가게 된 것이다. 나는 또 단식을 하면서 건강을 챙기는 한편으로 영어 공부도 하고 도서관에 다니면서 책을 읽고 있었다. 그때 스카우트 제의를 받은 것이다.

당시 삼성건설은 적극적으로 해외사업 확대를 위해 노력하고 있었다. 따라서 중동 현장경험과 시공기술사 자격증을 가진 나를 필요로 했던 것이다. 김시형 선배의 제의에 따라 결국 나는 삼성건설에 차장으로 입사를 했다. 내가 맡은 일은 예전 회사들에서 했던 해외 입찰 업무였다.

그러나 정작 해외사업본부의 성과는 신통치 않았다. 당시 삼성건설은 해외에서 부실 프로젝트를 여러 개 떠안고 있었다. 내가 입사한 지 얼마 지나지 않아서 해외사업본부는 그룹 감사를 받게 됐다. 그 결과 해외사업을 접으라는 엄명이 떨어졌고 많은 사람들이 자리에서 물러났다. 내 업무 또한 국내 입찰로 바뀌었고 1987년에는 처음으로 현장소장 발령을 받고 현장에 배치됐다.

첫 발령지는 모교인 서울대학교 구내에 삼성그룹에서 최초로 기증한 호암생활관 현장이었다. 5층짜리 숙소 건물 2개 동과 2층짜리 회관을 짓는 작은 공사였다. 그러나 '호암'이라는 이름이 상징하는 것처럼 삼성 그룹 입장에서는 창립자인 이병철 회장을 기리는 매우 중요한 프로젝트였다.

나는 '호암'의 명성에 걸맞은 작품을 만들어보고자 혼신의 노력을 다했다. 내 집을 짓는다는 심정으로 정성을 쏟았다. 원 설계에서 문제가 되는 것은 설계자와 상의해서 품질을 업그레이드했다. 숙소의 외부를 미장 후에 페인트칠을 하는 일반 아파트 수준에서 빌라 수준의 적벽돌로 바꾼 것이 대표적이다. 그밖에 사소한 디테일에도 많은 신경을 썼다. 또 재료와 공법 선택부터 업체 선정과 마감공사에 이르기까지 하나하나 해결해나가면서 이전에 경험하지 못한 또 다른 건축을 배우게 됐다.

공사는 성공적으로 끝났다. 내 첫 작품은 서울대학 안에서 가장 잘 지어진 건물이라는 평가를 받았다. 그룹 비서실 평가도 좋았다. 준공

후에 하자가 나오지 않았다. 그로써 나는 현장소장 역할에 자신감을 얻게 됐다.

경쟁하지 말고 뛰어넘어라

두 번째 현장인 도심 순화빌딩 공사는 당시로서는 꽤 대규모 오피스 건물공사였는데 무리 없이 끝냈다. 그리고 1991년에는 여의도의 대규모 현장인 동양증권 사옥 현장소장으로 발령을 받았다. 하지만 그것은 현장 책임자로서 고행의 시작이었다.

그곳에는 국내 9개 증권사 사옥이 거의 동시에 시공되면서 건설사 간 경쟁이 치열했다. 그런데 동양증권 현장은 공사조건이 현저하게 열악했다. 규모가 비슷한 다른 공사기간이 3~4년인 데 비해 동양증권 현장은 겨우 2년이었다. 게다가 20층에서 21층으로 층수도 높아지고 엘리베이터 홀의 위치도 바뀌는 바람에 대대적인 설계 변경이 불가피했다.

관행적인 방식으로는 기간 내 완공이 불가능했다. 그렇다고 물러설 수는 없었다. 어떻게든 방법을 찾아야 했다. 당시 국내에서 볼 수 없던 획기적인 공법을 시도하는 것만이 유일한 방법이었다. 나는 고심에 고심을 거듭했다. 그리고 마침내 해법을 찾아냈다. 나는 시공계획 프레젠테이션을 하는 자리에서 용감하게 선언했다.

"공기를 더 줄여 20개월 내 완료하겠습니다."

예상을 뒤엎은 내 발언에 참석자들은 모두 벌린 입을 다물지 못했다. 24개월도 턱없이 부족한 마당에 20개월이라니! 다들 초짜 소장의 객기쯤으로 여기는 듯했다. 하지만 나는 다시 자신 있게 말했다.

"러핑ruffing형 타워크레인을 이용하고 적층공법으로 외부 커튼월(외벽 창호)과 골조시공을 병행하면 가능합니다."

러핑형 타워크레인이란 일반 타워크레인이 수평으로만 움직이는 것에 반해 상하좌우로 움직이면서 물건을 들어 올리는 크레인을 말한다. 또 적층공법이란 골조공사와 동시에 내부 공사가 가능하도록 외벽 창호공사를 골조공사와 병행하는 공법을 말한다.

김성환 본부장은 그런 내 제안을 적극 지지했다. 덕분에 내 뜻대로 공사가 이뤄졌다.

나는 공사 중에 더 파격적인 모험도 감행했다. 일요일에는 현장 출입문을 잠가버리고 의무적으로 쉬게 한 것이다. 당시 공사현장의 관행에 정면으로 맞선 것이었다. 물론 관련자들은 반발했다. 하지만 하루쯤 쉬는 것이 오히려 전체 생산성을 향상시킨다는 지표를 근거로 집요하게 설득해 관계자들의 동의를 얻어냈다.

결국은 내가 장담한 대로 20개월 안에 공사가 끝났다. 그러자 본사에서 감사팀이 나와 현장감사를 벌였다. 공사기간은 물론이고 재무실적도 월등히 좋은 데 대해 어떻게 그 짧은 기간에 프로젝트를 성공시켰는지를 확인해 타 현장에 전파하기 위한 특이한 감사였다.

동양증권 사옥공사는 공사 중에 삼성건설 내부뿐만 아니라 많은 건설회사의 벤치마킹* 대상이 될 정도로 성공작이었다. 서로 다른 건설회사에서 시공하던 증권사 사옥 9개 현장과 비교하면 그중 군계일학이었다.

삼성 내에서는 공사기간을 획기적으로 단축하고 비용도 대폭 줄인 공로를 인정받아 '삼성 신경영상'을 받았다. 또 삼성그룹 최고 인재에게 부여하는 'S급 인재'로 뽑혔다. 연봉도 3년치가 한꺼번에 뛰었다. 참으로 신바람 나는 성과였다.

내가 신출내기 현장소장으로서 그런 성과를 낼 수 있었던 것은 끊임없이 노력하고 연구하는 습관의 결과였다. 당시 나는 일찍이 기술사 면허를 취득한 덕분에 삼성건설 도쿄 현지법인 소속 기술사를 겸직하고 있어서 일본 출장을 자주 다녔다. 덕분에 다이세이, 스미즈, 다케나가 등 일본 베스트 건설업체의 현장을 자주 견학할 수 있었다.

특히 일본 내 초고층 건물인 70층 랜드마크 타워 공사현장은 공사기간에 세 번씩이나 견학하며 초고층 건축에 대한 귀중한 지식을 얻었다. 그때 일본 건설업체들이 '적층공법'을 활용해 공사기간을 줄인다는 것도 알게 됐다.

건축에서 견학만큼 좋은 공부도 없다. 하지만 그냥 둘러본다고 공부가 되는 것은 아니다. 견학을 할 때는 번뜩이는 독수리의 눈을 가져야 한다. 또 지식과 경륜이 풍부한 안내자의 설명을 들으며 궁금한 내용은 반드시 되물어서 답을 구해야 한다. 또 견학을 마치면 그날

*벤치마킹Benchmarking : 다른 기업이 가지고 있는 산업에서의 최고 운영방법을 찾아 배우는 것을 말한다. 다른 조직들의 핵심적인 비즈니스 프로세스를 수행하는 방법을 배움으로써 기업이 기존에 보유하고 있는 능력범위를 넘어서는 우수한 결과가 달성할 수 있도록 하는 경영 기법이다.

배운 내용을 꼬박꼬박 정리하는 것도 중요하다. 그렇게 얻은 지식은 평생 사업의 소중한 밑천이 될 것이다.

최고가 되려면 현장에서 길을 찾아야 한다. 어느 분야든 직장인의 현장경험은 중요하다. 하지만 무작정 많은 경험이 중요한 것은 아니다. 어떻게 경험했는가가 중요하다. 즉 양보다 질이 중요하다는 것이다. 그러므로 최고가 되고자 하는 사람은 한번의 현장경험이라도 자신의 피와 살로 만들어야 한다.

처음 해보지만 할 수 있다

동양증권 사옥 현장이 끝나갈 무렵, 삼성건설은 말레이시아의 98층짜리 쌍둥이 건물인 KLCC 빌딩 입찰에 심혈을 기울이고 있었다. 그 건물의 정식 명칭은 페트로나스 트윈타워. 말레이시아 국영 석유회사인 페트로나스사가 투자한 쿠알라룸푸르시티센터KLCC가 발주했기 때문에 흔히 KLCC 빌딩 또는 쌍둥이 빌딩으로 불린다. 총 높이는 452미터다. 당시 세계에서 가장 높다는 미국 시카고 시어스타워보다 9미터나 더 높았다. 한마디로 그 건물은 말레이시아를 넘어 세계의 마천루였다.

초고층 건설시장 진출 기회를 엿보고 있던 삼성건설에는 절호의 기회였다. 입찰상황 또한 유리하게 전개되고 있었다. 그러나 정작 회사 안에 초고층 현장경험을 가진 소장 감이 없다는 게 문제였다. 그런 마당에 은연중 내 이름이 자주 거론됐다. 하지만 고작 국내 현장

세 곳의 경험이 전부인 나는 자신도 없고 해서 본사의 연락을 슬슬 피해 다녔다. 그러나 그 사이에 기어이 삼성건설이 최종 낙찰을 받았고 회사 고위 임원까지 나서서 내게 현장 책임자로 가달라고 설득을 해왔다. 더 이상은 피할 수가 없었다.

나는 그 엄청난 프로젝트를 목전에 놓고 며칠간 잠을 이룰 수가 없었다. 나는 인근 현장의 해외사업 경험이 많은 대학 선배에게 고민을 털어놓았다.

"100층 가까운 건물을 과연 2년 만에 완공시킬 수 있을지 답을 못 내리겠습니다."

그러자 선배는 대뜸 답했다.

"최고가 될 수 있는 기회인데 뭘 망설여? 일단 가서 도전해보게."

선배의 격려에 힘을 얻은 나는 주먹을 불끈 쥐고 도전해보기로 결심했다. 어쩌면 최고의 건설 전문가가 되기 위해서는 꼭 넘어야 할 산인지도 모를 일이었다. 그렇다면 나는 그 산을 넘기로 했다. 최고가 되거나 무릎을 꿇거나 이판사판이었다. 그렇게 의지를 다진 나는 그해 11월에 선발대 7명을 이끌고 쿠알라룸푸르로 떠났다.

나는 현장에 도착해 짐을 풀 겨를도 없이 정신없이 뛰었다. 말레이시아는 물론이고 태국, 싱가포르, 홍콩 등 인접한 나라의 주요 초고층 현장을 견학하고 참고할 만한 정보들을 긁어모으며 세부 시공계획을 하나하나 세워갔다. 날마다 복잡하고 어려운 의사결정의 연속이었다.

한편 KLCC 쌍둥이 빌딩의 한쪽은 일본 회사와 미국 회사가 시공을 맡았고 나머지 한쪽을 삼성건설과 극동건설 연합팀이 맡았다. 그런데 일본이 한 달 먼저 착공을 했지만 완공은 동시에 하도록 계약된 것을 나중에야 알았다.

그에 따라 최종 완공일은 당연히 지켜야 했고 중간 공정도 지정된 기간에 완수하지 못하면 위약금을 물어야 했다. 게다가 지상 175미터 높이에서 두 건물의 44층과 45층의 스카이브리지 건설은 고난도 프로젝트였다. 그런 조건에서 98층을 짓는 데 주어진 기간은 고작 27개월. 하루 24시간씩 공사를 해도 부족할 터였다. 획기적인 대안을 마련치 못하면 엄청난 위약금으로 회사가 휘청거리고 국제적인 망신까지 당할 처지였다.

공사기간을 줄이기 위해서는 무엇보다도 콘크리트 타설 방법이 관건이었다. 일본 회사는 가설 엘리베이터를 이용해 일정 위치에 콘크리트를 배달한 후, 다시 소형 콘크리트 펌프로 콘크리트를 밀어 올리는 2단치기 공법을 채택하고 있었다.

하지만 우리는 한 달을 더 단축하기 위해서 다른 공법을 모색했다. 그것은 펌프로 지상에서 직접 최고층까지 쏘아 올리는 펌핑pumping 방식이었다. 그러나 그 방식이 성공할지는 아무도 장담할 수 없었다. 만약 지상 92층까지 공사 중 콘크리트 펌프가 제대로 작동하지 않아 속을 썩이면 끝장이었다.

우리는 독일의 콘크리트 펌프 전문업체와 주도면밀하게 검토를 한 후, 결국 펌핑 공법을 선택했다. 무엇보다도 건설 선진국인 일본과 미국 회사의 방식을 거역한 선택은 고심 끝에 내린 결단이었다. 그렇지만 우리는 확신을 가지고 대모험을 했다.

한편 스카이브리지 공사는 지상에서 제작한 다리 구조물을 통째로 들어올려 조립하는 방법을 발주자 측에 제시했다. 무려 500톤에 달하는 구조물을 들어올리는 아찔한 상황을 발주자들은 쉽게 받아들이지 못했다. 하지만 우리는 전문업체와 함께 거듭 프레젠테이션을 하면서 발주자 측을 설득하는 데 성공했다.

공사가 시작됐다. 우리는 일본 회사와 피를 말리는 경쟁을 하며 공정을 맞추기 위해 전력투구했다. 하지만 초기에 공사가 너무도 안 풀렸다. 일본 회사도 마찬가지였다. 공정이 도무지 정상 궤도에 올라가지 않았다. 전쟁터 같은 현장에서 한시도 긴장을 늦추지 못하고 일했다.

나는 누적된 피로로 건강상 현장업무를 더 이상 수행할 수 없을 지경에 이르러 현장근무 18개월 만에 후임자에게 현장을 넘겨주고 귀국길에 오르게 됐다. 중요한 결정과 발주는 거의 끝낸 뒤였지만, 완공의 축배를 들지 못하고 비행기에 올라야 하는 심정은 한없이 추락하고 있었다.

다행히 내가 귀국을 준비할 무렵부터 공사는 거짓말같이 순탄하게 진행됐고 일본 회사와의 최종 경쟁에서도 몇 시간의 극적인 차이로 이겼다. 나는 공정의 마지막 단계인 첨탑을 올리기 직전에 말레이시아로 날아가 직원들을 격려했다. 건강 때문에 최후의 승자가 되지는 못했지만, 밤낮 가리지 않고 일하던 지난날의 기억이 파노라마처럼 스쳐지나갔다. 그 순간 내 눈에는 눈물이 핑 돌았다.

미래를 예측하지 말고 만들어라

특단의 조치를 취하라

나는 말레이시아에서 돌아온 뒤 어느 정도 건강을 회복한 다음 본사 품질안전 실장직을 맡게 됐다. 품질안전 실장직은 1994년 가을 성수대교 붕괴와 대구 지하철현장 가스폭발 사고 등의 여파로 삼성그룹 차원에서 그 중요성이 부각됐던 직책이다.

그러던 1995년 6월 29일 오후. 나는 부산 삼성건설 연수원에서 그 지역 현장소장들에게 건설안전과 품질교육을 했다. 나는 독가스 누출 사고로 '유니온 카바이트'라는 세계 굴지의 기업이 흔적도 없이 사라져버린 예를 들며 안전의 중요성을 거듭 강조했다.

교육을 끝내고 저녁을 먹기 위해 연수원 식당에 들어섰다. 그런데 식당 분위기가 심상치가 않았다. 연수생들 대부분이 밥그릇도 제쳐

둔 채 TV 앞에 모여 웅성거리고 있었다.

나는 도대체 무슨 일일까 궁금해서 TV 화면을 눈여겨보았다. 그 순간 나는 놀라서 뒤로 넘어질 뻔했다. 우리 집 가까이에 있는 삼풍백화점이 폭격을 맞은 듯 폭삭 내려앉는 중이었다. 그 아비규환의 현장이 생생하게 중계되고 있었다.

그랬다. 그날 오후 5시 55분. 한국에서 가장 호화롭다던 강남 한복판의 삼풍백화점이 무너졌다. 지상 5층, 지하 4층 건물이 무너지는 데는 채 1분도 걸리지 않았다. 사망자 및 실종 507명, 부상자 937명의 인명피해가 났다. 8·15 광복 이후 가장 큰 인적 재해로 기록됐으며 재산상의 손해도 매우 컸다. 성수대교가 무너진 지 불과 8개월 만에 그보다 더 큰 사고가 터져 사람들을 또 한번 놀라게 한 것이다.

나는 우리나라 건설산업 전체가 무너진 것이라고 생각했다. 사고의 원인은 자명했다. 첫째는 설계, 시공, 관리 등과 관련해 프로의식이 결여된 기술자의 문제였다. 둘째는 안전은 제쳐두고 건물 용도를 제멋대로 바꿔 이익 극대화에만 골몰한 건축주의 천박한 금전만능주의였다. 셋째는 건설 전 과정에서 검은 돈이 오가는 부패의 사슬이 근본적인 원인이었다.

삼풍백화점 사고는 이처럼 우리 사회의 총체적 부실과 병리현상이 빚은 재앙이었다. 온 나라가 들끓었다. 건설대국의 자존심은 이미 산산조각으로 부서졌다. 항간에는 헌법 제1조를 '대한망국은 사고공화국이다'로 고치자는 말까지 나돌았다.

사고가 수습되고 몇 달이 지나도록 언론 보도가 그치지 않았다. 더불어 사회적 불신이 만연했다. '건축은 그 사회의 거울'이라는 말이 전혀 틀리지 않았다. 나는 건설인의 한 사람으로서 막중한 사회적 책임을 느끼며 깊은 자괴감에 빠졌다.

삼풍백화점 사고 후 삼성그룹 이건희 회장은 삼성건설, 삼성중공업, 삼성엔지니어링 등 계열사의 건설현장에 대한 '특단의 조치'를 지시했다. 나는 그 지시를 이행할 특별팀 책임자로 임명됐다. 내게는 외국인 감리팀장 직함이 주어졌다.

그에 따라 나는 삼풍백화점 붕괴와 같은 대형 사고를 원천적으로 예방할 수 있는 '특단의 조치'로 외국인 전문가가 현장에 주재해 품질 안전을 감독하는 프로그램을 도입해 그룹 건설 3사의 주요 현장 감독 기능을 맡기기로 했다. 한국인 감리는 인맥으로 얽히고설켜 믿을 수 없다는 판단에서였다. 그리하여 건축은 물론이고 토목, 플랜트 현장까지 포함해 삼성그룹에서 시공하는 주요 프로젝트 현장 50곳을 선정해 철저한 외국인 감리를 받도록 한 것이었다.

그런데 당장 외국인 감리 전문가 60여 명을 구하는 것이 문제였다. 나는 고심 끝에 외국인 전문가를 직접 채용하기보다는 외국 전문회사에 용역을 주기로 방향을 잡았다. 그리하여 당시 건설관리에서 세계 최고 수준을 자랑하던 미국의 파슨스와 영국의 트라팔가하우스 Trafalgar House와 테일러우드로 Taylor Woodrow를 선정했다.

그 후 나는 무엇보다 투입될 외국인의 선별에 가장 역점을 두었다, 외국 전문회사로부터 투입 대상자의 이력서를 받아 검토한 후 자격이나 역량이 부족하다고 판단되면 가차 없이 퇴짜를 놓았다. 또 심사를 통과해 한국에 온 기술자도 우리나라 현장에 적합하지 않은 사람은 즉시 돌려보냈다.

한국에 도착한 기술자에 대한 교육도 철저히 했다. 그 과정에서도 부적합한 기술자가 나오면 단호하게 처리했다. 예컨대 영국에서 온 기술자 한 명은 한국에 온 첫날 저녁에 동료들과 함께 이태원에서 술을 먹고 길거리에서 방뇨를 했다. 그 보고를 들은 우리 외국인 책임자는 즉시 비행기를 태워 돌려보냈다. 또 미국에서 온 기술자 한 명은 한두 달 만에 현장 사무소 여직원과의 불미스런 관계가 발견돼 즉시 돌려보냈다. 그처럼 우리는 현지의 미풍양속을 해치는 행위에 대해서는 엄격하게 처리했다.

그런 과정을 거쳐 마침내 외국인 전문가 60여 명이 곳곳에 투입됐다. 나는 외국인 감리팀장으로서 그 일을 총괄했다. 외국인 전문가들을 관리하다 보니 예기치 못한 문제도 있었지만 말레이시아 KLCC 빌딩 현장에서 많은 외국인 기술자들을 직접 관리한 경험이 많은 도움이 됐다.

해가 바뀌어 외국인 감리 프로그램이 시행된 지 1년 여가 지나자 눈에 띄는 성과가 나타났다. 과거에 비해 안전사고가 크게 줄어들었고 품질이 대폭 개선됐다. 무엇보다도 현장 직원과 근로자의 의식이 개선됐다는 보고도 잇따랐다.

안전하지 않은 건축물은 살상무기나 다름없다. 그러므로 건설에서 안전은 최고의 가치다. 하지만 어디 건설산업뿐이겠는가? 조선, 자동차, 운수, 선박, 항공 등 대부분의 산업현장에서도 안전이 생명이다. 또한 산업현장뿐만 아니라 개인의 삶에서도 안전은 최고의 가치일 것이다. 요컨대 우리가 건강을 소중하게 생각하는 것도 안전한 삶을 위한 게 아니던가.

뜻이 있는 곳에 길이 있다

나는 삼풍백화점 붕괴사고의 여파로 도입한 외국인 감리 프로그램을 진행하면서 깊은 고민에 빠졌다. 건설인의 한 사람으로서 삼풍백화점 사고는 절대 잊어서도 안 되고 잊을 수도 없는 일이었다. 하지만 철저한 방지대책이 마련되지 않는다면 또 언제 그런 사고가 터질지 모르는 일이었다.

'외국인 감리 프로그램을 일과성으로 끝낼 게 아니라 그들의 선진적 건설문화와 관리 시스템을 국내에 뿌리내리게 할 방법이 없을까?'

나는 궁리를 거듭하던 중 문득 사우디아라비아 현장근무 시절에 매료됐던 CM 비즈니스를 떠올렸다. CM은 건설 프로젝트의 생산 프로세스를 관장한다. 그렇기 때문에 설계, 시공, 감리 등 건설과정을 분절되고 분리된 업무가 아니라 연속적으로 관리해 건설생산의 베스트 프랙티스*를 를 보여줄 수 있다고 생각했다.

'그래, CM 비즈니스를 국내에 도입하는 거다!'

역설적이게도 삼풍백화점 붕괴라는 비극적 사고가 내 젊은 날의

---

*베스트 프랙티스Best Practice : 어떤 업무를 할 때 효율, 비용, 자원 등의 모든 것을 고려한 최적의 수행 방법을 말한다.

꿈을 깨워주는 계기가 됐다.

당시 국내에서는 CM이라는 개념조차 생소한 터였다. 하지만 나는 삼풍백화점 붕괴사고로 인해 국내에도 CM에 대한 수요가 생겨날 것으로 믿었다. 수요가 있으면 반드시 공급을 필요로 하지 않겠는가. 나는 반드시 성공할 수 있다는 자신감이 들었다.

그러나 회사 설립이 쉬운 일은 아니었다. 돈도 없고 사람도 없었다. 오직 가진 것이라고는 건설산업의 새로운 패러다임을 제시하자는 신념과 의지뿐이었다. 그러나 나는 '뜻이 있는 곳에 길이 있다' 는 말을 믿었다. 그래서 본격적으로 CM회사 설립을 추진했다.

그런데 국내에는 CM 비즈니스 모델도 인재도 없었다. 외국 CM 전문회사의 기술력과 인력을 끌어들여야 했다. 그래서 가능한 인맥과 채널을 모두 동원해 파트너를 물색해 합작을 제안했다.

의외로 반응은 좋았다. 미국의 파슨스Parsons와 터너Turner, 영국의 보비스Bovis와 오비 애럽Ove Arup 등이 참여의사를 밝혀왔다. 나는 그 회사들을 방문해 최고경영진의 의지를 직접 확인했다. 그중에 미국의 파슨스가 가장 적극적이었다. 사실 여러 모로 파슨스의 명성을 따라올 만한 회사도 없었다. 게다가 삼성그룹의 외국인 감리 프로그램을 운영하면서 서로 신뢰감도 쌓은 터였다. 결국은 미국의 파슨스가 파트너로 결정됐다.

한편, 국내에서는 토목 엔지니어링 업체인 서영기술단이 참여했다. 그리하여 서영기술단과 파슨스가 각각 55퍼센트와 45퍼센트를 출자하는 자본금 10억 원의 합작회사 설립이 합의됐다. 그에 따라

1996년 6월 18일, 우리나라 건설업계 최초의 한미 합작법인이자 국내 첫 CM 전문회사인 '한미건설기술주식회사'가 탄생했다. 더불어 나는 삼성그룹의 일원에서 이 회사의 대표이사가 됐다. 비로소 우리 건설산업의 패러다임에 변화를 일으킬 회사가 탄생한 것이다.

설립 초기에 회사 운영은 많은 부분을 파슨스 시스템에 의존했다. 전체 사원 120여 명 가운데 핵심 인력 55명이 모두 외국인이었다. 파슨스에서 파견된 테리 오브라이언 부사장이 회사 조직과 운영을 선진적으로 이끌었다. 그렇지만 그때 나는 회사를 세계적인 CM 전문회사로 키우기 위한 '3단계 성장 모델'을 머릿속에 그리고 있었다.

1단계는 미국 파슨스의 시스템과 외국인들의 기술력을 이식하기 위해 외국인 중심으로 회사를 운영하는 기술 '도입단계'였다. 2단계는 홀로서기를 위해 일정부분까지 외국 기술력에 의존하면서 한국인의 자립을 시도하는 기술의 '병립단계'를 생각했다. 그리고 3단계는 기술의 독립을 시도하는 단계로 한국인이 주체가 되고 꼭 필요한 부분만 외국인이 메워주는 '성숙단계'를 설정했다.

결과적으로 그 3단계 성장 모델은 성공을 거두었다. 창립 후 10년 만에 우리는 국내 CM업계 최초의 글로벌 기업으로 발돋움했다. 나중에야 밝혔지만 사실 그 성장전략은 우리나라의 원자력발전소 자립화 전략을 벤치마킹한 것이었다. 외국 파트너와 원자력발전소를 건설하면서 차근차근 기술을 이전받아 결국 우리 기술로 만들었던 사례를 CM사업에 응용한 것이다. 세계 최고의 기술력을 자랑하는 파슨스와 손잡은 것도 바로 그런 이유였다.

일하는 데는 광신도 같은 열정과 헌신이 필요하다

우리는 '한미건설기술'이라는 회사를 설립함으로써 국내에 CM의 씨앗을 뿌렸다. 그러나 그 연약한 씨앗이 싹트기에는 날이 너무 추웠다. 국내 건설업계는 우리 도전장을 거들떠보지도 않는 분위기였다. 그런 마당에 CM 프로젝트 수주는 쉽지 않았다.

따라서 설립 초기에 우리는 유능한 외국인 기술자들을 활용해 현장의 품질과 안전을 집중적으로 관리해주는 '외국인 감리' 프로그램인 QIT* 사업을 삼성으로부터 인계받았다. 그러나 우리는 거기서 만족할 수 없었다. 얼어붙은 땅을 몸으로 녹여서라도 씨앗을 싹 틔워야 했다. 우리는 발바닥이 닳도록 발주자를 찾아다니며 건설사업관리, 즉 CM에 대해 설명을 했다. 하지만 줄곧 엉뚱한 질문이 되돌아왔다.

"CM이라뇨. CM송을 줄인 말인가요?"

그럴 때마다 나는 다리에 힘이 풀렸다. 건설업계에서 제법 잔뼈가 굵은 사람도 CM이 뭔지 알지 못했다. 학계에서도 생소해하기는 마찬가지였다. CM에 대한 개념부터 알리는 게 급선무라는 생각이 들었다. 그래서 나는 각종 세미나와 강연회를 열심히 좇아다니며 CM을 소개했다.

사실 나는 엔지니어 출신으로서 그런 활동이 무척 어색했다. 하지

*QIT Quality Implementation Team : 선진 외국인 전문가를 활용한 현장의 품질과 안전을 집중적으로 관리하는 프로그램

만 익숙함은 곧 자신감을 낳았다. 언제부터인가 나는 당당하게 외칠 수 있었다.

"CM을 모르고서 건설을 말하지 마세요!"

나는 CM 홍보를 위한 'CM송'을 열심히 부르고 다녔다. 그런 내 모습이 마치 광신도처럼 보였던 것일까. 건설업계에서는 내게 'CM 전도사'라는 별명을 붙여주었다. CM 전도사. 상상도 못한 별명이었다.

일찍이 나는 남 앞에 나서는 것을 병적으로 싫어했다. 낯선 사람과 금방 친해지는 성격도 아니었다. '복음'을 널리 전파하는 전도사와는 태생적으로 거리가 멀었다. 하지만 사람들 사이를 헤집고 다니며 CM을 전파하고 다니다 보니 타고난 성격도 바뀌게 됐다. 그리하여 미래 시장을 일깨우는 전도사의 이름을 얻게 된 것이다.

하지만 CM 전도사라는 별명과는 달리 실제 수주성과는 별로 없었다. 선진 관리기법으로 공사비를 절감해주고 품질향상을 보장해준다고 제아무리 설득해도 흔쾌히 CM을 맡기려고 하지 않았다. 발주기관이나 건축주 대부분이 CM을 중요하게 생각지도 않았고 CM 업체에 대한 신뢰도 없었다.

씨앗은 금방 싹트지 않았다. 언 땅도 쉽게 녹지 않았다. CM 전도사의 길은 멀고도 험난했다. 하지만 나는 그 길을 포기하지 않고 걸었다. 선진국에서는 CM이 보편화돼 있다는 사실과 사고로 얼룩진 우리나라 건설업계에 CM은 반드시 필요하다는 확신 그리고 건설의 미래 시장에 다가가려는 강력한 의지가 내 발걸음을 잡아끌었던 것이다.

남이 닦아놓은 편한 길만 좇다 보면 절대로 최고가 될 수 없다. 나

는 거친 황무지에 새로 길을 내는 사람이 진정한 최고가 된다고 믿었
다. 그래서 한국의 건설산업에 새로운 길을 내기로 했다. 내가 건설
의 불모지인 CM에 도전한 것도 바로 그 때문이다.

돈으로 살 수 없는 것들을 얻어라

102층 시너지파크에 CM의 꿈을 쏘다

우리 회사는 설립 초기에 품질 안전을 위주로 하는 QIT사업과 더불어 선진적 감리기법인 CS*사업도 벌였다. 일반적인 건설감리에 CM기법을 활용하는 독특한 방식의 건설 용역이었다. 즉 법적 책임을 회피하느라 마지못해 행하는 일반적인 감리가 아니라 외국인 전문가를 통해 철저하게 설계를 검토하면서 원가를 절감하고 품질 확보와 공사기간 단축까지 유도하는 선진적 감리를 말하는 것이다.

CS사업으로 거둔 대표적인 수확은 '삼성생명 노블카운티 실버타운' 공사였다. 원래 그 프로젝트는 흔한 방식대로 설계사가 감리를

*CS Construction Supervision : 선진기법의 감리

겸하도록 돼 있었다. 그러나 나는 이순광 이사와 함께 삼성생명의 경영층을 찾아가 제안했다.

"설계사에게는 단순 설계 감리업무만 맡기시고 CM 기술력과 전문성을 갖춘 저희 회사에 설계검토와 시공관리, 공정관리, 품질관리, 안전 및 환경에 대한 감리를 맡겨주십시오. 발주사를 대신해 철저한 관리를 책임지겠습니다."

자신감 넘치는 우리 태도에 삼성생명 경영진은 관심을 보였다. 그리하여 1996년 10월 19일, 삼성생명 노블카운티 실버타운 공사 CS 용역을 맡게 됐다. 우리는 그 프로젝트에서 국내 최초로 고강도 콘크리트를 이용한 골조공사와 조립식 공법을 시도하며 발주처로부터 좋은 평가를 받았다.

그 무렵에 삼성그룹에서 도곡동에 102층짜리 '시너지파크'를 짓는다는 소식이 들려왔다. 구미가 확 당기는 프로젝트였다. 국내 최고 그룹의 초고층 공사 CM을 수주할 수만 있다면 우리 회사의 위상은 급상승할 터였다. 또 별도의 광고 없이도 CM에 대한 메가톤급 홍보 효과를 거둘 수 있는 절호의 기회였다. 우리는 그 프로젝트의 CM을 수주하기 위해 총력전을 펼쳤다.

당시 국내 기술만으로는 102층짜리 초고층 건물을 지을 수가 없었다. 따라서 발주사에서는 초고층 건설의 기술력을 갖춘 외국 건설사에 기술 지원을 의뢰할 수밖에 없는 상황이었다. 그 점을 파악한 우리는 먼저 말레이시아 KLCC 공사의 CM 책임자였던 존 던스포드Jon Dunsford와 설계관리 전문가인 론 시커Ron Sikor를 영입했다. 존 던스

포드 씨는 내가 말레이시아 KLCC 초고층 공사 현장소장으로 근무할 때 우리를 감독하던 CM 책임자였다. 나는 말레이시아로 직접 찾아가서 설득하는 등 삼고초려의 노력을 기울인 끝에 그를 영입할 수 있었다.

그런 다음 여러 차례의 프레젠테이션을 하며 삼성그룹 쪽을 거듭 설득했다. 그리고 1996년 11월. 드디어 첫 CM 수주에 성공했다. 마침내 국내 최고 그룹의 초고층 건물인 102층 시너지 파크에 CM 사업의 꿈을 쏘아 올리게 된 것이다. 나는 애써 흥분을 가라앉히며 구성원들과 함께 초고층 건설과 관련한 각종 매뉴얼 제작에 들어갔다. 절차서와 설계발주를 위한 지침서도 만들었다. 그렇게 1년 여 동안 초기계획 단계의 CM 업무를 수행하는 것만으로도 우리 회사와 CM은 주목을 받기 시작했다.

우리는 102층 시너지파크 CM을 수주한 뒤 거침없이 달려갔다. 승승장구하는 일만 남은 듯했다. 게다가 설립 첫해부터 흑자를 달성했다. 창업 초기에 이런저런 비용을 많이 지출했지만 QIT와 CS 용역 등에 힘입어 사업이 원활하게 진행된 덕분이었다.

위기는 도둑처럼 몰래 온다

창립 이듬해인 1997년에도 회사는 순조롭게 성장했다. 물론 수주와 매출이 일부 그룹사에 편중된 문제점도 있었다. 하지만 그것은 회사 설립 초창기에 불가피한 현상이었다. 우리는 발주처를 다양화하면서 그런 문제를 극복하기로 했다.

그러던 1997년 후반 IMF 외환위기가 나라를 덮쳤다. 1998년 초 1년 전에 달러당 800원대이던 환율이 2,000원 가까이 치솟으며 외환시장을 뒤흔들었다. 덩달아 실물경제도 요동을 쳤다. 급기야 1997년 11월, 정부는 IMF에 구제금융을 신청했다. 국가적 치욕을 당한 국민들 사이에서는 금 모으기 운동도 벌어졌다.

산업계 전반에 밀어닥친 IMF 외환위기의 여파는 무서웠다. 1998년에는 민간과 공공부문을 불문하고 전 산업 영역에서 이른바 '구조조정'의 거센 바람이 불었다. 당연히 국내 건설경기는 급격히 식어갔다. 특히 민간건설 쪽 시장은 아예 발주가 끊겼다. CM은 말할 것도 없고, 감리 수주도 없었다.

이미 수주한 프로젝트도 중단되거나 아예 취소됐다. 삼성생명 노블카운티 실버타운 현장을 비롯한 주요 공사들이 줄줄이 중단됐다. 우리는 현장에서 눈물을 머금고 철수했다. 하지만 그 과정에서도 향후 현장에서 발생할 수 있는 문제점을 공사 분야와 공정에 따라 꼼꼼하게 정리한 기술 의견서를 발주사, 시공사, 설계사에 제공했다. 기본과 원칙을 지키는 CM 전문회사로서 면모를 보여준 것이었다.

한편 1년 여 동안 계획단계의 업무를 진행하던 도곡동 시너지파크 CM 프로젝트마저 물거품이 되고 말았다. 초고층 건축에 대한 인근 주민들의 민원과 당국의 인가 지연으로 발주자가 사업을 포기하기에 이른 것이다. 결국 프로젝트는 취소됐다. 나중에 그 땅에는 타워팰리스가 지어졌다.

IMF 외환위기는 우리나라 경제 전체에 혹독한 시련과 고통을 안겨주었다. 규모를 불문하고 거의 모든 기업이 생사의 기로에 서게 됐다. 더구나 우리 회사처럼 용역 서비스를 제공하는 업체는 더 큰 타격을 입을 수밖에 없었다. 우리는 애초에 환율을 달러당 830원 정도로 예상하고 경영계획을 짜놓은 터였다. 하지만 환율은 두 배 이상으로 치솟았다. 그에 따라 원가는 수주금액의 두 배 이상으로 늘어나 버린 것이다.

특히 우리 회사는 60여 명의 외국인 급여를 달러로 지급하는 처지다 보니 IMF 외환위기의 직격탄을 맞을 수밖에 없었다. 환율이 오르내릴 때마다 회사는 휘청거렸고 결국에는 심각한 자금난으로 존폐의 기로에 서게 됐다.

아무리 힘들어도 끝까지 함께한다

IMF 외환위기의 칼바람이 실물경제에 본격적으로 휘몰아친 1998년은 악몽 같은 한 해였다. 물론 그해 5월에 남대문 패션 메사 프로젝트 CM을 수주하고 9월에는 1년간 공을 들인 상암동 월드컵 주경기장 CM을 수주한 것은 매우 의미 있는 성과였다. 하지만 5월부터 연말까지 민간 CS와 CM 수주는 전무하다시피 했다. 그나마 비중이 높았던 QIT 매출도 3분의 1로 감소했다.

우리는 온갖 방법을 동원해 위기를 버텨냈다. 수주영업실 직원들은 날마다 발이 부르트도록 뛰어다녔다. 어떤 날은 부서를 막론하고 전 직원이 영업을 나갔다. 하지만 그런 자구책으로는 위기를 벗어나는 데 한계가 있었다. 상황은 날로 악화됐고 매출은 전년도에 비해 절반 이하로 떨어졌다. 회사의 운명은 바람 앞에 흔들리는 등불이었다. 날마다 대책회의를 열었지만 뾰족한 방법이 없었다.

그 무렵 테리 오브라이언 부사장은 외국인 직원들과 협의를 벌였다. 당시 외국인들은 원화 절하로 인해 국내 체류 경비가 오히려 절감되는 혜택을 누리고 있었다. 오브라이언 부사장은 외국인들을 설득해 국내에서 지출하는 일부 급여를 IMF 외환위기 직전의 환율에 따라 원화로 지급하는 방안을 추진하고 복리후생 비용도 대폭 조정했다.

하지만 외국인 기술자에 대한 수요는 점점 줄어들었다. 결국 우리는 핵심 인력 4명만 남기고 나머지는 모두 본국으로 돌려보내기로 했다. 마침내 50여 명의 외국인 직원이 짐을 싸들고 회사를 떠났다. 그 뒷모습을 지켜보며 나는 목이 메었다.

'이렇게 끝나고 마는 것인가?'

한국인 직원에 대한 구조조정도 불가피한 상황이었다. 그리하여 1999년 3월, 전 직원을 불러 모아 비상대책회의를 열었다. 숙연한 분위기에서 임직원 모두 침통한 표정으로 경영위기에 대한 대책을 의논했다. 구조조정을 할 것인가, 아니면 순환 재택근무를 할 것인가. 의견은 두 가지로 압축됐다.

"안타깝더라도 과감한 인력 구조조정을 해 직원 수를 대폭 줄여야 합니다."

"그것보다는 고통 분담 차원에서 전 직원이 돌아가며 재택근무를 하는 것이 어떻습니까?"

직원들은 모두 회사의 구성원이기 전에 한 가정의 생계를 책임지고 있는 남편들이고 아버지들이었다. 나는 차마 그들의 거취에 대한 결정을 내릴 수가 없었다. 나는 참담한 마음을 억누르며 떨리는 손으로 마이크를 잡았다.

"아시다시피 우리는 창사 후 첫 위기에 직면해 있습니다. 회사의 존립 자체가 불투명한 현실에 대해 사장으로서 뭐라 드릴 말씀이 없습니다. 하지만 반드시 이겨낼 것입니다. 이대로 주저앉을 수는 없습니다. 다만 무엇이 최선이고 어떻게 해야 옳은지를 회사의 주인인 여러분께서 결정해주십시오."

직원들에게 호소하는 동안 눈물이 앞을 가렸다. 나는 마이크를 놓고 서둘러 회의실을 빠져 나왔다.

내가 회의실을 나온 뒤, 임직원 대부분은 회사가 살아남을 수 있다면 자기 살을 도려낼 각오가 돼 있음을 밝혔다. 그리하여 모두 돌아가면서 무보수에 가까운 재택근무를 하는 것으로 결정이 났다. 더불어 재택근무자들의 대기 기간을 최소화하도록 모두가 현장에서 분발하자는 비장한 결의도 했다.

이후 전체 임직원이 교통비 정도만 받으면서 짧게는 3개월, 길게는 6개월에 걸친 순환 재택근무에 들어갔다. 인사팀장은 스스로 모범을 보이기 위해 가장 먼저 재택근무에 들어갔다. 그러나 그는 인사팀이 경영지원팀에 통합되는 바람에 1년 이상을 집에서 보내야만 했다.

그런 와중에 IMF 외환위기 1년 전쯤 입사한 신입사원 한 명이 재택근무에 들어갈 차례가 됐다. 그런데 그 사원이 잔뜩 주눅이 든 얼굴로 인사 담당자에게 하소연을 해왔다. 다음 달에 결혼을 하는데, 여자 쪽 집안 반대가 심한 터라서 결혼식 때까지만 재택근무를 미루어줄 수 없느냐는 것이었다.

그 보고를 받은 나는 인사 담당자에게 즉답을 해주었다.

"재택근무는 당연히 연기해주고 결혼하는 데 지장이 없도록 최대한 지원을 해주세요."

회사의 원칙도 중요하지만 그보다는 개개인의 삶이 더 중요한 법이었다. 나는 여러 임직원과 함께 전주에서 열린 결혼식에 가서 축하를 해주었다. 하지만 결국 그 직원은 몇 달 지난 뒤, 순서에 따라 재택근무를 시작했다.

그 암울했던 시절을 떠올려보면 지금도 눈시울이 뜨거워진다. 우리는 해고를 피하기 위해 고육지책으로 행한 순환 재택근무를 거치면서 '고통은 나누면 줄어든다' 는 평범한 진리 하나를 처절하게 몸으로 깨우쳤다.

고통을 서로 품앗이하라

불황기에는 잡 셰어링Job Sharing으로 일자리를 유지하는 방안을 기업에서 흔히들 추진하고 있다. 하지만 그런 기업도 실제로 상황이 악화되면 결국 해고의 칼을 휘둘러 구조조정을 하기 십상이다.

하지만 우리 회사는 경제상황이 어려울 때는 해고를 통한 구조조정은 하지 않는다는 방침을 가지고 있다. 특히 지난 2008년 금융위기 때 나는 인위적인 해고는 실시하지 않을 것이라고 공식적으로 선언했다. 회사가 먼저 고통을 감수하겠다는 뜻이었다.

IMF 외환위기 때도 그랬다. 위기 때는 고용시장이 붕괴되기 때문에 이때의 구조조정은 해당자에게는 치명적이기 때문이다. 그래서 우리는 오히려 위기를 지나 성장하는 시기에 회사의 장기적인 발전을 위하여 부진 인력을 솎아내는 역발상 전략을 구사했다.

경영환경이 아무리 어려워도 기회는 있다. 물론 사회 전체적으로는 어렵지만 어려울 때일수록 빛을 발휘하는 조직도 있게 마련이다. 그런 시기일수록 더 똘똘 뭉쳐서 어려움을 슬기롭게 극복해야 한다. 물론 쉽지 않은 일이다. 하지만 각자가 맡은 역할을 충실히 하고 다른 때보다 더 노력하면 불가능한 일도 아니다. 그것이 내 기본적인 생각이다.

따라서 인위적인 구조조정을 하기 이전에 어떻게 더 좋은 성과를 낼 것인지를 치열하게 고민하면서 그 방법을 모색해야 한다. 가령 국내의 경영환경이 어려워 다소 주춤하더라도 해외에서 더 좋은 성과를 내면 어려움을 충분히 극복할 수 있다. 경제불황은 늘 새로운 기회를 가져오기 때문에 가능하다.

그런데 선언이 아무리 거창해도 정작 중요한 것은 구성원들과 한 약속을 지키는 것이다. 기업이든 개인이든 약속을 잘 지켜야 한다. 상황이 좀 나빠졌다고 해서 언제 그랬냐는 식으로 태도가 돌변하는 기업이 되어서는 곤란하다. 약속한 상대가 내부 구성원이든 외부 고객이든 약속을 반드시 지켜야 한다.

우리는 고통을 품앗이하던 민족 고유의 전통을 이어가고 있다. 우리는 설립 초기에 맞은 혹독한 IMF 외환위기 때도 단 한 명의 한국인 구성원도 해고하지 않고 순환 재택근무로 짐을 나누어 졌다. 구성원 스스로 퇴사한 경우는 있어도 회사에서 해고를 한 경우는 없었다. 어려운 시절에 그런 과정을 함께 겪은 구성원들은 지금도 회사에 매우 높은 충성심을 갖고 있다. 어려운 때일수록 고통을 품앗이하여 슬기롭게 극복하는 자세는 어느 기업에서든 꼭 필요한 일이다.

대 사멸 이후의 비약적 진화

과학자들의 연구에 따르면 우주는 약 150억 년 전 작고 뜨거운 점 하나가 갑자기 거대한 에너지를 발산하며 폭발해 탄생했다고 한다. 그리고 100억 년이 넘는 시간이 흐른 뒤인 약 45억 년 전에 태양과 지구가 탄생했다고 한다. 그러니까 우리가 사는 지구의 나이는 약 45억 살 정도 된다는 얘기다.

그럼 지구는 탄생 후 지금까지 다양한 생명체들이 살아가기에 충분히 아름답고 평화롭기만 한 행성이었을까? 그렇지가 않다. 지구는 생명체들에게 자애로운 어머니가 아닌 가혹한 어머니였다. 그동안 지구는 용광로처럼 뜨겁게 불타올랐다가 얼음덩어리처럼 꽁꽁 얼어붙었다가 지각 변동이 일어났다가 운석이 지구에 떨어지기도 했다.

그때마다 지구 생명체의 96퍼센트가 멸종해버리고 말았다.

하지만 그 대 사멸 시기에 살아남은 극소수의 생명체들은 그 이후 눈부실 정도의 비약적인 진화를 통해 발전해왔다. 오늘날 우리 인류도 바로 그 대 사멸 덕분에 탄생했다고 봐도 무방하다. 대 사멸과 같은 위기는 엄청난 고난이지만 또한 비약적인 성장의 동기가 되기도 한다. 최근 한국 경제에서의 IMF 외환위기도 대 사멸과 같은 역할을 했다.

IMF 외환위기는 우리 산업 전반에 구조조정의 바람을 몰고 왔다. 그 과정에서 정부와 기업은 외자유치에 혈안이 됐다. 그 흐름을 타고 외국인 투자자들이 몰려왔다. 국내 건설경기는 꽁꽁 얼어붙었지만 외국계 투자은행이나 부동산개발회사들의 투자가 이어졌다. 그런 분위기에서 나는 임직원들에게 틈만 나면 강조했다.

"외국투자자들이 우리의 새로운 미래가 될 것입니다. 우수한 외국인 기술자와 기술력을 보유한 우리 회사에 절호의 기회가 될 것입니다."

더불어 국내에 들어온 외국계 기업들에게 우리 회사의 장점을 알리기 위한 프레젠테이션을 준비했다. 우리는 건설에 관한 모든 기술적 지원이 가능한 전문가 집단임을 적극적으로 알렸다. 외국 투자자들에게 부동산 매입이나 신개축 과정에서 필요한 다양한 기술용역을 제공할 수 있다는 점을 부각한 것이다.

위기 속에서 기회가 찾아왔다. 성실함과 인적 네트워크에 기반을 둔 외국인 직원들의 노력은 효과를 거두었다. 이전에 경험하지 못했던 새로운 형태의 기술용역 의뢰가 들어오기 시작했다. 그리하여 우리는 당시 신문의 경제면 뉴스거리가 됐던 굵직한 부동산 매각 과정에서 건물실사 용역과 기술적 타당성 검토 등의 용역을 맡았다.

외국 투자자들은 고품격 서비스에 만족해서는 더 큰 프로젝트를 맡겼다. 그 첫 작품은 1999년 10월에 맺은 까르푸 가양점 CM 용역이었다. 우리는 유럽계 대형 유통법인과 CM 용역에 대한 포괄계약을 맺음으로써 월마트와 홈플러스 등 외국계 대형 할인점 공사 CM에 진출할 기회를 얻었다. 그리고 외국 투자자를 대상으로 한 새로운 사업으로 외화를 확보하면서 한숨을 돌릴 수 있었다.

하지만 그 와중에도 우리는 국내 CM 사업에 대한 고삐도 늦추지 않았다. 우리는 1998년 초의 남대문 패션 메사 프로젝트 CM 이후 6개월간이나 중단됐던 민간건설 CM 수주에도 박차를 가했다. 그 결과 1998년 12월에는 코오롱 분당트리폴리스 CM을 수주했다. 또 1999년 5월에는 회사 창립 초부터 공을 들여온 부산 신항만개발사업 CM을 미국 파슨스와 공동으로 수주한 데 이어 강원랜드 CM 수주 계약도 성사시켰다.

그러던 중에 결정적인 희소식이 날아왔다. 우리가 CM을 맡았다가 공사가 취소된 도곡동 시너지파크 자리에 60층대 초고층 주상복합단지가 추진된다는 정보를 입수한 것이다. 절대로 놓칠 수 없는 프로젝트였다.

우리는 먼저 세계적인 초고층 프로젝트를 수행한 최고의 기술자들을 영입해 전담팀을 구성하고 각고의 노력을 기울였다. 그 결과 국내 초고층 주상복합빌딩의 원조라 할 수 있는 도곡동 타워팰리스 CM을 수주하는 데 성공했다.

우리는 희망을 낚았다. 더불어 그 성과는 그해 12월의 47층짜리 삼성동 현대아이파크 CM 수주로 이어졌다. 우리 회사가 초고층 건설 CM에 독보적인 경쟁력을 갖춘 전문회사임을 입증하는 일련의 과정이었다.

한편, 다양한 용역 수주가 늘어나는 동안 우리는 다시 전문성을 갖춘 외국인 기술자들이 필요하게 됐다. 인력 구조조정을 위해 외국인 기술자들을 어떻게 돌려보낼까를 고민하던 게 엊그제 같았다. 그런데 어느새 그들의 빈자리를 다시 채우기 위해 고민하게 된 것이다.

물론 합작사인 미국 파슨스에 의뢰하면 어렵지 않게 해결될 문제였다. 하지만 나는 외국인 기술자를 직접 뽑기로 했다. 회사 설립 초기와 달리 CM 비즈니스에 대해 어느 정도 자신감이 붙어 있었다. 그래서 영국이나 호주 등 건설 선진국에서 공부하고 세계적인 건설현장에서 20~30년씩 실무경력을 쌓은 인재들을 직접 공들여 채용했다. 그것은 회사의 수준을 철저하게 글로벌 스탠더드에 맞추려는 전략이었다.

그런데 언어와 정서가 다양한 여러 국적의 직원들이 함께 근무하다 보니 구성원 간의 커뮤니케이션에 어려움도 따랐다. 특히 외국인과 함께하는 사내 회의가 문제였다. 영어회의에 익숙하지 않는 한국인 구성원들은 자기 생각을 100퍼센트 전달하지 못해 시간이 소모되기도 했다.

내외국인을 불문하고 구성원 간의 커뮤니케이션 수단을 국제화 시대에 발맞추어 하나로 통일하는 것이 중요했다. 그래서 2002년 초부터는 한국인끼리 하는 회의에서도 영어를 공식언어로 사용토록 했다. 구성원들 스스로가 시대의 변화를 느끼고 실천의지를 가지면 그 어려움은 충분히 극복될 수 있으리라 믿었던 것이다. 무엇보다도 영어회의를 통해 국제화의 큰 흐름에 맞는 사고를 하게 되고 글로벌한 커뮤니케이션 능력을 갖추면서 변화의 큰 물줄기를 인식하는 것이 중요한 일이었던 것이다.

우리는 견디기 힘든 고통을 몰고 온 IMF 외환위기 속에서 새로운 기회를 발견했다. 준비된 사람이나 집단은 위기 속에서 새로운 기회를 발견한다. 그래서 비 온 뒤에 땅이 굳어지듯 위기를 거치면서 우리 회사는 체질을 개선해 강한 회사로 거듭나게 됐다.

기적은 있다

단 1퍼센트의 가능성에 도전하다

우리 회사가 설립된 즈음인 1996년 5월 31일. 2002년 월드컵의 한일 공동개최가 결정됐다. 내게는 복음과 같은 소식이었다. 월드컵을 개최하려면 국제적 규모의 대규모 주경기장을 건립할 터였다. 따라서 우리가 그 공사의 CM을 수주할 수만 있다면 대한민국 건설 역사의 한 획을 새로 그을 수 있지 않겠는가? 상상만 해도 가슴이 벅차올랐다.

하지만 갓 설립한 회사의 처지에서 그것은 무모한 도전에 가까운 일이기도 했다. 그럼에도 나는 포기하지 않았다. 그래서 회사 경영이 어느 정도 안정된 1997년 여름, 임원 한 명과 전문가 두 명으로 '월드컵 주경기장 CM 발주 대비 팀'을 조직하고 외국의 유명 경기장에 대한 벤치마킹을 시작했다.

그 무렵 정부에서는 아무것도 결정된 것이 없었다. 월드컵 주경기장 부지도 선정되지 않은 때였다. 게다가 발주방식도 정해지지 않았고 CM을 적용한다는 의사결정도 없었다. 우리의 입찰 참가 가능성마저 불투명했다. 그러던 1997년 말에는 IMF 외환위기까지 터지는 바람에 월드컵 주경기장을 새로 짓느냐 마느냐 하는 논란까지 일게 됐다.

"나라 형편이 어려우니, 지금 어느 정도 공사가 진척된 인천 문학 경기장을 설계 변경해 주경기장으로 사용하는 게 바람직합니다."

"그보다는 잠실올림픽경기장을 개축해 사용하는 게 어떨까요?"

"나라가 이 모양인데 월드컵 개최 자체를 반납하는 게 나을 것 같습니다."

"나라 살림이 아무리 힘들어도 월드컵 주경기장만큼은 새로 지어야 합니다."

이처럼 여론이 여러 갈래로 나뉘는 동안 우리 회사 직원들 사이에서도 회의적인 의견들이 터져 나왔다.

"과연 입찰에 참가나 할 수 있을까?"

"입찰을 하더라도 낙찰 가능성이 있느냐가 문제지."

맞는 말이었다. 나 역시 마음속으로 확신이 서지 않았다. 우리가 월드컵 주경기장 CM을 수주하기 위해서는 넘어야 할 산이 너무도 많았다.

첫째는 경기장 신축안이 확정돼야 했다. 둘째, 공공영역 최초로 CM 발주가 이뤄지도록 해야 했다. 게다가 마지막으로 우리가 악조

건을 딛고 경쟁에서 이겨 낙찰을 받아야 했다.

그러나 나는 아무것도 정해지지 않았기 때문에 오히려 가능성은 무한하다고 생각했다. 단 1퍼센트라도 가능성이 있다면 도전하기로 마음먹었다. 그리고 자료수집을 위해 미국 내 경기장 시찰과 관련 업체 방문에 나섰다.

나는 가급적 많은 경기장들을 둘러보겠다는 욕심으로 빡빡하게 일정을 잡아 워싱턴 DC를 비롯한 여러 곳을 누비고 다녔다. 그렇게 견학을 마치고 돌아오는 비행기에 올랐을 때는 온몸이 녹초가 됐다. 하지만 견학 기간에 보고 배운 내용을 되새기며 뭔가 해법을 마련하기 위한 생각에 골몰했다. 덕분에 나는 한국에 도착할 때까지 도무지 눈을 붙일 수가 없었다.

'도대체 어디서부터 풀어갈 것인가?'

스스로에게 무수한 질문을 던지며 해답을 구해보았다. 그러다 보니 머릿속이 점점 정리가 되면서 일말의 자신감이 생겼다.

'이번 출장에서 본 미국의 8만 석 규모의 스타디움이 불과 17개월 만에 준공된 것처럼 우리도 할 수 있지 않을까. 비록 우리에겐 시간도 촉박하고 아직 설계도도 없다. 하지만 우리가 CM을 맡기만 한다면 프랑스의 생드니 경기장이나 일본의 요코하마 스타디움을 능가하는 명품 경기장을 만들어낼 수 있지 않겠는가!'

나는 해외에서 수집해온 자료들을 치밀하게 검토했다. 그 결과 축구전용 경기장 건설이 가져올 경제적 파급효과와 그것이 우리나라 건설산업에 끼칠 긍정적 영향을 확신하게 됐다. 그리고 건설 관련 전문가들과 토론을 벌이며 주장했다.

"월드컵 주경기장만큼은 반드시 새로 지어야 합니다."

내 주장에 몇몇 교수들이 뜻을 함께해주었다. 나는 그 여세를 몰아 여론을 신축 쪽으로 조성하는 데 모든 노력을 기울였다. 그처럼 정성을 다하는 동안 가느다란 빛 한 줄기가 비쳐들었다. 마침내 주무부서인 문화관광부에서는 건설 관련 전문가 11명을 위촉해 월드컵 주경기장 후보지 선정 평가단을 구성했다. 그 평가단에 나도 포함됐다. 1퍼센트의 가능성은 열 배 스무 배로 확장됐다.

상암동 쓰레기더미에 피운 CM의 꽃

1998년 4월, 나는 서울시와 인천시에서 추천된 10명의 평가위원들과 함께 월드컵 주경기장 후보지로 거론된 서울 난지도 쓰레기매립장으로 향했다. 수십 년간 온갖 오물과 쓰레기로 산을 이룬 그곳은 서울에서 가장 버림받은 땅이었다. 하지만 나는 마음속으로 그 거대한 쓰레기더미 위에 멋진 그림을 그렸다. 그곳에 월드컵 주경기장이 건설된다면 상암동 일대 버려진 땅에는 새 생명이 돋아날 터였다.

나는 다른 평가위원들을 상대로 경기장 신축의 당위성을 역설했다. 또한 인천 문학경기장은 여러 가지 이유로 월드컵 주경기장이 될 수 없다는 것과 경기장 신축으로 파생될 상암동 지역의 개발과 건설 경기 진작효과를 강조했다. 그 과정에서 지역적 이해관계에 따른 다양한 주장에 맞서 치열한 논쟁도 벌였다. 결국 수많은 토론과 검증 끝에 월드컵 주경기장 후보지 선정 평가단은 상암동 월드컵 주경기장 신축안을 만장일치로 통과시켰다. 인천시에서 추천한 평가위원들이 평가단의 절반 정도나 됐는데도 최종적으로 상암동 신축안을 지지했다.

그로써 경기장 신축안은 확정됐다. 그러나 진짜 난관은 그때부터였다. 우리는 공공영역 공사에 최초로 CM이 적용되는 기적을 만들어야 했다. 우리는 정부의 발주방식에 영향을 끼칠 수 있는 제안서를 만드는 데 혼신의 힘을 기울였다. 문구 하나를 놓고 직원들을 매몰차게 몰아붙여놓고는 뒤돌아서 혼자 가슴 아파한 적도 많았다.

마침내 1998년 8월. 상암동 월드컵 주경기장 공사에 대한 CM 발주가 결정됐다. 본격적인 경쟁이 비로소 시작됐다. 물론 우리 회사는 설립된 지 2년밖에 되지 않아 여러 조건에서 당연히 불리했다. 게다가 건설 관련 제도나 규정도 너무 냉엄했다.

하지만 우리는 CM 발주 대비 팀을 꾸려서 1년 넘도록 각종 자료와 지식을 축적해온 터였다. 또 세계 최고의 경기장 건설 전문가 집단인 미국 클라크로부터 자료제공과 기술자문에 대한 약속도 받아놓았다. 그리고 무엇보다도 그간 냉소적이던 직원들이 해내고야 말겠다는 의지를 가지고 일에 덤비는 모습이 가장 막강한 힘이었다. 나는 직원들의 그런 열정을 보면서 '우리가 된다' 는 확신을 가졌다.

운명의 시간은 다가왔다. 1998년 9월 7일, 상암동 월드컵 주경기장 CM 입찰 결과가 발표됐다. 우리 회사의 수주가 확정됐다. 참으로 가슴 벅찬 순간이었다. 공공영역의 대형 건설에 드디어 CM이 적용된 것이다. 그것은 거의 기적에 가까운 일이었다. 나는 그날, 며칠 밤을 꼬박 새워 입찰 준비를 하느라고 얼굴이 푸석해진 구성원들에게 말했다.

"이제부터가 시작입니다. 이제 우리 손에서 전 세계에 자랑할 만한 월드컵 경기장이 탄생될 것입니다. 여러분이 그 주역입니다."

그런데 진짜 고민은 그때부터 다시 시작됐다. 월드컵 개최까지 남은 기간은 4년도 되지 않았다. 따라서 공사기간은 고작 3년 남짓이었다. 국내 다른 경기장 공사에 견주어 절반에도 미치지 못하는 기간이었다.

예컨대 당시 공사 중이던 인천 문학경기장의 경우, 부지 조성과 일부 골조공사에만 3년 9개월을 소요했으면서도 완공까지 추가로 44개월을 예상하고 있었다. 그럼에도 문학경기장 건설 관계자는 사석에서 공사기간을 걱정하는 처지였다.

우리는 시간을 극복해야 할 절체절명의 상황에 놓여 있었다. 우리는 당장 기본설계 검토에 들어갔다. 그리고 숨 쉴 겨를도 없이 공사계획을 세웠다. 마침내 1998년 11월 6일에는 김대중 대통령이 참석하는 기공식이 열리게 됐다.

CM의 기적, 4강의 기적

우리는 서울 변두리의 쓰레기매립장을 세계적인 경기장으로 바꾸는 대공사와 더불어 시간과의 전쟁을 시작했다. 무엇보다도 발주처와 시공업체의 신속한 의사결정을 유도해야 했다. 또 사업목표를 조기에 확정해 공사 지연 요소를 미리 예방하면서 공사기간 단축을 위해 가능한 모든 수단을 동원했다.

예컨대 설계시공병행Fast Track 방식에 따라 설계가 진행되는 동안에도 설계가 완료된 부분부터 시공에 들어갔다. 또 조립식 공법을 최대한 활용해 관람석은 미리 공장에서 만들어 현장에서 설치하게 하는 등 온갖 아이디어를 짜냈다.

2001년 11월, 상암동 월드컵 주경기장 공사가 끝났다. 마침내 6만 4,688석 규모의 아시아 최대 축구전용 경기장이 탄생했다. 예정보다 4개월 단축된 34개월 만의 완공이었다. 그럼에도 국제적으로 손색없는 대형 경기장으로서 최고의 품질을 인정받았다.

특히 공공영역의 공사에서는 거의 관행처럼 여겨지던 예산 초과가 발생하지 않았음은 물론이고 지붕 면적을 축소하는 등 적정성 검토에 따른 설계변경 결과 40억 원의 공사비를 절감할 수 있었다. 덕분에 상량식 때는 김대중 대통령이 친히 다가와서 손을 잡으며 축하해 주었다.

우리는 악취가 풍기던 거대한 쓰레기매립장을 그림 같은 녹색 그라운드로 바꾸었다. 그리하여 중요한 국제 행사를 앞두고 국가적 난제 하나를 해결했다. 그것은 CM이 낳은 기적이었다. 그로써 우리 회사가 줄기차게 주창해 온 건설산업에 있어서 CM의 장점과 효과가 만방에 입증됐다.

한편 CM에 의한 상암동 월드컵 주경기장 공사는 나머지 9개 월드컵 경기장 건설공사의 벤치마킹 대상이 됐다. 수원, 광주, 전주, 서귀포 월드컵 경기장이 잇달아 CM으로 발주되는 발판이 됐다. 우리는 상암동 경기장에 이어 수원 월드컵 경기장 CM도 수주했고 성공적으로 끝났다. 나는 한일 월드컵에 기여한 공로로 2002년 12월 2일에 대한민국 정부로부터 체육포장*을 받았다.

2002년 5월 31일. 드디어 월드컵 대회 개막식이 열렸다. 그림 같은 녹색 그라운드 위로 따사한 햇살이 쏟아져 내렸다. 수만 관중의 열기와 함성이 그라운드의 햇살과 아름다운 하모니를 이루었다. 그 장엄한 개막식을 지켜보는 감회는 남달랐다. 온 세계의 이목이 쏠린 월드컵 주경기장 건설을 성공적으로 이끌었다는 뿌듯함이 남모르게 밀려왔다.

더불어 시간과의 전쟁을 벌이며 단 1퍼센트의 가능성을 100퍼센트로 끌어올린 지난 3년의 시간이 주마등처럼 뇌리를 스쳤다. 나는 태극전사들의 선전을 기원했다. 내 기대에 부응하듯 우리가 CM의 기적을 일군 그라운드 위에서 태극전사들은 월드컵 4강의 기적을 이루었다.

기적은 저절로 이뤄지는 것이 아니다. 그것은 단 1퍼센트의 가능성에서 출발해 끊임없이 도전한 결과이다. 그리고 하나의 기적은 또 다른 기적의 밑거름이 된다. 그 점에서 나는 지금도 2002년 한일월드컵의 감격을 잊을 수가 없다.

*체육포장 : 상훈법 26조의 4에 규정된 포장. 체육활동을 통하여 국민체육 발전에 기여한 공적이 뚜렷한 사람 및 체육활동을 통하여 국위를 선양한 사람에게 수여한다.

우리의 이름은 한미파슨스

상암동 월드컵 주경기장은 건설사업에서 CM의 효과와 의의를 만방에 알리는 커다란 계기가 됐다. 그 프로젝트는 우리 회사가 고속성장을 이루는 터닝 포인트가 됐다. 게다가 그와 같은 가시적인 성과 외에도 회사 내부에 의미 있는 변화를 가져왔다.

우리 회사는 미국 파슨스와 국내 서영기술단의 합작회사로 창립됐다. 사실 그때 우리는 세계적으로 명성을 날리고 있는 '파슨스'라는 이름을 회사명에 넣고자 했다. 하지만 협의과정에서 미국 파슨스와 약간의 이견이 있었다. 그래서 '한미건설기술'이라는 이름을 쓰게 됐다.

하지만 최고의 회사에는 그에 걸맞은 이름이 필요하다. 그래서 창립 후에도 우리는 '파슨스'라는 이름에 대한 애착을 버릴 수가 없었다. 미국 CM업계 1, 2위를 다투는 세계적인 엔지니어링사와 합작회사이면서도 그 이름을 제대로 활용하지 못한다는 사실이 못내 아쉬웠던 것이다.

따라서 우리는 회사명 변경을 위해 파슨스와 본격적인 협상을 벌였다. 마침내 2000년 10월 20일 그 뜻을 이루었다. '한미건설기술'에서 '한미'를 취하고 합작사인 파슨스의 이름을 더해 '한미파슨스'라는 이름이 탄생하게 된 것이다. 더불어 새 회사명에 따라 웹사이트도 새롭게 단장하고 CI와 디자인도 한미파슨스의 이니셜인 H와 P를 소재로 해 새로 만들었다. 우리는 막힘없이 전진하는 회사의 기상을 한껏 표현하며 CM 전문회사로 새롭게 도약하는 발판을 마련한 것이다.

나란히 평등한 원탁회의

어느 해인가 회사 체육대회를 할 때였다. 화기애애하고 즐거운 분위기가 한창 무르익고 있을 때 줄다리기를 할 차례가 됐다. 그런데 구성원들 사이에 줄다리기하는 방법을 놓고 서로 의견이 엇갈렸다. 참여자 50여 명이 직급을 불문하고 저마다 한마디씩 하는 것이었다.

경기 진행을 맡은 사람은 그 의견들을 정리하느라고 진땀 깨나 흘려야 했다. 시간도 많이 걸렸다. 일반적인 기업 논리로 보면 무척이나 시끄럽고 당혹스러운 광경이었다.

하지만 나는 그처럼 거리낌 없이 의견을 개진하는 것을 보면서 고개를 끄덕였다. 직급에 상관없이 어떤 일에나 자신의 의견을 가지고 능동적으로 참여하는 수평적 조직문화가 형성된 것을 실감한 까닭이었다.

우리 회사는 CM 비즈니스의 특성 때문에 외부 경력직의 영입 비중이 높은 편이다. 또 구성원 대부분은 각각 고유한 전문 분야를 갖고 있다. 이런 독특한 인력 구성 때문에 조직문화가 수평적이다.

일반 건설 관련 회사가 대부분 수직적 조직문화를 가지고 있다. 그런 현실을 감안하면 우리 회사의 수평적 조직문화는 매우 독특한 편이다. 그러다 보니 건설사 특유의 수직적 조직문화에 길들여진 사람들은 이런 문화에 낯설어하기도 한다.

우리 회사의 한 임원은 언론과의 인터뷰에서 회사의 수평적 구조에 대해서 이렇게 말했다.

"처음에는 많이 어색했습니다. 하지만 한미파슨스의 수평적 업무

구조에 익숙해지면서 지금은 많은 장점을 실감하고 있습니다. 경직되지 않은 구조에서 신선한 아이디어들이 더욱 많이 창출되는 것 같습니다."

수평적 조직문화에서는 낮은 직급의 구성원들에게도 많은 기회가 제공된다. 열정과 실력만 있으면 누구나 역량을 발휘할 수 있는 바탕이 마련돼 있기 때문이다. 물론 그만큼 책임도 따른다.

수평적 조직문화는 상대적으로 낮은 직급에 속한 구성원들이 회사의 의사결정에 적극적으로 참여할 수 있게 한다. 누구나 자신이 가진 역량을 활발하게 발휘할 수 있도록 기회를 부여하는 것이다. 그리하여 대부분의 구성원들이 회사에 대한 긍정적인 인식을 갖게 한다.

우리 회사의 프로젝트 팀은 회사의 꽃이라고 할 수 있는 프로젝트 매니저와 건축, 기계, 설비, 토목 등 여러 분야 전문가(단원)들로 구성된다. 그런데 이러한 조직은 업무 특성상 의사결정이 빨라야 한다. 따라서 수평적 조직을 구축해야 한다. 나는 이러한 수평구조와 함께 커뮤니케이션을 강조한다. 그 구체적인 예로 원탁회의를 들 수 있다.

우리의 원탁회의는 과장 이하 직급이 참여하는 주니어Junior 원탁 모임인 '도전팀'과 차장부터 이사까지 참여하는 시니어 원탁 모임인 '혁신팀'으로 나누어 이뤄진다. 또 다른 원탁회의로는 '미래전략 토론회' '임원경영 토론회'가 있다. 특히 회사의 미래전략 방향을 논하는 미래전략 토론회에는 사원부터 CEO까지 총 15명으로 구성된 멤버가 매월 한자리에 모여 특정 주제에 대해 자유롭게 의견을 주고받는다.

우리 회사는 사원부터 회장까지 직급에 관계없이 누구나 자유롭게 의견을 개진할 수 있다. 그러다 보니 임원들이 미처 신경을 쓸 수 없는 현장의 다양한 문제점까지 논의할 수 있으며 특정한 절차 없이 모든 구성원의 의견이 바로 경영진에 전달될 수 있다. 이처럼 한미파슨스의 수평적 조직문화에서는 위계적 구조에서는 불가능한 자유로운 커뮤니케이션이 가능하다.

소통만 되면 만사형통이다

"기업의 잠재력을 사장시키느냐 활성화시키느냐를 결정짓는 건 직원 간의 인간관계입니다."

2010년 5월에 나는 서울 리츠칼튼 호텔에서 열린 제2기 중앙일보 최고경영자과정(JRI포럼) 특강에 나간 적이 있었다. '시사와 경영'을 주제로 하는 지식 비즈니스 포럼 성격의 그 모임에는 대기업과 중소기업의 CEO와 임원, 국회의원, 고위 공무원, 변호사, 의사, 언론인 등 50명이 참여했다.

나는 그 자리에서 2003년부터 추진해온 '즐겁고 행복한 일터 만들기' 프로젝트에 대해 설명했다. 우리 회사의 즐겁고 행복한 일터 만들기 운동의 가장 큰 특징인 안식휴가제도는 물론이고 자기계발 지원과 가족 배려 프로그램 등의 구체적인 사례를 소개한 것이다.

그런데 흔히 우리 회사의 즐겁고 행복한 일터 만들기, 즉 일하기 좋은 기업을 만들기 위해서는 많은 비용이 들 것으로 생각하는 사람들이 있다. 특강을 듣는 사람들 중에서도 일부는 그렇게 생각하는 눈치였다. 나는 그런 분위기를 느끼며 다시 강조했다.

"노사갈등이 심한 기업에서 노사관리에 들이는 비용에 비하면 즐겁고 행복한 일터 만들기 운동에 드는 비용은 그리 많지 않습니다. 실제로 즐겁고 행복한 일터 만들기 운동을 통해 재무성과가 크게 성장한다는 사실도 확인했습니다."

본 강의가 끝나고 질의응답 시간이 됐을 때 어떤 CEO가 이런 질문을 해왔다.

"구성원 간 신뢰관계를 형성하는 방법이 무엇입니까?"

나는 이렇게 답했다.

"커뮤니케이션이 굉장히 중요합니다. 현재 한미파슨스는 CEO 메시지를 매주 전 직원에게 보내는 것을 포함해 30여 가지 소통 프로그램을 운용하고 있습니다."

기업 내 사람 관계가 좋은 회사가 성과도 뛰어나다는 것은 이미 선진국 기업의 여러 사례에서 입증된 사실이다. 그런데 사람들 간의 관계를 긍정적으로 개선하기 위해서 가장 중요한 것은 소통, 즉 커뮤니케이션이다.

사회든 기업이든 '소통'이 사회적인 화두로 등장할 만큼 커뮤니케이션의 중요성이 강조되고 있다. 특히 우리 회사처럼 CM 업무가 주가 되는 기업에서는 원활한 커뮤니케이션이 절대적으로 중요하다. 그것은 다음과 같은 이유들 때문이다.

먼저 우리 회사의 구성원 대부분은 외부에서 영입된 경력 15~20년 이상의 매니저급 인재들이다. CM 비즈니스는 건설업체, 설계업체, 나아가 발주자를 리드하는 일이므로 경력이나 실력이 월등한 베테랑급 인재여야 업무 수행이 원활하기 때문이다. 그런데 이러한 인력구조는 구성원 각자의 개성을 상호간 조화시키는 데 애를 먹을 수밖에 없다.

게다가 우리 회사는 사업장이 여러 곳으로 분산돼 있다. 그렇게 분산된 현장이 보통 100여 곳에 이른다. 그리고 전체 구성원의 3분의 2 정도가 그런 현장에 파견을 나가 있다. 따라서 구성원들은 자신이 일하는 사업현장에서 수시로 고객들과 만나며 직접 의사결정을 내려야 하는 경우가 많다. 그래서 우리에게는 대내적인 커뮤니케이션이 상당히 중요하다.

대외적으로 우리 회사는 B2B* 사업을 주로 하는 회사다. 따라서 우리는 CEO를 비롯해 본부장, 임원, 팀장, 실무자 등 다양한 계층의 고객을 상대해야 한다. 그만큼 그들과의 커뮤니케이션이 중요하다. 또한 건설 프로젝트에 참여하는 수많은 이해 관계자들과의 커뮤니케이션 역시 매우 중요하다.

이런 이유들 때문에 커뮤니케이션은 우리 회사의 성패를 가를 만큼 핵심적인 요소라고 볼 수 있다. 차질 없는 결정을 내릴 수 있도록 원활한 커뮤니케이션 통로가 필요하다. 그래서 나는 원활한 커뮤니케이션을 위해 많은 노력을 기울여왔다. 또 그와 관련된 지표를 지속

---

*B2B Business to Business : 기업 대 기업 간에 이루어지는 제품, 서비스, 정보거래를 말한다.

적으로 관리하면서 지표가 좋지 않을 경우에는 그 개선을 위해 꾸준히 노력해왔다.

나는 바쁜 일과에도 불구하고 사소한 내용을 담은 메일에도 적극적으로 답변을 한다. 보통 CEO의 경우 사소한 메일은 무시하게 마련이다. 하지만 나는 그렇지 않다. 성실성과 개방성이 소통하는 리더의 덕목이기 때문이다.

나는 기업의 구성원들이 경영진을 어느 정도 신뢰하는지, 한미파슨스에 몸담고 있다는 사실에 대해 자긍심과 자부심을 느끼는지, 또 얼마나 재미있게 직장생활을 하는지 등을 꼼꼼하게 챙긴다. '즐겁고 행복한 일터'를 만들기 위해 먼저 실천하는 모습을 보여주기 위해서다.

CEO의 편지

커뮤니케이션이 중요하지 않은 회사는 없다. 그러나 우리 회사에 있어 커뮤니케이션은 특별히 중요한 의미를 갖는다. 따라서 내게는 다양한 회사에서 잔뼈가 굵은 이들이 서로 잘 융합하면서 바람직한 조직문화에 적응하도록 교육하고 트레이닝하는 일이 큰 과제였다.

그래서 나는 회사 창립 초기부터 커뮤니케이션을 무척 중요하게 여기며 구성원 간의 원활한 커뮤니케이션을 위해 다양한 프로그램을 만들어 운영해왔다. 먼저 우리는 원거리에서도 정보와 의사교환이 가능한 온라인 커뮤니케이션을 많이 활용하는 편이다.

일방향One-way, 쌍방향Two-way 커뮤니케이션은 물론이고 소집단 혹은 하부조직 간의 커뮤니케이션도 중요하게 여긴다. 또 면대면 Face to Face 커뮤니케이션도 시스템화하고 있다. 우리는 이러한 커뮤니케이션을 구조화하기 위해 온라인과 문서를 적절하게 이용한다. 이처럼 우리는 구성원 간의 원활한 소통을 위해 무려 32가지 커뮤니케이션 시스템을 갖추고 있다. 소통의 조직문화가 자리 잡을수록 조직과 그 구성원은 진화하기 때문이다.

나는 회사 창립 초창기에 늘 집무실 문을 열어두었다. 가급적이면 문을 열어둠으로써 구성원과의 소통을 갈구하는 의지를 보여주었다. 그러다가 인터넷 기반이 구축되면서 나는 CEO 홈페이지를 별도로 구축해 고객과 구성원을 위한 소통의 도구로 활용해오고 있다. 개인 홈페이지를 운영하면서 다음과 같은 여러 가지 효과를 거둘 수 있었다.

먼저 고객의 목소리를 직접 들을 수 있었다. 기업경영에서 고객 가치창출은 최고의 덕목이다. 따라서 경영 방향이나 방침을 정함에 있어 가감 없이 전달되는 고객의 의견이야말로 그 무엇과도 비교할 수 없는 가장 소중한 정보라고 할 수 있다.

다음으로 CM과 우리나라 건설산업의 이슈들에 대한 이해의 폭을 넓힐 수 있었다. 사이버공간을 구심점으로 삼아 관련 분야에 종사하는 사람들의 지식과 데이터를 서로 공유하며 활발한 의사 교환을 해 공감대를 넓혔다.

또 기업경영 전반에 대해 의견을 교류하고 고견을 들을 수 있다. 경영환경은 날이 갈수록 빠르게 변하고 있다. 그런 소용돌이 속에서

CEO는 그 흐름을 민첩하게 읽어내고 한 발 앞서 효과적인 대응을 할 수 있어야 한다. 나는 홈페이지를 매개로 해 기업경영에 관여하는 사람들과 유대관계를 맺기도 하고 더 나아가서는 각종 경영기법이나 성과에 대한 토론을 전개한다.

내 홈페이지에는 여러 콘텐츠가 있다. 그중에서도 내가 특별히 신경을 쓰는 메뉴가 바로 'CEO 단상'이다. 그 메뉴를 통해서 서로의 생각을 공유하고 또 우리 회사가 전개하는 즐겁고 행복한 일터 만들기 운동을 독려하기도 한다. 그것은 CEO의 생각과 철학을 구성원들에게 알리고 구성원 또한 자유롭게 의견을 개진하는 소통의 창구 역할을 하고 있다.

한편 우리 회사 특유의 사회공헌활동도 소통의 중요한 경로다. 사회공헌활동은 구성원들이 회사에 대한 자부심을 느끼게 하는 동시에 구성원 간의 훌륭한 소통 수단도 된다. 각기 다른 부서의 구성원들과 같이 봉사 활동을 벌이며 서로 소통할 수 있는 중요한 기회를 얻게 되기 때문이다. 우리가 GWP의 자부심 부문에서 『포춘』 100대 기업 평균을 웃도는 점수를 얻은 것도 무엇보다 열심히 행한 사회공헌활동 때문일 것이다.

고객은 외부 고객과 내부 고객으로 나눌 수 있다. 외부 고객은 회사의 제품이나 서비스를 구매하는 말 그대로 고객을 말하는 것이고 내부 고객은 구성원들이다. CEO는 내부 고객인 구성원들과 활발한 커뮤니케이션을 해야 한다. 그렇지 않으면 살아 있는 조직이라 할 수 없다.

꿈은 이루어진다

"지난 10년간 한미파슨스는 비약적인 성과를 이루었습니다. 한미파슨스의 경쟁력은 한마디로 무엇입니까?"

지난 2006년 우리 회사 창립 10주년 기념행사장에서 어떤 기자가 내게 물어왔다.

"우수한 인재 집단입니다."

나는 망설임 없이 대답했다.

건설사업관리 업무는 기획 단계부터 시공 후 단계까지의 건설과 관련된 다양한 업무를 발주자의 요구에 맞춰 선도적으로 수행해야 한다.

---

* 엘리시온Elysion : 고대 그리스 신화에 나오는 선경仙境 혹은 이상향理想鄕

그 과정에서 각 분야별로 설계, 구조, 기계, 전기, 토목, 시공, 품질, 공정 등의 다양한 직종의 엔지니어들이 각자 전문적인 업무를 수행하며 필요에 따라 설계사와 시공사와 협의 및 조정을 해야 한다.

우리 회사의 구성원 한 사람 한 사람은 이러한 복합적인 업무가 가능한 뛰어난 기술력을 가진 인재들로 구성돼 있다. 실제로 우리 회사 구성원 가운데 절반가량은 기술사나 건축사 등 건설 관련 전문기술 자격증을 보유하고 있다. 대부분 국내외 대형 건설현장 경험을 가졌다. 이런 강점이 고객들에게 질 높은 서비스를 제공하는 바탕이다.

고대 그리스 신화에 따르면 세상의 서쪽 오케아노스 옆에는 온화한 날씨에 시원한 미풍이 불어오는 낙원이 있다. 제우스가 총애하는 특별한 영웅들이 이승의 삶을 마친 뒤에 머무르는 그곳을 엘리시온이라 한다. 한마디로 이상향을 말한다. 내가 말하는 '직장인의 천국'이란 곧 그리스 신화 속의 엘리시온을 현실 속에 건설하는 것이다. 이러한 꿈을 이루기 위해서는 몇 가지 조건이 따른다.

나는 우리 회사를 더욱 발전시켜 최고의 인재들이 우리 회사에 입사하기 위해 대기하는 조직으로 만들고 싶다. 우리 회사에 다니는 것 자체가 사회적인 신분이 되는 그런 회사 말이다. 물론 구성원의 급여나 복리후생도 업계 최고로 만들고 싶다. 이것이 내가 꿈꾸는 엘리시온의 첫 번째 조건이다.

엘리시온의 두 번째 조건은 고객이다. 우리와 일을 하는 것 자체가 건설사업에서 확실한 가치창조가 되고, 우리 서비스에 감동한 고객이 단골이 돼 지속적으로 발주하고, 나아가 우리의 적극적인 세일즈맨이 돼 우리 서비스를 친지와 주변에 소개해 수주로 이어지는 것이야말로 엘리시온으로 가는 길이다. 이러한 일이 꿈만은 아니라는 것이 상당부분 확인되고 있다.

엘리시온의 마지막 조건은 훌륭한 재무성과를 통해 주주에게 최상의 가치를 제공하는 것이다. 그로써 회사의 가치가 최고 수준에 달하고 철저한 투명경영으로 지속 가능한 경영의 표본이 되는 회사, 아울러 우리의 도움이 필요한 이웃과 함께 더불어 살고 나눔을 실천하는 기업의 사회적 사명을 충실히 실현하는 가장 모범적인 회사, 그곳이 바로 엘리시온이다.

우리는 꿈의 직장, 직장인의 천국인 엘리시온을 꿈꾼다. 물론 이상향은 현실에 존재하지 않을지도 모른다. 하지만 우리 구성원들은 구도자가 진리탐구를 위해 정진하는 것처럼 끊임없는 열정으로 완벽을 추구해갈 것이다.

또한 우리가 있음으로써 우리 사회가 한층 아름다워지고 따뜻해지고 훈훈해지는 그런 회사를 만들어갈 것이다. 이러한 과정이 결국 우리를 엘리시온으로 이끌어갈 것이라 믿기 때문이다.

간절하고 절실한 꿈을 가져라

꿈이 없는 사람은 눈앞의 현실에 대해 쉽게 포기하고 좌절한다. 하지만 꿈을 가진 사람은 때로는 고통과 난관이 앞을 가로막아도 쉽게 주저앉지 않는다. 그는 고통마저도 꿈을 이루는 과정이며 밑거름이라 여기기 때문이다. 가슴 밑바닥에 자리 잡은 꿈이 좌절을 딛고 한 발짝 앞으로 나아가게 하는 것이다. 언젠가 중학교 1학년생이 내 홈페이지를 방문해 이렇게 질문한 적이 있다.

"도덕시간에 선생님이 자아실현에 성공한 사람을 조사해오라고 숙제를 내주셨는데요. 목록 중에 김종훈 사장님이 있어서 여쭤볼게요. 제가 커서 훌륭한 CEO가 되려면 지금부터 뭔가 해야겠다 싶은데, 어떻게 해야 하는지요?"

나는 이 당돌하고 귀여운 학생에게 이렇게 답변했다.

"지금 당장은 열심히 운동하고 놀아라. 그러나 사춘기를 지나면서는 반드시 꿈을 가져라. 뜻이 있는 곳에는 길이 있고 큰 꿈을 꾸는 사람은 반드시 그 꿈을 이루게 된단다."

사람은 누구나 잠재된 능력을 가지고 있다. 그 숨은 능력을 끌어내는 것은 바로 꿈이다. 그것이 바로 오늘을 살게 하고 내일을 기대하게 하는 원동력인 것이다.

두드리면 열린다. 그렇듯 노력하면 꿈은 반드시 이루어질 것이라는 확신을 가져야 한다. 그 꿈이 절실하고 간절할수록 또 그것이 여러 사람의 꿈일수록 더욱 빨리 이루어진다. 다만 꿈은 공짜로 이뤄지지 않는다. 그만한 노력과 희생의 바탕 위에서 이루어지는 것이다.

자신과의 약속은 반드시 지켜라

계포일낙 季布一諾이란 말이 있다. 한 번 맺은 약속은 끝까지 지킨다는 뜻이다. 중국 초楚나라 때 계포라는 사람이 있었다. 그는 어떤 말이든지 한 번 내뱉은 말은 반드시 지킨 사람이었다.

계포가 열두 살 때의 일이다. 그는 이웃 친구들과 근지라는 연못을 헤엄쳐 건너기로 약속했다. 그런데 모이기로 약속한 날에 엄청난 폭우가 쏟아졌다. 집 밖으로 나오기도 어려운 상황이었다. 하지만 계포는 약속은 반드시 지켜야 한다는 일념으로 기어가듯 근지 제방으로 갔다.

친구들이 나타날 리는 만무했다. 그러나 계포는 혼자라도 약속은 지킨다는 생각에 제방에 앉아 친구들을 기다렸다. 그런데 그때 갑자기 연못의 돌 제방이 무너지면서 계포는 물속으로 빠지고 말았다. 그때 마침 제방을 둘러보러 나온 동네 장정들이 물속에서 발버둥치는 계포를 발견하고는 목숨을 구해주었다.

그 뒤 동네 사람들은 목숨을 걸고 친구들과의 약속을 지킨 계포의 인격을 높이 사게 됐다. 그 뒤에도 계포는 사람들과의 약속을 철저히 지켰다. 그래서 동네 사람들은 무슨 일이든지 계포가 약속만 하면 해결되는 것으로 믿었다. 마침내 계포는 약속을 잘 지키는 사람의 표본이 됐다.

무릇 사람은 약속을 잘 지켜야 한다. 기업도 마찬가지다. 약속을 지키지 못하면 신뢰를 잃게 된다. 그런데 여러 약속 중에서도 가장 중요한 것은 자신과의 약속이다. 한 사람의 성패는 자신과의 약속을 얼마나 성실하게 지키는가에 달려 있다. 하지만 자신과의 약속만큼 지키기 어려운 것도 없다. 우리 모두는 나약한 인간이기 때문이다.

스스로 한 약속을 사흘도 못 가서 어기는 것을 작심삼일作心三日이라 한다. 내게도 그런 경험이 여러 번 있다. 대학교 때의 일이다. 나는 일본어를 공부하겠다고 굳게 마음을 먹고 주머니를 탈탈 털어 학원에 수강 등록을 했다. 처음 며칠은 학원에 나가서 열심히 공부를 했다. 하지만 이런저런 핑계를 대며 학원을 빼먹다가 결국 그만두게 됐다. 그로부터 한참 지난 뒤에 나는 다시 일본어 학원에 등록을 했다.

'이번만큼은 도중에 포기하지 말고 끝까지 공부하자.'

나는 거듭 다짐했다. 그러나 결과는 마찬가지로 작심삼일이었다. 일본어 공부는 하지도 못하고 두 번이나 비싼 수강료를 날려버린 것이었다. 여러 모로 써먹을 데가 많은 일본어를 그때 공부하지 못한 것이 지금도 후회가 된다. 나는 그 실패 경험을 거울 삼아 자신과의 약속을 지키기 위해 무척 노력한다.

회사 창립 초기에 구성원을 대상으로 한 세미나가 있었다. 2박 3일 일정의 마지막 날에는 그동안의 소감과 함께 '자신과의 약속'을 글로 적는 프로그램이 있었다. 그때 나는 세 가지 약속을 썼다.

첫째, 박사학위를 따겠다. 둘째, 한 달에 네 권 이상 책을 읽겠다. 셋째, 아내와 단둘이 여행을 가겠다.

나는 첫 번째 약속을 하면서 삼성물산에 근무하던 1980년대 중반에 서강대 경영대학원에 들어가 MBA 과정을 공부하던 시절의 고통스런 기억이 떠올랐다.

그때 나는 상사들 눈치를 살피면서 코피를 쏟을 만큼 힘들게 공부해 겨우 대학원을 수료했다. 논문을 쓰려고 몇 학기를 등록했건만 결국 논문을 못 쓰고 엄격한 학칙 때문에 MBA 학위를 못 받고 말았다. 그 후 15년이 지난 뒤에 서강대 노부호 교수를 우연히 만나 구제 프로그램이 있다는 것을 알았고 가까스로 논문을 써서 지난 2002년에야 MBA를 받았다.

나는 그런 기억을 떠올리며 첫 번째 약속을 지키기 위해 서울대 건설사업관리 박사과정에 들어갔다. 그것도 야간이 아닌 정규과정을 택했다. 나는 날마다 새벽 5시에 일어나 예습과 복습을 하면서 그럭저럭 회사일과 공부를 병행했다. 그리고 되도록이면 책가방을 챙겨 들고 수업에 들어가려고 노력했다. 아들딸 뻘 되는 학생들과 같이 2년 여의 늦깎이 공부 끝에 겨우 과정을 수료할 수 있었고 논문을 완료하기 위해 몇 년째 노심초사하고 있다. 당초 환갑이 되기 전에 박사학위를 취득하고 싶었지만, 어느덧 그 나이를 넘겨버렸다. 내년 중으로는 박사학위를 꼭 완료할 것이다.

두 번째 약속인 '한 달에 네 권씩 책 읽기'는 '독서 릴레이 캠페인'에 솔선수범해 참여함으로써 어렵지 않게 지킬 수 있었다. 창피한 이야기지만 나는 우리 회사를 경영하기 전에는 책을 잘 안 봤다. 그랬던 나를 반성하며 나는 날마다 책 읽는 것을 습관화하면서 그 감상을 짧게라도 CEO 단상과 개인 홈페이지에 올렸다. 그것은 회사 구성원들에게 자연스럽게 독서를 권장하는 부수효과를 가져왔다.

세 번째 약속인 아내와 단둘이 가는 여행은 아직도 못 지키고 있다. 단체로 가는 여행이나 출장 시 동반하는 여행은 여러 번 했으나 순수한 여행 목적으로 단둘이 떠난 적이 아직 없다. 하지만 언젠가는 이 약속 또한 지킬 것이라 믿는다.

약속을 지키는 것은 자신의 꿈을 이루어가는 과정이다. 한번 한 약속은 지켜야 한다. 하지만 그에 앞서 더 중요한 것은 약속을 신중하게 하는 일이다. 아무리 하찮아도 지킬 수 없는 약속은 하지 않는 게 좋다. 그리고 실수로라도 한번 한 약속은 최선을 다해 지켜야 한다. 약속도 '원 스트라이크 아웃(한번 지키지 못하면 끝)'이다. 그래서 나는 날마다 다짐한다. 작은 약속이라도 반드시 지키겠다고.

나만의 큰 바위 얼굴을 가져라

나이가 들어가면서 너대니얼 호손이 쓴 소설 『큰 바위 얼굴』이 새롭게 다가온다. 중학교 국어 교과서에도 실려 거의가 다 아는 이야기지만 줄거리를 대략 되살려보면 이렇다.

남북전쟁 직후, 큰 바위 얼굴이 바라보이는 미국의 어느 시골마을에 어니스트라는 소년이 살고 있었다. 소년은 어머니로부터 큰 바위 얼굴을 닮은 위대한 사람이 나타날 것이라는 이야기를 듣는다.

그때부터 소년은 큰 바위 얼굴을 닮은 사람을 만나고 싶다는 소망을 간직하고 살게 된다. 그 뒤 부자, 장군, 정치인, 시인 등이 마을에 나타났다. 그때마다 사람들은 큰 바위 얼굴과 닮았다고 외치지만 모두 어니스트의 기대에는 미치지 못했다.

그러던 어느 날, 어니스트의 설교를 듣던 한 시인이 '어니스트야말로 큰 바위 얼굴을 닮았다'고 외친다. 하지만 정작 어니스트 자신은 여전히 큰 바위 같은 얼굴을 가진 사람이 나타나기를 기다리며 살아간다.

나는 어릴 적에는 바위 덩어리를 보며 꿈을 간직하고 사는 어니스트를 이해하지 못했다. 하지만 그로부터 한참 세월이 흐른 뒤에, 그러니까 그 소설의 줄거리조차 아득해질 무렵에 이르러서야 사람은 누구나 어니스트처럼 큰 바위 얼굴이 될 수 있다는 사실을 깨닫게 됐다.

어니스트는 평생 큰 바위 얼굴을 만나는 꿈을 안고 살았다. 그러다 보니 마침내 그 자신이 큰 바위 얼굴을 닮게 됐다. 그런 것처럼 우리 모두는 마음속에 큰 바위 얼굴 같은 무언가를 간직하고 산다. 그것은 여러 종류의 긍정적인 꿈이다. 그리고 마침내 우리는 마음속 얼굴을 닮아가게 된다. 마음속에 간직한 긍정적인 꿈이 어느 순간에 자신도 모르게 이루어지는 것이다.

흔히 얼굴은 한 사람의 일생을 비춰주는 거울과 같다고 한다. 그래서 링컨은 '남자는 나이 마흔이 되면 얼굴에 책임져야 한다'고 했다. 링컨의 말이 아니더라도, 또 비록 점쟁이가 아니더라도 우리는 어떤 사람의 얼굴을 통해 그 사람이 살아온 세월의 풍상을 짐작할 수 있다.

얼굴은 우리 신체 가운데 유일하게 표정이 있는 곳이다. 굳이 말을 하지 않아도 얼굴에는 감정과 의사가 표현된다. 그에 따라서 다른 사람과 커뮤니케이션이 이루어진다.

그래서 나이 마흔쯤 되는 사람의 얼굴을 보면 평소의 마음보가 그대로 나타난다. 가령 즐겨 선행을 베푸는 사람의 얼굴에는 선한 기운이 스며 있다. 그처럼 악한 사람은 악한 사람의 얼굴을, 착한 사람은 착한 사람의 얼굴을 하고 있다. 그러므로 누구나 어른이 되면 자신이 나쁜 얼굴을 만들어가고 있는 건 아닌지 돌아볼 일이다.

큰 바위 얼굴은 우리 모두가 지향해야 할 위대한 꿈이다.

Part 3
초 일류 기업 만들기 프로젝트

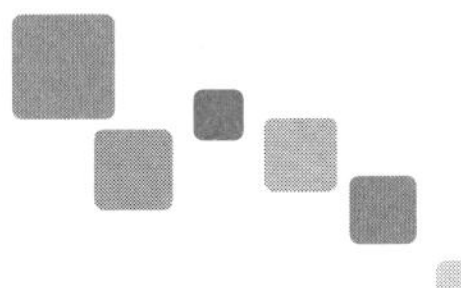

모든 결론은 결국 성과다

천국 같은 직장, 최고의 성과

"즐겁고 행복한 일터 만들기 운동을 한다면서 어떻게 이런 것도 안 해주나요."

여기서 '이런 것'이란 복리후생이나 회사 지원과 관계된 것들을 가리키는 말이다. 물론 그런 것들도 구성원의 사기와 자부심을 높이는 데 중요한 요소다. 그러나 즐겁고 행복한 일터 만들기 운동을 단순히 복리후생제도 개선 프로그램쯤으로 이해해서는 곤란하다.

즐겁고 행복한 일터GWP 만들기 운동을 창시한 로버트 레버링은 보수나 복리후생제도는 단기효과를 볼 수 있을지 몰라도 꾸준한 성과를 내는 데는 덜 중요하다고 했다. 반면에 지속적인 성과에 영향을 미치는 것은 신뢰와 자부심 그리고 재미와 같은 조직 문화와 관련된 요소들임을 많은 기업 사례 조사 결과로 보여주었다.

우리 회사에서는 초기에 특정 부서나 조직이 중심이 돼 즐겁고 행복한 일터 만들기 운동을 추진했다. 그러나 그것은 회사 구성원들의 동참을 적극적으로 끌어내기 위한 방법이었을 뿐이다. 결국 즐겁고 행복한 일터란 구성원 모두가 회사에 대한 높은 자부심과 일하는 재미를 느끼지 않으면 의미가 없다.

기업 이미지 개선 차원에서 추진하는 게 아니냐는 오해도 있었다. 물론 우리 회사의 적극적인 활동이 외부에 소개되고 연달아 상을 받게 되면서 기업 이미지가 좋아진 것은 사실이다. 하지만 그것은 즐겁고 행복한 일터 만들기 운동 추진으로 얻어진 부수적인 효과이지 본질적인 목적이 될 수는 없다. 회사의 가장 중요한 고객은 바로 내부 구성원이기 때문이다.

우리가 하루 중에 가장 많은 시간을 보내는 일터의 문화를 근본적으로 바꾸어보자는 운동이다. 일회성 이벤트가 아니라 일상의 문화여야 한다. 특히 현장 근무자가 많은 우리 회사의 특성상 본사 중심의 이벤트성 활동은 한계가 있을 수밖에 없었다.

그래서 우리는 현장에 근무하는 구성원도 다양하게 참여할 수 있는 프로그램을 만드는 데 주목했다. 지금은 각 부서나 현장별로 자발적인 활동을 펼치고 있다.

예를 들면 햇볕이 좋은 날에는 점심시간에 근무지 가까운 곳으로 김밥을 싸들고 미니 소풍을 간다. 또 구성원의 생일날 일부러 특이한 음식을 먹는 팀도 있다. 한 구성원의 잔무가 있으면 자발적으로 일을 서로 나누어서 퇴근을 같이하는 운동도 있다. 현장에서는 발주자와 같이 축구 동호회 활동을 통해 탁월한 활동성과를 내는 곳도 있다. 구성원 간에 서로 배려하는 마음만 있다면 어느 직장에서나 다양한 활동을 재미나게 벌일 수 있다.

구성원이 행복해야 회사가 잘된다

흔히 즐겁고 행복한 일터 만들기 운동은 업무성과와는 별개라고 보는 견해들이 많다. 하지만 그건 오해다. 미국의 기업들을 대상으로 1998년부터 2008년까지 10년 동안 주식 누계 수익률을 조사한 결과에 따르면, 미국을 대표하는 500대 기업의 평균 수익률에 비해 즐겁고 행복한 일터로 선정된 100대 기업의 수익률은 6배가량 높았다고 한다.

현재 우리 회사의 신뢰경영지수[TI]는 100점 만점에 83점 정도다. 이 점수면 『포춘』 100대 기업 평균에 육박하는 수준이다. 특히 자부심 부문에서 100대 기업 평균보다 높은 점수를 받아왔다. 대신 재미 부문은 좀 떨어진다. 하지만 전체적으로는 100대 기업 평균 수준으로 접근하고 있으며 다른 부문별 점수도 계속 향상되고 있다. 이런 추세를 발판으로 우리는 즐겁고 행복한 일터 글로벌 톱 10에 도달하고자 노력하고 있다.

한편, 나는 우리 회사가 자부심 부문에서 높은 점수를 받은 이유도 특유의 사회공헌활동 때문일 것이라고 생각한다. 어쩌다 개별적으로 봉사활동을 하는 사람도 있겠지만 대부분의 직장인에게 정기적인 봉사활동이나 기부는 혼자만의 의지로 하기 어려운 일이다. 그런 마당에 사회공헌활동의 체계를 갖추고 조직적으로 추진하는 회사에 다닌다는 것에 대해 우리 구성원들은 엄청난 자부심을 가지고 있다.

우리는 즐겁고 행복한 일터 만들기 운동을 실천하기 위해 여러 제도를 만들어 시행해왔다. 그것은 구성원이 행복해야 회사가 잘된다는 믿음 때문이다. 구성원이 단합해서 좋은 기업문화를 만들고 그것을 바탕으로 훌륭한 성과를 만들어내자는 것이다.

'일하기 좋은 기업'이라는 말은 좋은 일터와 좋은 환경에서 근무하되 탁월한 성과도 따라야 함을 의미한다. 회사는 구성원들에게 천국 같은 근무환경을 조성해주고 구성원들은 탁월한 성과를 내야 한다. 그것이 우리가 꿈꾸는 가장 이상적인 회사의 모델이다.

한미파슨스 웨이

우리 회사 구성원들의 지갑 속에는 특별한 카드 한 장이 들어 있다. 그 카드에는 한미파슨스의 비전, 미션, 핵심가치가 적혀 있다. 우리 회사 구성원들은 그 카드를 늘 몸에 지니고 다니며 회사의 가치관을 서로 공유한다.

또한 매주 월요일에는 전 직원이 비전, 미션, 핵심가치를 제창하고 업무를 시작한다. 중요한 회의나 행사가 있을 때도 마찬가지다. 그것은 경영비전이 단순히 벽에 붙여진 게시판용으로 그치지 않고 직원들의 생각과 행동에 체화될 수 있도록 하기 위해서다.

실제로 한미파슨스는 늘 핵심가치에 따라 생각하고 행동한다. 이 처럼 우리 회사는 경영철학이 명확하다. 또 이를 달성하기 위한 사업목표와 실천전략이 수립돼 있다. 이와 관련된 프로세스, 시스템, 조직구조 등 비즈니스 인프라도 구축돼 있다.

하지만 아무리 비즈니스 인프라가 잘돼 있어도 이를 구성원 개개인이 일관되게 실무에 적용하지 않으면 무용지물이다. 요컨대 개인별 능력, 경험, 기존 관행에 의존해 일을 하게 되면 생산성과 품질에 편차가 발생하게 되고 회사의 대외 이미지를 떨어뜨리게 된다. 사실 우리 회사의 경우도 초창기에 그런 문제를 안고 있었다. 밖에서 경력을 쌓은 뒤에 영입된 직원들이 다수를 차지한데다 사업현장이 여기저기 흩어져 있었기 때문이다.

그래서 우리는 지난 2009년 6월에 이른바 '한미파슨스 웨이The HanmiParsons Way'를 천명하게 됐다. 고유한 조직문화와 연계해 우리만의 고유한 철학과 업무 방법을 세우자는 것이었다. 결국 우리는 세계 어디에서나 적용될 수 있는 글로벌 수준의 '일하는 방식'을 마련했다.

우리는 사내 지식경영 시스템이나 개인 성과관리 시스템, 품질경영, 고객관리 등 회사운영 시스템의 체계화를 이루어놓은 상태였다. 거기에 이어 '한미파슨스 웨이'는 전 구성원에게 업무 수행방식의 본질을 제시한다. 이에 대한 성과를 극대화할 수 있는 행동방식을 정형화, 즉 정신과 경영철학의 체계화를 시도한 것이었다.

'한미파슨스 웨이'는 일하는 방식을 크게 4가지 영역으로 분류하고 각각의 핵심원칙을 제시한다.

첫째는 업무 수행의 기본절차와 관련해 프로젝트적 사고를 중시한다.

모든 일의 궁극적인 성과 차이는 그 일을 기획하고 계획하는 단계에서 대부분 결정된다. 따라서 프로젝트적 사고는 그만큼 치밀한 기획력을 요구한다. 그리고 프로젝트 사고로 일하면 창의성이 발휘돼 더 나은 가치를 만들 수 있다.

둘째는 커뮤니케이션 절차를 중시한다.

직장생활에서는 흔히 업무 수행과 관련된 절차를 귀찮아하거나 소모적인 일로 여겨 생략하는 경우가 종종 있다. 하지만 우리는 명확한 업무 지시를 위한 실천지침을 제공하고 각종 보고와 이와 관련된 e-메일 작성규칙 및 회의운영원칙까지도 세세하게 명시해 지키도록 한다.

셋째는 고객을 대하는 방식과 관련된 기본원칙을 제시하고 있다.

고객과 함께 업무를 추진하는 방식과 현장의 리더십 및 고객의 소리를 듣기 위한 활동지침을 제시한다. 특히 고객을 대하는 마음가짐과 고객을 우리 편으로 만들기 위한 실천활동을 중시한다.

넷째, 업무혁신과 관련해 실패를 용인하는 문화를 제시한다.

그래야 구성원들이 새로운 방식을 주저하지 않고 도입할 수 있다. 다만 실패 노트를 작성하도록 해 더 큰 실수를 방지한다. 또 개인단위의 지식경영활동, 업무와 관련된 개선사항 제안활동, 불필요한 업무 버리기, 업무수행능력 향상을 위한 자기계발활동 등을 업무혁신의 지침으로 제시하고 있다.

결국 우리의 일하는 방식을 요약하면 이렇다.

'모든 일은 프로젝트이고 한미파슨스인은 모두 프로젝트 매니저다. 프로젝트적 사고로 일을 스마트하게 추진하라. 프로젝트적 사고는 계획을 중시하고 일의 결과를 미리 예측해 일정을 관리하는 것이다. 또한 지속적인 커뮤니케이션을 통해 고객관점에서 일을 개선하고 혁신하는 것이다.'

나아가 우리는 일하는 방식에 대한 실천 정도를 확인하기 위해 액션보드를 활용한다. 구성원들 스스로가 자신의 업무방식을 주간 단위로 체크하는 것이다. 그리하여 각 과제에 대해 90퍼센트 이상 실천하면 H^{high}, 70퍼센트 이상은 M^{medium}, 70퍼센트 미만인 경우는 L^{low}로 표시해 경각심을 가지게 한다.

'일하는 방식'은 '일하는 철학'의 바탕이 된다. 개인이 아닌 팀플레이를 중시하며 똑똑하고 즐겁게 일하자는 것이 일에 대한 우리의 철학이다. 이러한 철학이 생산성, 스피드, 창의성을 향상하는 데 큰 도움이 된다.

우리는 '한미파슨스 웨이'를 체화해 실천함으로써 비효율, 생산성 저하, 성과품질상에서 발생하는 편차를 방지함으로써 커다란 혁신을 가져올 수 있으며 지속적인 성과창출이 가능하다고 확신한다.

리더십이 살아 있는 조직에서 일하라

"성공한 CEO들의 공통점은 무엇입니까?"

나는 종종 이런 질문을 받는다. 하지만 나는 이 질문들에 대해 쉽게 답하지 못한다. 성공한 CEO들은 그들이 가진 공통점보다도 각기 다른 개성과 차별화된 능력 때문에 성공한 경우가 더 많다고 생각한다. 공통점보다는 차이점이 성공의 더 큰 요소로 작용한다.

많은 사람들이 성공을 갈망한다. 그래서 촌음을 아껴가며 눈물겨운 노력을 기울인다. 하지만 세상이 그렇게 호락호락하지만은 않다. 뜻대로 안 되는 일이 훨씬 많다. 그것이 세상의 이치다. 그럼에도 성공한 리더가 되기 위한 몇 가지 기본원칙은 있다.

먼저 훌륭한 리더는 신입사원 때 이미 결정된다. 훌륭한 신입사원이 훌륭한 리더가 된다는 말이다. 그래서 직장에 첫발을 내딛는 2~3년이 아주 중요하다. 흔히 직장생활 3년차 정도 되면 사회인으로서 윤곽이 거의 잡혀버린다. 따라서 사회 초년기에 어떤 생각을 가지고 어떤 태도로 임하는가에 따라 이후 직장생활과 삶 전체의 성패가 좌우된다.

그다음으로 성공하려면 무엇이든 열심히 하는 습관을 들여야 한다. 남들보다 앞서가는 것도 습관이다. 똑같은 일이라도 남의 뒤를 따라하는 것보다는 앞장서서 해보는 것이 훨씬 낫다. 그래서 세상을 긍정적으로 바라보고 적극적으로 나서는 것이 중요하다. 그 과정에서 폭넓은 경험과 지식이 쌓이게 된다. 그로 인한 결과는 당장이 아니라 나중에 나타나게 된다.

성공한 사람들의 공통적 특성을 한마디로 요약하면 꿈을 가지고 있으며 신념과 열정이 남다르다는 것이다. 최고의 자리에 오른 사람들은 대개 자신만의 뚜렷한 한두 가지 장점을 가지고 있다. 더불어 그 장점을 적극 활용해 무언가를 성취하려고 하는 강한 신념, 의지, 소명의식을 가지고 있다.

언젠가 엘테크 신뢰경영연구소의 박 연구위원과 리더십에 관한 얘기를 나눌 기회가 있었다. 우리는 그 자리에서 서번트 리더십에 관해 생각을 나누었다. 서번트 리더십은 미국 AT&T사의 경영교육과 연구를 담당했던 로버트 그린리프가 주창한 개념이다. 박 연구위원은 말했다.

"그린리프는 타인을 위한 봉사에 초점을 두며 종업원과 고객 및 커뮤니티를 우선으로 여기고, 그들의 욕구를 만족시키기 위해 헌신하는 리더십을 서번트 리더십이라 정의하고 있습니다. 물론 이게 말로는 쉽습니다. 그러나 정작 마음에서 우러나서 하기는 어렵습니다."

나 역시 전적으로 그 말에 동의했다.

"사실 리더십 이전에 조직문화가 그런 방향으로 잡혀야 할 것입니다. 즉 조직 내부에 전체적으로 흐르는 리더십이 중요한 거지요."

그렇다. 훌륭한 리더는 훌륭한 조직에서 탄생한다. 내가 훌륭한 일터를 강조하는 이유도 바로 그것 때문이다. 훌륭한 리더가 되고 싶다면 리더십이 살아 있는 조직에서 나의 가치를 찾고 미래를 준비해야 한다.

가령, 지금 우리 회사 구성원들이 매월 의무적으로 하는 봉사활동을 당연시하게 된 것은 조직이 추구하는 가치를 받아들였기 때문이다. 리더의 행동이 큰 방향에 맞춰 교육되고 진화된 것이다. 이처럼 리더십이란 조직 안에서 상하 간에 공통분모를 찾아내는 것이다. 그런 점에서 리더는 만들어지는 것이라 할 수 있다. 따라서 리더십이 살아 있는 조직에서 일을 해야 좋은 리더로 성장하게 된다.

나는 인간을 평가할 때 정직성, 열정, 능력을 꼽는다. 그중에서도 '정직성'과 '열정'을 높이 사는 편이다. 적극적이고 열정적인 사람과 그렇지 못한 사람은 같은 일을 하더라도 결과에서 큰 차이가 난다. 기술력과 창의성을 바탕으로 강한 의욕과 도전정신을 지닌 사람, 조직에 몰입해 끊임없이 자기혁신과 변화를 추구하는 사람이 바로 내가 추구하는 인재상이며 리더의 모습이다.

우리의 비전은 '유능한 인재Excellent People에 의한 탁월한 회사Excellent Company 구현'이다. 이 비전으로부터 뿜어져 나오는 힘은 굉장하다. 그래서 우리 구성원들은 업계 최고 수준의 인재가 돼야 한다는 사명감을 가지고 있다. 단지 업무 능력에서만 최고가 아니라 한미파슨스가 추구하는 인재상에 부합된 최고 인재가 되려는 것이다. 뛰어난 사람이야말로 회사의 성장과 발전을 위한 핵심 자산이자 경쟁력의 원천이다. 이런 사람들이 자부심을 갖고 신명나게 일할 수 있어야 뛰어난 회사가 될 수 있다.

패러다임을 바꿔라

나는 회사 설립 초기부터 국내에 CM을 알리기 위해 발이 닳도록 뛰었다. 그러나 개인적인 홍보는 한계가 있었다. 공공기관은 물론이고 민간기업도 CM에 별로 관심이 없었다. 그래서 더 체계적이고 효과적인 마케팅을 위해 사람 중심의 점 조직에서 매체를 이용한 선 조직으로 마케팅 전선을 옮겼다. 매체에 광고를 내서 회사의 존재를 대대적으로 알리기로 한 것이다. 그러나 회사 안에서 불만의 목소리들이 흘러나왔다.

"가뜩이나 어려운데 광고라니……. 그럴 여유 있으면 직원들 월급이나 더 줄 일이지."

물론 틀린 말은 아니었다. 당시에는 건설업계의 불황이 심각해 내로라하는 대기업도 광고를 자제할 때였다. 가뜩이나 재무상태가 빠듯한 우리 회사 처지에서 과다한 광고비 지출은 틀림없이 모험이었다. 그렇다면 내부의 목소리에 따를 것인가, 아니면 내 생각을 밀고 나갈 것인가. 피가 마를 정도로 고민을 거듭했다.

나는 결국 '불황일수록 광고에 투자하라'는 말에 따라 소신을 관철시켰다. 사업이란 긴 호흡으로 뛰어야 하는 마라톤이고 완주를 해 안정적 성과를 내는 회사가 훌륭한 일터일 것이다. 나는 애초에 마음먹은 대로 광고를 밀어붙였다.

우리는 고객에게 CM의 개념과 한미파슨스를 각인시키는 것을 광고전략으로 삼았다. 드디어 우리가 심혈을 기울여 만든 광고가 베일을 벗었다.

'원가 10퍼센트 절감, 공기 30퍼센트 단축'

'사장님은 테이프 커팅만 하십시오. 기획에서부터 설계 분양 시공 유지관리에 이르기까지 모든 것을 한미파슨스가 관리해드립니다.'

2000년 9월에 첫 선을 보인 이 광고 문안은 장안의 화제가 됐다. 사실 그것은 우리가 표방하는 사업을 가장 간결하면서도 정확하게 표현한 것이었다. 특히 '원가 10퍼센트 절감, 공기 30퍼센트 단축'이라는 도발적인 문구가 뭇사람들의 시선을 끌며 건설업계에 화제가 됐다. 덕분에 나는 언론매체의 수많은 인터뷰 요청을 받았다. 그런 인터뷰는 그간 우리가 주창해온 CM의 개념을 대중화하는 데 더없이 좋은 기회가 됐다.

탄탄한 건설전문 용역업체들도 몸을 사리던 시기에 다소 무모하게 감행한 광고전략은 맞아 떨어졌다. 광고는 그해 12월까지 3개월 동안 이어졌다. 그로 인해 일반인들에게도 CM에 대한 인지도가 높아졌다. 그리고 건설산업계에 우리의 존재를 확실하게 부각시키는 계기가 됐다.

위기일수록 광고에 투자하라는 것은 발상의 전환을 강조하는 말이다. 나는 '원가 10퍼센트 절감, 공기 30퍼센트 단축'이라는 화두로 기존 건설관행에 정면 도전했다. 그 도전은 확신에서 시작한 것이었다.

광고로 회사를 알릴 수는 있어도 신뢰를 얻기는 어렵다. 혁신적 사고와 발상의 전환은 튼튼한 경쟁력을 갖추었을 때 꽃을 피운다. 그 점에서 우리는 원가에 대해 10퍼센트, 공사기간에 대해 30퍼센트의 추가 경쟁력을 이미 확보하고 있었고 자신이 있었다. 즉 준비된 힘이 혁신을 가능하게 한 것이다.

뜻밖의 보너스로 고객에게 감동을 줘라

건설사업관리는 보통 기획, 발주, 시공, 유지관리 단계로 나눌 수 있다. CM사는 원칙적으로 건설산업 전 과정을 발주자 대신 시공자나 설계자의 업무를 감독하거나 지휘하며 최적의 대안을 제시한다. 보통은 CM사가 공사비나 공기에 법적 책임을 지지 않는 일종의 컨설팅 서비스를 제공하면서 발주자의 대리인 역할을 한다. 이런 방식의 CM을 '용역형 CM'이라 한다. 이때 공사비나 공기에 대한 책임은 법적으로 당연히 건설사가 지게 된다.

그런데 일반 건설사를 통하지 않고 CM사가 직접 전문건설업체를 선정해 공사를 주관하기도 한다. 물론 이때는 CM사가 건설사의 역할도 겸임하므로 공사비와 공사기간에 대해 책임을 진다. 따라서 발주자는 건설업체 몫의 이윤과 간접비용 등을 줄일 수 있다. 선진국에서 주로 행하는 이런 방식을 '책임형 CM' 이라 한다.

그간 국내 CM은 주로 용역형으로 이뤄져왔다. 하지만 우리는 2006년부터 국내에도 책임형 CM을 민간에서부터 선보이고 있다.

그 예로 충남 논산의 외국계 할인점 공사를 들 수 있다. 대형 건설사에서 10개월 정도 소요될 그 공사를 우리는 7개월에 완공해주기로 약속했다. 그러나 실제로는 한 달 더 앞당겨 6개월 만에 완공했다. 새로 오픈하는 할인점은 상권을 차지하기 위해 경쟁사와 치열한 입점 전쟁을 벌인다. 따라서 오픈을 앞당길수록 금액으로 환산하기 어려운 기회이익이 발생한다. 그런 점에서 우리는 발주자에게 굉장한 보너스를 준 셈이었다.

몇 년 전에 우리는 글로벌 담배회사인 BAT^{British American Tobacco} 물류창고 공사를 책임형 CM으로 맡은 적이 있었다. 우리는 이 프로젝트 또한 계약보다 공기를 한 달 단축했다. 그간 물류창고를 빌려 쓰고 있던 발주자에게 한 달치의 임대료를 벌어준 것이다. 게다가 별로 크지 않은 공사에서 우리는 8억 원 정도의 원가를 절감했다.

당초 계약 내용에 따라 절감된 비용은 우리 회사와 발주자가 절반씩 나누기로 했다. 그래서 우리는 4억 원을 BAT 측에 돌려주겠다고 했다. 무릇 대부분의 공사가 이런저런 이유로 공사 준공 무렵에는 예산이 초과하기 십상인 마당에 절감된 공사비를 돌려주겠다는 것은 보기 드문 일이었다. 발주자는 뜻밖의 보너스에 반색하며 말했다.

"보너스가 반갑긴 하지만 이미 편성된 예산이라 현금으로 돌려받는 건 적절치 않을 듯싶습니다. 다른 서비스로 대체하면 어떨까요?"

그래서 우리는 현금 반환 대신 발주자에게 제법 큰 경비실을 지어주고 부속공사도 해주었다.

우리는 책임형 CM으로 수주한 BAT 물류창고 공사에서 좋은 품질을 발주자에게 선사했다. 또 공기를 단축해 물류창고 비용을 절약함으로써 기회이익을 실현해주었다. 게다가 절약한 공사비의 절반을 보너스로 돌려주었다. 발주자에게 세 가지 보너스를 한꺼번에 안겨준 사례였다.

일반적인 일괄도급계약을 맺은 경우 건설사는 싼값에 하도급을 주기도 한다. 그리하여 건설사는 차익을 챙길 수 있다. 물론 발주자는 그 과정을 확인하기 어렵다. 하지만 우리 회사가 수행하는 책임형 CM은 공사집행내역을 발주자에게 투명하게 공개한다, 또한 이른바 '최고보증금액'*에서 절감된 비용의 절반을 발주자에게 돌려준다. 물론 공사비가 초과되면 CM사가 책임을 진다.

나는 일반건설 도급계약과 책임형 CM을 놓고 블루오션 전략에서

---

*최고보증금액GMP Guaranteed Maximum Price : 공사비의 상한上限을 정한 계약 금액. 공사비 실적이 상한가를 초과하면 건설사업관리자가 책임을 지고, 공사비가 남으면 정산하는 공사비 공개 방식.

말하는 전략캔버스*를 그려보았다. 그랬더니 사업비 절감과 공기 단축 효과 등 거의 모든 부분에서 월등한 성과가 있었다. 그래서 우리는 책임형 CM모델을 본격적으로 채택하여 공급하고 있다. 업계 평가도 상당히 좋은 편이다.

특히 전문건설업체들은 책임형 CM방식의 계약을 선호한다. 보통의 공사수주에는 로비를 해야 하는 등 많은 경비와 시간적인 노력이 필요하지만 CM 발주는 투명하고 빠르게 이뤄지기 때문이다. 또 책임형 CM에서는 전문건설업체가 직접 파트너로서 대우받는다. 게다가 우리가 발주자로부터 받은 선수금을 즉시 지급한다는 점도 전문건설업체로서는 큰 매력이다.

그동안 우리나라 건설산업은 종합건설업체 위주로 이뤄져왔다. 전문건설업체는 단지 종합건설업체의 하청업체로 존재해왔다. 그러나 이제 업종 구분은 무의미해졌다. 공공부문에서도 책임형 CM을 도입하기 위해 법제화를 준비하는 등 건설의 판은 바뀌고 있기 때문이다. 그에 따라 CM의 역할이 더욱 활성화될 것으로 기대된다.

판을 새로 짜라

어느 해 강연장에서였다. 경영혁신을 주제로 본 강연을 마치고 질

---

*전략캔버스Strategy Canvas : 그래프의 가로축에는 업계가 중요하게 여기는 항목을 두고, 세로축에는 고객이 느끼는 가치수준을 표시해 현재 자사, 경쟁사, 업계가 어떤 요소에 힘을 쏟고 있는지를 표현한 그림.

의응답이 있었다. 그 자리에서 어떤 기자가 내게 질문했다.

"한미파슨스를 보면서 또 하나의 유한킴벌리를 보는 느낌이었습니다. 특히 종업원을 파트너로 인정하며 경쟁력을 발휘한 것에 가벼운 흥분마저 느꼈습니다. 그런데 이런 경영혁신이 삼성물산이라는 일류 기업에서 근무하신 경험과 무관하지 않을 것 같은데요. 거기서 계승한 것과 또 다른 차원으로 혁신한 것은 무엇인지요?"

기자의 질문처럼 한미파슨스의 성공을 삼성에서 근무한 내 경력과 관련지어 보는 시각이 더러 있었다. 그렇지만 나는 경영의 패러다임을 처음부터 달리했다. 나는 그 점을 설명했다.

"나는 처음부터 아예 판을 다시 짠다는 생각으로 회사를 만들었습니다. 즉 외국과 합작회사를 만들어 선진국의 기술과 경영을 도입해 일거에 글로벌 스탠더드에 도달하는 전략을 택한 것입니다. 삼성의 경험도 전혀 도움이 안 됐다고 볼 수는 없습니다. 하지만 그보다도 나는 처음부터 글로벌 스탠더드를 지향했습니다."

그랬다. 나는 애초에 외국 선진회사 경영 시스템을 체계적으로 도입해 회사의 경영 인프라를 구축했다. 그랬다가 독립된 주체로서 독자적인 경영 시스템을 구축하고 성공적인 사업활동을 펼치는 현지화 과정을 거쳐 한국인 위주의 100퍼센트 종업원지주회사로 탈바꿈한 터였다. 그리고 지금은 역으로 우리의 경영 모델을 특화해 세계 여러 나라에 역수출하는 현세화*의 길을 걷고 있다. 이처럼 우리 회사는 국내의 일반적인 기업과 사업의 패러다임 자체가 달랐다.

우리는 그처럼 차별화된 패러다임으로 국내 굴지의 그룹 계열 건설사와 비교해도 손색이 없을 정도로 경쟁력을 갖추게 됐다. 우리 회사의 그런 경쟁력은 국내 주요 그룹으로부터도 인정받았다. 그래서 발주자의 대리인 역할을 하는 CM 외에도 그룹 내 발주자를 대신해 건설공사의 전 과정을 주도한 경우도 여러 번 있었다.

예컨대 우리는 국내 A전자의 헝가리 공장, 인도 공장, 멕시코 공장과 B전자의 중국 옌타이 공장 등을 건설할 때 그 그룹 내 건설회사 없이 현지 전문업체만 데리고 공사를 진행했다. 그 결과 최대 35퍼센트에 이르는 원가를 절감했다. 여기에다 공사기간까지 단축해서 발주자로부터 베스트 프랙티스로 지정돼 사내의 벤치마킹 대상이 됐다.

국내의 주요 그룹사들은 대부분 건설사를 거느리고 있다. 따라서 그룹 계열회사와 관련된 건설공사는 보통 그룹 내 건설회사가 맡게 마련이다. 그것은 어쩌면 팔이 안으로 굽는 것처럼 당연한 일이다. 하지만 우리가 갖춘 확실한 경쟁력은 그룹 내 발주자들의 '팔을 밖으로 굽게'도 할 수 있다는 것을 보여주었다.

발은 현재에 눈은 미래에

서울은 아쉬운 도시다. 주위의 좋은 경관과 600년 고도의 숨결을 간직하고 있으면서도 장점을 살리지 못했다. 한강변에는 아직도 개

---

*현세화現世化, Loc-balization : 다국적 기업의 현지투자기업이 현지화 과정에서 구축한 차별화된 역량을 활용해 글로벌 시장에 역진출하는 현상. 서울대 경영대학 조동성 교수가 제시하는 기업의 국제경영방식 중 한 방식이다.

발시대에 건설한 아파트들이 성냥갑처럼 늘어서 있다. 지난 시절 힘을 가진 행정가들과 건축가들이 전혀 경관을 고려하지 않은 채 물량 위주로 무조건 밀어붙인 결과다. 백년대계의 안목이 부족했다. 파리나 런던 같은 도시들처럼 실용성이나 기능성을 뛰어넘어 도시의 미래에 대해 고민하고 경관과 미관을 고려했다면 지금보다는 훨씬 나은 도시가 됐을 텐데 말이다.

오늘날에는 인간의 숨결을 담아내지 못하거나 주변환경과 조화를 이루지 못한 건축물은 그저 생명력 없는 콘크리트 덩어리나 마찬가지다. 오늘날 건축물은 그 자체가 예술성을 지니거나 예술작품의 한 부분으로 인식되기도 한다. 나는 스페인 빌바오에 있는 구겐하임 미술관을 방문했을 때의 감동을 지금도 생생하게 간직하고 있다.

우리나라에서는 언제쯤 그런 감동을 맛볼 수 있을까? 안타깝게도 아직은 길이 멀다. 우리는 아직도 건축물의 가치를 주변 상권, 용적률, 교통 및 접근의 편리성, 수익성 등만 가지고 따진다. 그래서 지금도 우리 주위에는 아름다운 건축, 우리를 대표하는 랜드마크 건축물을 보기 힘들다.

이제는 획일성을 보편적 가치로 여기는 왜곡된 인식에서 벗어나야 한다. 건물은 아름다워야 한다. 건축물이 표현하는 언어나 미적 가치가 존중돼야 한다. 그러려면 설계자가 예술가로 대접받아야 한다. 또 건설의 소프트웨어나 콘텐츠가 중시되고 이러한 비즈니스를 하는 사람들이 존중돼야 한다.

건설문화의 새로운 정체성을 확립하기 위해서는 건설을 보는 패러다임이 바뀌어야 한다. 거기에는 건축과 건설 전문가들의 창조적인 노력이 필요하다. 물론 그런 노력을 제대로 평가해주는 사회적 풍토 또한 조성돼야 한다. 그렇게 되려면 정부와 시민들의 건설에 대한 의식도 바뀌어야 한다. 건축물은 시대의 거울이고 그 시대의 단편이기 때문이다.

우리는 자연과 주변환경에 어우러져 일상을 담아내는 새로운 건축문화를 만들어야 한다. 문화적 자부심과 고유한 정서가 녹아 있는 아름다운 건축물을 가까이에서 접할 수 있는 날은 올 것이다. 더불어 그 노력은 계속될 것이다.

블루오션은 가까운 곳에 있다

작은 고객도 소중하다

몇 해 전의 일이다. 나는 주말에 가족과 함께 모처럼 경기도 양평으로 나들이를 갔다. 민박집에서 하룻밤을 묵기로 했는데 새로 수리를 한 듯 시설도 좋고 깨끗한 집이었다. 그 민박집에 여장을 푼 다음 주인 부부와 이런저런 이야기를 나누었다. 주인 부부는 서울에서 직장을 다니다가 도시생활을 접고 고향으로 돌아왔다고 했다. 자연스레 집에 대한 이야기가 오가던 중에 내게 고민을 털어놓았다.

"원래는 고향집을 개조해 2층집을 만들고 싶었어요."

나는 되물었다.

"건축하시면 되시죠. 무슨 문제가 있나요?"

"문제는 비용입니다. 그래서 돈을 아끼려고 제가 직접 건축을 하려

했는데 주위에서는 삽질하기 전에 병부터 난다며 한사코 말리는 겁니다. 집 한 채 짓는 게 웬만큼 번거로워야지요. 건물이 완성돼도 신경 쓸 부분이 너무 많고요. 그래서 다들 골치 아플 거라고 겁을 주는 바람에 엄두를 못 내고 있습니다."

나는 고개를 끄덕였다.

"그렇지요. 예산과 공사기간이 예상을 훨씬 초과하는 것이 집짓기를 망설이게 하지요."

나는 그렇게 맞장구를 치다가 문득 무릎을 쳤다. 바로 그것이었다. 나는 여태껏 대형 건설 프로젝트만을 수행했고 그런 프로젝트와 관련된 큰 고객에게만 관심이 있었다. 하지만 우리의 전문 능력을 필요로 하는 고객은 공사 크기와 상관없이 여러 곳에 존재하고 있었던 것이다.

다음날 회사로 출근한 나는 부리나케 몇몇 임직원을 불러 한 가지 과제를 내주었다.

"중소 규모 건축물 CM 서비스가 가능한지 당장 연구해봅시다."

그 결과 국내 건설시장에서 개인 주거용 중소 규모 건축 비중이 전체 시장의 25퍼센트에 달할 뿐만 아니라 건수도 매년 10만 여 건이나 된다는 사실을 알게 됐다. 게다가 이들 중소 규모 공사의 발주자는 대부분 건설에 문외한이어서 공사 후 예산초과, 공기지연, 품질불만 등으로 건설 결과에 대부분이 흡족해하지 않는다는 사실에 주목했다.

그로부터 얼마 뒤에 중소형 건축물의 안전에 대한 경각심을 일깨운 사건이 일어났다. 2001년 3월, 서울 홍제동 주택가 화재를 진압

하던 소방관 4명이 무너진 건물에 깔려 사망한 것이다. 언론은 그 사고의 원인을 소방차가 진입하기 어려운 뒷골목의 무질서한 주차실태에서 찾으려 했다. 하지만 나는 그 사고의 본질이 다른 데 있다고 생각했다. 아무리 일반 주택이라도 제대로 지어졌다면 30여 분간의 화염 노출이나 살수의 압력으로 붕괴되기는 어렵다. 한마디로 붕괴의 원인은 애초의 부실공사에 있었던 것이다.

양평 민박집 주인 부부의 고민이나 홍제동 화재현장의 소방관 순직사건은 모두 법이나 제도의 사각지대에 놓여 있는 중소 규모 건축시장의 무질서에서 비롯된 현상이었다. 그래서 나는 중소 규모 건축을 대상으로 새로운 개념의 사업을 추진하기로 결심했다. 그동안 주로 대형 공사 위주로 적용해온 CM기법을 주택, 상가, 근린생활시설 등의 중소 규모 건축물에 적용하는 것이었다.

먼저 그 사업을 위한 웹사이트를 별도로 구축하고 인력을 최소화하는 방향으로 사업을 추진키로 했다. 더불어 사업명은 'e집'으로 했다. 그것은 집 한번 짓고 나면 10년을 감수한다느니, 머리가 다 희었다느니 하는 탄식을 잠재울 사업이었다. 그러나 내 생각과 달리 회사 내부에는 회의적인 시각이 많았다.

"사회 전반에 깔려 있는 기존 관행이 너무 뿌리가 깊습니다."

"사업이 될지 모르겠습니다. 몇 푼 안 되는 설계비마저도 깎으려는 판에 e집 용역비를 선뜻 지출할 건축주가 있을까요?"

그러나 나는 이미 확신이 서 있었다. 또한 그것은 누군가가 반드시 해야 할 일이었다. 나는 신념을 가지고 이렇게 공표했다.

"작은 고객도 소중한 고객입니다. 그리고 남들이 신경 안 쓰는 시장이니까 사업적으로 성공할 수 있습니다."

고객이 없으면 기업은 존재할 수 없다. 작은 고객이든 큰 고객이든 모두 소중하다. 이 사업은 비단 사업으로 가능성이 있을 뿐 아니라 우리 회사가 창립 때부터 갖고 있던 건설산업의 선진화를 위한 노력과 중소건축의 건축주 고민을 덜어주는 사회공헌적인 의미의 사업이었다.

고객의 요구에 한 발 먼저 다가가라

건축물이 완성되는 과정은 흡사 한 생명체의 탄생을 연상시킨다. 못질 한번 대패질 한번에도 허투루 손이 가는 법이 없다. 그렇게 뼈대가 세워지고 살이 붙으면서 마치 사람의 몸과 같은 하나의 생명체가 탄생한다. 그렇다. 건축물은 생물체와 같다. 그래서 매우 복잡하고 어려운 일이다.

하물며 건축에 대한 전문지식이 부족한 개인이 건물을 지으려면 무수히 많은 난관에 부딪히게 된다. 설계, 허가, 시공업체 선정은 물론이고 심지어는 민원까지도 신경을 써야 한다. 그런 개인 건축주의 애환을 한꺼번에 해결해주면서 비용과 시간도 절약해주는 사업이 바로 e집 비즈니스였다.

나는 중소 규모 건축에 대한 모든 상담과 컨설팅이 웹사이트를 중심으로 이루어지는 비즈니스 모델을 창안했다. 건축주가 굳이 현장에 가지 않고도 공사 진행과정을 인터넷에서 파악할 수 있도록 한 것이다. 그래서 우리는 2001년 7월에 웹사이트 주소 www.ejip.co.kr를 확보해 e집 사업에 필요한 시스템을 구축했다.

고객 의뢰가 들어오면 먼저 프로젝트 착수회의를 한다. 또 e집 매니저는 설계자와 시공자 등과 함께 공사 때 예상되는 문제점의 해결방안을 협의해 그 결과를 설계에 반영하게 한다. 공사가 시작되면 e집 매니저는 주 2회씩 현장을 방문해 공정에 대한 면밀한 검토와 함께 꼼꼼히 품질점검을 해 부실한 점이 보이면 바로 조치한다.

e집 매니저는 1주일 단위로 현장 진행현황과 문제점 등 전반적 활동사항을 동영상과 함께 건축주에게 제공해 진행사항을 인터넷으로 확인할 수 있게 한다. 그리고 민원이 발생하면 e집 매니저가 직접 나서서 주민과 접촉해 해결방안을 제시함으로써 원만하게 공사가 진행되도록 한다.

한편 e집 웹사이트에 주택 관련 포털사이트와 제휴해 주거문화에 대한 정보와 콘텐츠를 제공하고 있다. 공사가 끝난 뒤에는 설계도면부터 시작해 모든 공정을 담은 CD를 제공해 사후관리에 도움이 되도록 했다.

2001년 7월 3일 조선호텔 바이올렛룸에서 e집 사업 설명회를 열었다. 그리고 중소형 건축에 대한 CM사업에 진출한다는 사실을 발표했다.

반응은 의외로 좋았다. 본격적인 사업이 시작되자 전국 곳곳에서 문의가 들어오고 실제 계약이 이루어지기 시작했다. 우리나라에서 작은 건물 하나 짓기가 그만큼 힘들고 고통스러웠다는 증거였다.

한편 e집 홍보를 위한 광고도 진행했다. 우리는 공사비의 10퍼센트 절감과 공사기간의 30퍼센트 단축을 장점으로 내세웠다. 더불어 건축주가 여기저기 자잘하게 신경 써야 할 부분을 대신 관리해준다는 점을 강조했다. 우리는 최소 비용으로 최대 효과를 얻는다는 보편적 경제논리에다 건축주가 신경 쓰지 않아도 다 알아서 해준다는 안심논리를 곁들였다. '나 홀로 집짓기'의 고충을 아는 건축주 입장에서는 금상첨화였을 것이다.

초기 단계에서 약간의 시행착오를 겪었지만 e집 사업은 순항했다. 직원들의 반응도 점차 긍정적인 방향으로 바뀌었다. 관련 사이트들로부터 제휴나 링크 요청도 줄을 이었다. 사업에 있어 잠재고객의 요구를 남보다 한 발 앞서 파악하는 것이 얼마나 중요한지를 새삼 깨달을 수 있었다.

e집 사업의 성과를 논하기에는 아직 섣부르다. 황량한 벌판에 길을 내는 데는 당연히 시간이 필요하기 때문이다. 하지만 e집 사업은 중소 규모 건축의 새로운 질서를 만드는 데 밀알이 됐다고 자부한다.

지금 e집 사업은 회사 내 핵심 멤버의 지휘 아래 대대적인 사업 확장을 준비 중이다. 금융권과 제휴해 e집과 관련된 금융상품도 나오고 있다. e집 사업이 자리가 잡히면 공사비 2~3억 원 규모의 조그마한 프로젝트 건축주도 e집을 찾게 될 것으로 기대한다. 우리는 소규모 건축주의 고민과 고충을 해결해주는 것이 우리가 가야 할 길이라고 믿기 때문이다.

새 집 줄게, 헌 집 다오!

피 튀기는 경쟁이 벌어지지 않는 청정하고 푸른 바다와 같은 시장. 그것을 블루오션이라 한다. 수많은 경쟁자들로 우글거리는 레드오션과 상반되는 개념이다. 그런데 모든 비즈니스 영역에는 무한한 블루오션이 존재하고 있다. 단지 우리가 그것을 쉽게 발견하지 못할 뿐이다.

건설과 관련된 서비스 분야에도 블루오션은 널려 있다. 우리는 그 넓은 바다에 e집이라는 배를 띄웠다. 그리고 중소 규모 건축 CM 서비스의 새로운 시장을 열었다. 그러자 또 다른 시장이 아주 가까운 곳에서 우리를 기다리고 있었다. 그것은 리모델링과 재건축 사업 분야였다.

사람들이 흔히 생각하는 것과 달리 재건축과 리모델링은 매우 섬세하고 과학적인 작업이다. 기존 주변환경과 건축물의 기본 골조를 유지한 상태에서 구조와 기능을 개선하고 더 나은 환경과 미관까지 만족시켜야 하기 때문이다. 그 점에서 오히려 새로운 건물을 짓는 것보다도 훨씬 복잡하고 어렵다.

신축과 달리 재건축이나 리모델링에서는 예측 불가능한 일이 많이 발생한다. 잦은 설계변경으로 공사비용과 기간이 늘어나는 것이 다반사며 공사 관계자 사이에 클레임의 소지도 많다. 게다가 인허가 절차도 복잡하고 부실시공으로 인해 건축주와 시공업체 사이에 분쟁도 자주 발생한다.

그 때문에 재건축과 리모델링 사업은 초기에 사업 범위를 명확히

정하고 진행과정의 비용 증가 발생소지를 줄이는 것이 관건이다. 그러고 보면 우리가 수행하는 CM 서비스의 개념에 딱 맞아 떨어지는 사업이 바로 재건축과 리모델링이다. 전문적인 CM기법을 통해 원스톱 서비스로 거의 모든 문제가 해결될 수 있기 때문이다.

실제로 이미 서울 하얏트호텔을 비롯해 부산 메리어트호텔, 서울 무교동 코오롱빌딩, 서초동 아크리스백화점, 압구정동 한양아파트, 한샘 송파 전시장 등 수많은 리모델링 사업을 수행한 경험이 있다. 최근에는 대우빌딩 리모델링을 마쳤고 교보빌딩 리모델링을 진행하고 있다.

이런 과정에서 우리는 진정한 최고를 추구하기 위해 일본의 리모델링 분야 1위 기업인 미쓰비시지소 설계와 2006년 3월에 기술제휴를 맺었다. 리모델링 사업에도 선진적 기술을 도입해 글로벌 스탠더드에 도달하기 위해서였다. 그 결과 광화문 교보빌딩에서는 국내 최초로 건물을 사용하면서 소리 없이 하는 리모델링 작업이 진행되고 있다. 미쓰비시지소와의 기술제휴 덕분이다.

사람들은 블루오션이라는 말 속에서 먼 바다를 떠올린다. 하지만 블루오션은 우리 가까이에 있다. 어쩌면 가장 청정하고 풍요로운 블루오션은 우리 마음속에 있는지도 모른다. 당장 돈이 되지 않는 작은 고객일지언정 먼저 한 발 다가가려는 따뜻한 마음 말이다. 그래서 건설 서비스의 푸른 바다에 대고 외친다.

"새 집 줄게, 헌 집 다오!"

글로벌 스탠더드로 무장하라

거시적 안목으로 연구하라

CM 비즈니스는 기술력을 바탕으로 한 매니지먼트로 승부하는 분야다. 성공적인 CM을 위해서는 설계사나 시공사를 능가하는 기술력을 갖고 있어야 한다. 그래서 우리는 그간 선진 기술력을 도입하며 최고의 기술력을 유지하기 위해 노력해왔다.

2000년 4월 회사 안에 건설전략연구소를 발족시켰고 이를 구현하기 위해 노력했다. 그러던 어느 날 나는 민간기업에서 하기 어려운 거시적 연구에도 도전할 것을 연구원들에게 주문했다.

"건설산업 전반의 선진화 방안에 대한 중장기적인 연구를 해봅시다. 우리가 직접 조사하고 분석한 객관적 결과를 정부 및 업계에 제안하면서 건설산업의 변화와 혁신을 모색해보자는 것입니다."

당장 회사에 이익이 되지도 않을 뿐더러 자칫하면 정부나 대형 건설업체에 밉보일 수도 있는 거창한 연구 주제였다. 하지만 건설산업의 미래에 대한 연구를 정부나 학계에만 맡겨둘 상황이 아니었다. 당장의 이익에 골몰하기보다는 거시적인 안목으로 멀리 보고 그에 따른 변화와 혁신을 일구어내고 싶었다.

그래서 나는 국내 건설산업의 혁신전략을 적극적으로 연구하도록 했다. 그에 따라 건설전략연구소는 미국 등 선진국의 건설정책, 법제도, 경영혁신 사례 등을 벤치마킹하면서 우리 현실의 문제점을 도출하고 대안을 강구했다. 이 연구는 산학협동으로 이루어졌으며 관련 도서 발간사업으로 이어졌다. '건설산업비전총서' 시리즈가 그것이다. 지난 2003년에 건설의 최고 선진국인 미국 건설산업의 현황과 선진화 요인을 여러 각도에서 분석한 『미국 건설산업 왜 강한가?』를 시작으로 『발주자가 변하지 않으면 건설산업의 미래는 없다』 등 13권의 책을 발간했다.

한편, 회사 건설전략연구소는 건설과 관련된 오피니언 리더들의 공감을 끌어내는 역할도 했다. 2003년 2월 12일 한국프레스센터에서 열린 '선진국 건설산업의 미래 발전전략과 한국의 선택'이라는 세미나가 열렸다. 대한토목학회와 대한건축학회가 주최하고 회사가 중앙일보와 함께 후원한 세미나였다. 거기에서 우리 건설전략연구소는 선진국 건설산업의 미래 발전전략과 한국 건설산업의 문제점에 대한 연구 결과를 직접 발표했다. 그때 토론 자리에서 이런 의견들이 제기됐다.

"건설산업의 재도약을 위한 비전과 장기 발전전략을 수립하려면 오피니언 리더 그룹의 역할이 중요할 듯합니다."

"맞습니다. 위기에 처한 건설을 한 차원 높은 단계로 끌어올리는 전략과 비전을 제시하기 위해 건설산업의 비전을 제시할 수 있는 포럼을 창설하는 게 좋겠습니다."

그렇게 해서 2003년 6월에 '건설산업비전포럼'이 창립됐다. 김건호, 이건영 건설교통부 전 차관이 공동대표로 선출됐고 명지대 선우중호 총장이 고문으로 추대됐다.

비전포럼에는 산업계, 학계, 연구기관, 정부투자기관, 국회의원, 법조인 등 60여 명의 오피니언 리더들이 자발적으로 참여했다. 건설과 관련된 국내 최초의 비정부, 비영리 산학연관 단체인 셈이다. 나는 천군만마를 얻은 듯 기쁨을 느꼈다. 나는 비전포럼 활동에 주도적인 참여를 하면서 매년 국제 세미나를 개최하는 등 건설산업에 중요한 화두를 던지는 활동을 지속해왔고 현 정부 들어서는 3명의 공기업 사장을 비전포럼에서 배출했고 '건설 선진화' 작업의 주도적인 작업을 하는 단체로 발전했다.

현재 400여 명의 회원이 활동하고 있는 건설산업비전포럼은 그간 85차례의 조찬모임과 국제 세미나를 개최하는 등 건설산업의 오피니언 리더로 자리매김을 했다. 그리고 2006년부터 나는 건설산업비전포럼의 대표 가운데 한 명으로 활동해오고 있다.

코리언 스탠더드는 과감히 버려라

오래전의 일이다. 식구들과 함께 모처럼 용산가족공원에 나들이를 한 적이 있었다. 나는 콘크리트로 포장된 보도를 따라 공원을 거닐었다. 그런데 보도의 어느 한쪽 구간에 이르자 콘크리트 마감상태 등이 매우 조악한 것을 발견했다. 나는 우리 정부가 미군으로부터 공원을 이양받은 후에 공사했다는 사실을 나중에 알고 나서 생각에 잠겼다. 비록 사소한 사례지만, 우리나라 건설산업의 현실을 단적으로 보여주는 장면이었다.

예전 보도작업은 한국인 인부들이 했다. 하지만 공사관리는 미군이 직접 했을 터였다. 누가 관리하고 시스템이 있고 없고 차이에 따라 그처럼 현격한 품질 차이가 나는 것이다. 한국 건설업체들이 해외에서는 일을 잘한다는 명성을 얻고 있는 데 반해 국내에서는 걸핏하면 부실공사 시비에 휘말리는 것도 공사관리 주체나 시스템이 다르기 때문이다.

나는 우리나라 건설산업의 가장 큰 문제가 뭐냐는 질문에 스스럼없이 답한다.

"비효율적인 법제도 및 건설생산 시스템입니다."

우리의 건설과 관련된 법과 제도는 여러 가지로 문제가 많다. 그러다 보니 업계의 건전한 경쟁을 보장하지 못한다. 그런 마당에 건설산업이 세계적인 성과를 내 글로벌 스탠더드에 도달한다는 것은 어불성설이다.

예를 들면 우리 회사의 공식 명칭은 '한미파슨스건축사사무소' 이다. 우리 회사는 설계를 직접 하지 않는다. 우리는 건축사사무소라는 명칭이 촌스럽고 비즈니스와도 맞지 않아 쓰고 싶지 않은 것은 당연하다. 그러나 전근대적인 엉터리 법의 강요에 따라 '-건축사사무소'라는 말을 억지로 붙여 쓰고 있다. 이처럼 건설과 관련된 300개가 넘는 규제 위주의 법이 건설산업을 억누르고 있다. 따라서 한국의 건설산업이 글로벌 스탠더드에 도달하려면 먼저 '코리언 스탠더드'라 할 수 있는 이런 법과 제도에서 벗어나야 한다.

무엇보다도 정부와 공공부문을 비롯해 발주자의 리더십이 바뀌어야 한다. 우리나라 건설산업의 가장 큰 문제는 전근대적인 발주제도에 있다. 우리나라 발주제도는 세계적인 연구 사례가 될 정도다. 선진국 건설시장에서는 일괄도급계약, 정산계약, 실비정산, 분리발주 방식, 지정하도업체방식, 설계시공일괄계약, 턴키Turnkey, CM 등 다양한 발주방식이 민간은 물론 공공영역에서도 통용되고 있다.

이와 같이 우리나라 발주제도는 단순 정형화돼 있고 글로벌 스탠더드에서 많이 변질 왜곡돼 있다. 그리고 건설공사의 특성에 알맞은 서비스 선택의 권한이 발주기관이 아니라 중앙부처에 있다. 따라서 발주자의 선택 폭이 너무 좁다. 상당수의 공공건설이 공사의 성패보다는 투명성을 가장한 객관성에만 맞추어져 있는 것이다. 그러다 보니 발주자의 소신이나 능력 향상은 뒷전이 될 수밖에 없다.

어쩌다가 이런 상황이 됐을까? 무엇보다도 건설산업의 발전을 위해 선진국들로부터 제도를 도입했지만, 그 과정에서 한국 실정에 맞춘다며 본질을 훼손한 까닭이다. 그렇게 변형되거나 각색돼 국적불

명이 된 제도가 오늘날 코리언 스탠더드가 돼 건설산업의 선진화를 가로막는 모순이 빚어진 것이다.

영국은 1990년대 초부터 범정부 차원의 건설혁신운동을 시작해 지금까지 '건설 재인식 운동Rethinking Construction'을 벌여왔다. 그들은 건설의 부실이나 원가상승 등 건설사업의 부정적인 실태가 공공 발주자 때문이라고 보았다. 그래서 '건설산업의 부정적인 실상은 발주자의 거울'이라는 슬로건을 내세우며 발주자의 역량 향상을 위해 공공 발주자와 정부가 다양한 노력을 기울여왔다. 더불어 민간의 경쟁력을 공공에 접목시키기 위해 많은 기능과 역할을 민간에 과감히 이양했다.

또 공공발주기관에 대해 최저가를 적용하지 말 것과 매번 낙찰자를 선정하기보다는 가치Value for Money에 입각해 우수한 회사와 장기적으로 단골거래를 할 것을 감사원에서 권고하고 있다. 그리고 매년 사업비와 공기를 10퍼센트씩 절감하는 노력을 갑과 을과 병이 힘을 합쳐서 지속적으로 하면서 그 결과를 매년 인터넷에 공개하고 있다. 그들은 발주자와 도급자가 '갑과 을'의 관계를 뛰어넘어 파트너 관계를 맺을 때 제대로 된 공사가 가능하다고 믿기 때문이다.

영국의 사례는 우리나라의 건설현실을 생각하면 실로 꿈같은 이야기다. 건설과 관련된 문제만 생기면 건설업계만을 비난해온 인식을 바꾸어야 하는 이유가 바로 여기에 있다. 공공발주자 혁신이 건설산업 혁신의 시발점이다. 우리가 건설 선진국으로 들어가기 위해서는 국적불명의 코리언 스탠더드를 과감히 버려야 한다. 새것을 얻기 위해 낡은 것을 버리는 일은 당연하다.

건설산업의 선진화를 위해

우리나라의 건설업은 지난 1970년대 말부터 막대한 오일달러를 벌어들이며 산업화의 첨병에 섰다. 그리하여 1, 2차 오일쇼크를 극복하는 데 크게 기여하면서 경제발전을 이끌어왔다. 그러나 많은 사람들이 '한국 건설산업' 하면 부정, 부패, 부실의 '3부'가 떠오른다고 말한다. 정부 수립 후 60년간 산업의 역사를 끌어온 건설산업이 양적 성장에만 집착함으로써 글로벌 스탠더드와는 먼 길을 걸어온 것이다.

나는 지속적으로 건설 개혁의 화두를 붙잡고 고민해왔다. 그리고 건설산업의 선진화를 갈망하는 사람들의 힘으로 건설산업의 선진화를 이뤄보자는 희망의 그림을 그렸다. 그러다 보면 언론 등을 통해 정부나 민간건설 관련 업체에 전파가 될 것이라고 믿었다. 그것을 구체화한 것이 바로 '건설산업비전총서' 발간사업이었다. 우리는 비전총서 책 제목에서부터 건설산업에 도발적인 화두를 던졌다. 『한국 건설산업 대해부』『코리언 스탠더드에서 글로벌 스탠더드로』『일본 건설산업의 생존전략』 등이다.

특히 2006년에 낸 『발주자가 변하지 않으면 건설산업의 미래는 없다』는 책 제목은 정부와 대형 발주자에 대한 일종의 도전이었다. 그러나 이 도발적인 책은 조용히 뜻있는 사람들의 생각을 움직였다. 그중 한 분이 바로 정종환 국토해양부 장관이다. 그는 철도공단 이사장 시절에 이 책을 접하고 여러 번 정독을 했다. 아울러 우리가 발간한 비전총서를 모두 섭렵했다. 그랬다가 현 정부 초기, 국토해양부 장관에 취임하면서 강의를 요청해왔다.

"한미파슨스에서 나온 책을 인상 깊게 읽었습니다. 언제 한번 사장님을 초청해 강의를 듣고 싶습니다."

나는 국토부 전 간부들을 대상으로 한 강연을 하게 됐다. 매우 공격적인 어조로 강의를 했다. 강의의 부주제가 '이렇게 하면 국토부는 망한다' 였다. 해당 장관의 면전에서 소신을 다해 정부 정책과 공공의 리더십을 비판했다. 온갖 쓴 소리를 다 쏟아 부은 나를 정 장관은 오히려 신뢰했다.

2008년 4월, 정종환 장관은 '건설산업선진화위원회' 를 발족했다. 건설산업 선진화와 경쟁력 확보를 위한 정부의 공식적인 처방이었다. 정종환 장관은 나를 위원장으로 미리 점찍어두고 위원회의 각 분과별로 책임자를 임명했다. 위원회는 민간 전문가 100여 명이 참여했다. 나는 막중한 위원장직을 맡아 여러 위원들과 함께 우리 건설산업을 글로벌 스탠더드로 끌어올리는 방안을 연구했다.

나는 위원들과 함께 1년 여 동안 회사를 뒷전으로 둔 채 머리를 싸매고 세계적인 경쟁력을 확보하는 방안을 고민했다. 우리는 산학연관_{産學研官} 모두의 철저한 자기반성과 정부의 역할 재정립이 필요함을 역설하며 아울러 300개가 넘는 건설 관련 법을 혁파하고 산업구조와 제도 및 시스템을 혁신해야 한다고 주장했다. 그리고 개방, 경쟁, 투명성, 효율성, 파트너십 등을 기본원칙으로 하는 '건설산업 비전 2020' 을 구체적으로 제안했다. 선진화의 3대 목표는 다음과 같다.

1. 건설 시스템 혁신으로 사업비 30퍼센트 절감

2. 글로벌 경쟁력 제고로 해외건설수주 2,000억 달러 달성

3. 깨끗하고 투명한 건설문화 정착

이와 함께 5대 전략과 추진과제를 제시했다. 선진화위원회 활동은 1년가량 지속됐다. 그 기간에 우리가 만든 선진화 방안이 '국가경쟁력위원회'를 통해 대통령에게 보고됐다. 우리가 만든 선진화 방안의 대부분은 국가정책에 반영돼 법제화가 진행되고 있다. 그러나 건설 선진화 방안은 제도개혁과 법제화 과정에서 발목 잡히기 일쑤다. 총론에 찬성하다가도 각론에 들어가면 치열한 이해관계가 상충하는 까닭이다. 나는 그런 현실을 바라보면서 씁쓸한 마음을 금할 길이 없었다. 그래서 건설산업비전포럼에서는 제2기 선진화위원회를 자발적으로 출범시켰다. 우리 건설산업 선진화의 길은 아직도 멀기 때문이다.

한국 건설산업을 선진화하기 위해서는 혁신의 지속성을 확보하는 일이 무엇보다 중요하다. 특히 선진국에서 취하고 있는 '건설혁신센터'와 같은 민관 합동의 파트너십 조직을 창설해 관련 주체들이 지속적인 혁신을 위해 노력해야 한다.

건설산업은 우리 생활과 떼려야 뗄 수 없는 분야다. 흔히 미래 성장동력이라는 친환경 산업분야도 건설산업과 연관 없이는 이루어질 수 없다. 그러므로 건설산업 선진화를 위해서는 업계 종사자들과 공공 발주자 그룹의 '진정한 자기반성'이 우선돼야 할 것이다. 그리고

'건축은 시대의 거울' 이란 말처럼 국민 전체의 애정 어린 관심이 더해져야 한다. 진정한 글로벌 스탠더드는 건설에 대한 낡은 인식을 버리는 데서 시작될 것이다.

글로벌 스탠더드가 곧 선진화다

"한국은 비용의 중국과 효율의 일본의 협공을 받아 마치 너트 크래커Nut Cracker 속에 끼인 호두처럼 됐다. 변하지 않으면 깨질 수밖에 없는 운명이다."

1997년 IMF 외환위기 발생 직전에 미국의 컨설팅 기관인 부즈 앨런 & 해밀턴이 「21세기를 향한 한국경제의 재도약」이란 보고서에서 언급한 내용이다.

당시 한국 수출산업의 처지를 호두까기 기계인 너트 크래커에 빗댄 것이다. 이 말 속에는 당시 한국이 도저히 IMF 외환위기를 극복할 수 없다는 빈정거림이 깔려 있었다. 즉 그동안 한국은 일본의 기술을 그대로 따라하느라 독자적인 기술을 확보하지 못했고 인건비의 상승으로 빠르게 따라오는 중국의 값싼 제품에도 효율적으로 대처할 수 없을 것이라고 본 것이다.

이후 너트 크래커는 한국이 미국이나 일본과 같은 선진국에 비해서는 기술과 품질 면에서 뒤지고 중국이나 동남아시아 등 개발도상국에 비해서는 가격 면에서 뒤지는 현상을 일컫는 말로 일반화됐다.

한국 건설산업은 지금 너트 크래커 신세를 면치 못하고 있다. 선진국에 비해서는 많이 뒤처져 있고 후발 국가들로부터는 거센 추격을 받고 있는 모양새다. 이제 경쟁상대는 낮은 인건비를 앞세운 중국이나 인도 기업만이 아니다. 소프트웨어와 머리로 경쟁하는 미국, 영국 등 선진 기업들과 경쟁해야 한다. 세계 각국과의 자유무역협정FTA이 본격화되면서 국내 건설시장은 곧 글로벌 기업들의 각축장이 될 것이기 때문이다.

우리나라가 세계 1등을 차지하는 조선업과 그렇지 못한 건설업은 몇 가지 공통점이 있다. 먼저 이 두 산업 모두 수요자의 발주에 따라 이뤄지며 생산에 많은 시간이 소요된다는 점이다. 또 많은 인력이 들어간다는 점도 닮았다. 하지만 지금 두 산업이 처한 상황은 판이하다.

한국의 조선업은 경쟁력이나 수주물량 측면에서 확고한 세계 1위였다. 특히 2006년에는 세계 조선업의 1위에서 7위까지가 모두 한국 업체였다. 이와 같은 성과는 조선업에 글로벌 스탠더드가 정착돼 있기 때문이다. 한마디로 기술관리나 각종 설계기준 등을 제약하는 전근대적인 법과 제도가 없어서 글로벌 스탠더드가 가능한 것이다.

이에 비하면 우리 건설산업 전체 시장 규모는 세계 10위권 안팎이지만 우리나라 1위 업체의 랭킹은 세계 30위 수준에 머물러 있다. 그나마 설계, 품질, 안전, 생산성, 매니지먼트 등의 질적인 정도나 소프트웨어 수준을 감안하면 몇 위로 떨어질지 모른다.

국민권익위원회 통계에 따르면 한국에서 부패가 가장 심한 분야는 건설산업이라고 한다. 그 1차적인 책임은 당연히 업계 당사자에게 있지만, 건설 관련법이나 시스템의 문제가 근본적인 원인을 제공한다고 볼 수 있다. 규제가 지나치면 부패와 부조리가 따르게 마련이다. 건설 관련업체들의 전 방위적인 로비, 도를 넘는 금품공세, 이에 영합하는 일부 교수를 비롯한 심사위원 그룹 등의 행태가 개선될 여지가 보이지 않는다. 수주를 위한 온갖 교묘한 수법은 그 끝이 보이지 않는다. 대형 건설업체들 간의 담합도 끊이지 않는다. 그런 점에서 한국 건설산업에는 철저한 개혁과 자기반성이 필요하다.

이제부터는 건설업체들도 부조리와 부패구조에서 탈피해 기업의 사회적 책임을 다하는 데 적극 동참해야 할 것이다. 부패한 산업이 글로벌 스탠더드가 될 수는 없지 않은가?

전 세계적으로 널리 활용되는 제도나 규범 또는 기준을 글로벌 스탠더드라고 한다. 그런데 글로벌 스탠더드를 미국과 같은 강대국의 이익에 부합하는 기준으로 이해하는 사람들도 있다. 글로벌 스탠더드를 수용할 경우, 강대국에 시장을 내주고 피해를 입을 것이라고 보는 관점이다.

하지만 이를 거부하려면 지금 우리의 방식이 글로벌 스탠더드보다 우수함을 세계를 상대로 입증할 수 있어야 한다. 그렇지 못하면 우리는 스스로 고립을 자초하는 격이 될 수밖에 없다. 경쟁력을 제고해 선진국과 견주기 위해서는 코리언 스탠더드를 과감히 떨치고 글로벌 스탠더드로 무장해야만 한다. 글로벌 스탠더드가 곧 선진화이기 때문이다.

전근대적이고 비효율적인 300개가 넘는 건설 관련법을 과감히 통폐합하고 발주 조달제도를 선진화하는 정부의 리더십이 필요하다.

업계 또한 정부가 이끄는 대로 따라가는 수동적인 자세에서 벗어나 건설산업의 생존전략을 주도적으로 모색하고 정당한 대안을 제시하는 주장을 지속적으로 해야 할 것이다.

세계 최고를 향해

글로벌 톱 10 CM기업의 비전

기업활동이든 개인의 삶이든 비전vision이 중요하다. 비전이란 긴 호흡으로 멀리 바라보는 것이다. 최고의 기업이 되려면 무엇보다도 구성원이 바라보는 지점이 같아야 한다. 모든 구성원이 한마음으로 한 곳을 바라보고 가야 한다.

그 점에서 우리가 추구하는 비전은 구성원 모두가 스스로 유능한 Excellent 인재가 되어 탁월한Excellent 회사를 만드는 것이다. 우리는 구성원 개개인도 최고이며 회사도 최고가 되는 비전을 가지고 일해왔다.

우리 회사는 창립한 지 10년 남짓한 기간에 CM 전문회사로 자리 잡게 되었다. 세계적인 건설 주간지인 미국의 ENREngineering News Record은 매년 세계적인 건설 관련 기업 순위를 게재한다. 창립 10주년을 맞은 2006년, 우리는 ENR 순위에 미국을 제외한 세계 CM 업체 중 18위에 올랐다. 그리고 지난 2008년에는 16위로 순위가 뛰었다. 국내 CM기업 중에서는 유일하게 순위에 오른 것이다. 이 순위는 미국을 포함하면 45위에서 50위 정도로 추정된다.

이처럼 우리 회사는 빠른 속도로 성장해왔다. 하지만 우리는 여기에서 머물지 않는다. 2006년에 창립 10주년을 맞이하여 새로운 도전을 시작하였다. 그것은 2015년까지 글로벌 톱 10 CM기업에 드는 것이다.

우리나라 CM은 이제 도입기를 지나 성장기에 접어들었다. 그런 마당에 우리 회사가 글로벌 톱 10대 CM기업에 들게 된다는 것은 대단한 일이다. 그것은 축구로 하면 월드컵 축구 16강 이상의 의미가 있는 것이다. 우리나라 1위의 대형 건설사가 세계 30위권임을 감안하면, 건설의 소프트웨어가 취약한 우리나라에서 건설경영 컨설팅 관련 분야로 글로벌 톱 10에 들어가는 것은 정말 어려운 일이다. 하지만 국내 CM시장의 확대와 활발한 해외진출에 힘입어 글로벌 톱 10 CM기업의 꿈은 도전해볼 만한 가치가 있는 목표라고 믿고 회사의 전략목표를 2015년 글로벌 톱 10에 맞춰서 운영하고 있다.

우리 회사는 그동안 성장을 거듭해왔다. 건설경영과 관련된 학계에서도 우리의 독특한 성장 모델에 대하여 많은 관심을 보이고 있을 정도다. 실제로 서울대를 비롯한 몇몇 국내 주요 대학 경영학과에서는 우리 회사의 사례를 케이스스터디 과제로 삼아 연구한 바 있다. 우리는 도전을 멈추지 않을 것이다. 궁극적으로 우리는 세계 최고의 목표를 다시 설정하고 그 꿈을 이루기 위해 새로운 도전을 감행할 것이다. 도전에는 끝이 없기 때문이다. 지금도 그 꿈을 실현하기 위해서 건설업계에서는 최초로 미국 기업 M&A 작업을 진행하고 있다.

진정한 최고는 '일하기 좋은 기업 세계 1위'

나는 성공적인 기업이 되는 데 있어서 가장 중요한 요인은 바로 구성원 모두가 주인의식을 갖는 것이라고 본다. 아울러 구성원을 내부 고객으로 삼는 기업문화야말로 가장 중요한 요인일 것이다.

경영활동을 통하여 내부 고객을 만족시키면, 그들은 다시 외부 고객을 만족시키고, 만족한 고객이 스스로 지속적인 주문repeat order을 하거나 우리의 세일즈맨 역할을 하여 새로운 수주를 창출하는 선순환구조야말로 최고의 성과를 내는 조건인 것이다. 그렇게 보면 결국은 구성원이 만족하고 일하기 좋은 기업이 최고의 기업인 셈이다.

그렇다면 구체적으로 일하기 좋은 기업이란 어떤 기업일까. 실제 그 모범이 될 만한 기업의 사례를 하나 들어보자.

내로라하는 거대기업은 아니지만 지난 2000년과 2001년에 연달아 『포춘』이 선정한 '가장 일하고 싶은 기업' 1위에 오르면서 사람들의 주목을 끈 회사가 있다. 바로 미국 텍사스 주 댈러스에 본사를 둔 '컨테이너 스토어'라는 회사다. 포장박스, 여행가방, 옷장, 선반 등 생활용품을 판매하는 이 회사의 규모는 2008년 기준으로, 미국 전역에 49개 지점과 3,800여 구성원을 거느리고 있으며 매출은 약 6억 달러 정도다.

컨테이너 스토어는 '가정 같은 회사'를 지향한다. 이 회사 직원들의 파란색 명함에는 '미국에서 가장 일하기 좋은 기업에 입사하세요'라는 문구가 적혀 있다. 그 덕분에 보통 200명가량 뽑는 신입사원 선발에 2~3만 명이 몰려든다고 한다. 지원자 대부분은 매장에 쇼핑하러 왔다가 회사 분위기에 매료되었기 때문이라고 한다.

이 회사 직원들 중에는 휴가 때 가족여행을 갔다가, 동료들이 그리워 빨리 회사로 돌아가고 싶다는 말을 종종 한다. 그런 까닭에 컨테이너 스토어 직원들의 이직률은 업계 평균치의 10분의 1에 불과하다. 지난 2005년에는 어느 헤드헌팅 기업에서 컨테이너 스토어 직원들에게 2배의 연봉을 제시하며 이직을 권유했으나 단 한 명도 응하지 않았다는 일화가 화제가 되었다.

회사에 대한 사랑이 이 정도면 거의 광적이라 할 수 있다. 무엇이 그렇게 만든 것일까? 한마디로 그것은 신뢰다. 경영층과 직원들 간의 신뢰, 직원들 사이의 신뢰, 고객과 직원들 간의 신뢰가 그 핵심이라고 한다.

이 회사에는 물론 모든 구성원이 따라야 할 몇 가지 황금 룰이 있다. 그중에서 으뜸은 '다른 사람들이 성장하도록 최대한 도와주라Fill the other guy's basket to the brim'는 룰이다. 앤드루 카네기의 말에서 따온 이 원칙에 따라 모든 구성원이 철저히 협력하면서 동료를 먼저 생각하는 문화가 자리 잡고 있다.

유통은 경쟁이 극심한 분야다. 그럼에도 컨테이너 스토어가 승승장구하며 일하기 좋은 최고의 기업으로 발돋움한 것은 바로 구성원 간의 신뢰였다. 동료를 먼저 생각하는 기업문화 속에서는 구성원 모두가 만나면 즐겁고 고마운 사람일 것이다. 그래서 가족휴가를 보내면서도 동료들을 보고 싶은 마음에 빨리 출근하고 싶어 안달 나게 된 것이다.

단순한 수치상의 성과로 최고 기업을 뽑을 수는 있다. 그러나 그렇게 뽑힌 기업이 진정한 최고라 할 수 없다. 구성원이 일하기 좋은 기업이 최고의 기업이다. 우리가 추구하는 진정한 목표도 바로 세계에서 가장 일하기 좋은 기업을 만드는 것이다. 컨테이너 스토어 못지않은, 아니 그 이상으로 일하기 좋은 기업을 만들자는 것이다.

최고의 비결은 끈기와 실행력

누구나 한번쯤 최고를 꿈꾼다. 하지만 꿈을 꾼다고 다 최고가 되는 것은 아니다. 그 꿈을 이루기 위해 가능한 모든 노력을 끈질기게 실행에 옮기는 사람만이 경쟁에서 이길 수 있다. 하지만 무언가를 오랜 기간 지속적으로 실천하는 것은 매우 지겨운 일이다. 따라서 결국은 누가 끈기 있게 물고 늘어지느냐에 따라 성패가 갈리는 것이다.

나는 고등학교 때부터 바둑을 즐겼다. 맞수가 될 만한 친구와 밥만 먹으면 노상 바둑판을 마주하기 일쑤였다. 그 재미에 흠뻑 취하다 보니 밥상 위에 밥그릇이 바둑알로 보이고, 자리에 누우면 천장 벽지가 바둑판으로 보이기도 했다.

바둑은 기업경영이나 인생경영과 비슷한 점이 많다. 흔히 바둑을

둘 때는 멀리 내다보고 포석을 한 다음, 치열하게 중반전을 치르고, 마지막에 치밀한 계산과 함께 끝내기를 한다. 이창호 같은 바둑기사는 좀처럼 무리를 하지 않고, 형세가 유리하면 바로 끝내기를 한다. 반면 어떤 프로기사는 싸움을 좋아한다. 또 어떤 기사는 탄탄한 세력을 중시하기도 한다.

나는 바둑을 두다보면 끈질기다는 이야기를 많이 듣는다. 형세가 불리해도 나는 좀처럼 포기하지 않는다. 모든 반전 가능성을 두고 여러 가지 시도를 하면서 끝까지 물고 늘어지는 것이다. 그러다 보면 종종 형세를 뒤집어 이기기도 한다. 물론 그 과정에서 치열한 수싸움도 하고 무리한 것처럼 보이는 도전도 한다. 나와 바둑을 둔 사람들 중에는 "징그럽다"고 말하는 사람도 가끔 있다. 그러나 끈질긴 시도 끝에 승부를 뒤집는 재미는 그 무엇과도 바꿀 수 없다.

직장생활을 할 때나 회사를 경영할 때 내 성공의 화두는 끈질김이었다. 나는 하다가 멈추는 것을 스스로 절대로 용납하지 않았다. 한번 마음먹고 시작한 일은 끝을 보려고 노력했다. 회사경영이든 사회공헌활동이든 나는 지속적으로 끈질기게 하는 것을 최고의 덕목으로 삼아왔다. 끈질긴 승부근성, 그것이야말로 진정한 실행력이며 성공의 열쇠였던 것이다.

그런데 아무리 노력해도 일이 뜻대로 안 되는 경우가 있다. 그 반대로 별로 노력도 하지 않았는데 운 좋게 어떤 일이 성사되는 경우도 있다. 이럴 때 운칠기삼運七技三이라고 말한다. 인생사 성공이란 7할의 운과 3할의 재주로 이뤄진다는 뜻이다. 흔히 지지리도 일이 풀리지 않는 사람이 자신의 신세를 한탄하며 체념할 때 쓰는 말이다. 요새는 아예 운칠복삼運七福三이라고도 한다. 사람의 성공요인이 7할은 운이고 3할은 복이니 개인의 재주나 노력은 아무짝에도 쓸모없다는 푸념인 셈이다.

개인이든 기업이든 성공하려면 기본적인 능력 외에 운이 따라야 한다. 그런데 운이 따라도 노력과 능력이 뒤따라야 한다. 바꾸어 말하면 노력하지도 않는 사람은 운이 찾아오더라도 그것을 잡을 수가 없다. 하다못해 로또복권에 당첨이 되려고 해도 일단은 꾸준히 복권을 사는 노력을 기울여야 한다. 결국 성공이란 끊임없이 노력과 운이 결부되어야 한다는 말이다.

그런데 끝까지 성공하여 최고가 되는 사람에게는 '운'과 '기' 말고도 진짜 중요한 한 가지가 더 있다. 속된 말로 그것을 '깡'이라고 한다. 나는 그것을 흔들리지 않는 마음이라고 생각한다. 어떤 위협 앞에서도 자신의 신념과 가치를 지키는 것을 말하는 것이다.

세상을 살다 보면 막다른 길에 맞닥뜨려 배수진을 쳐야 할 때가 있다. 기업경영에서는 그런 일이 가끔 있다. 그럴 때는 모든 것을 걸고서라도 정면승부를 펼쳐야 한다. 그렇지 않으면 주저앉게 된다. 그때 필요한 것이 바로 깡이다. 즉 자신의 가치를 지키기 위해서 목숨까지도 걸 수 있는 신념과 용기를 말하는 것이다. 예컨대 2006년에 미국 파슨스와 최종 지분 인수협약을 할 때, 나는 내가 회사에서 물러날 수 있다는 가능성을 염두에 두고 배수진을 치고 사즉생 생즉사死卽生 生卽死의 자세로 당당하게 임했다. 그 결과 성공적으로 지분 인수를 할 수 있었다.

한편, 우리 회사의 독특한 경영문화를 일구어온 과정에서 가장 중요하게 작용한 힘은 바로 지속성이다. 한마디로 일관되게 끈기를 발휘하는 것이다. 우리는 그러한 근성을 바탕으로 '지속적인 혁신을 통하여 건설산업의 가치를 창출함으로써 인류 사회발전에 공헌한다'는 '한미파슨스 미션'을 수립했다.

이러한 대전제 위에 고객, 구성원, 주주 및 인류 사회를 향한 미션을 수립함으로써 한미파슨스가 궁극적으로 지향해야 할 기업상을 제시했다. 먼저 최상의 품질과 신뢰를 통하여 고객가치를 창출하는 것이다. 또 일하기 좋은 기업을 만들어 즐겁고 보람 있는 일터를 제공하며, 투명경영과 기업가치 향상을 통하여 주주가치를 극대화하는 것이다. 마지막으로 건설산업의 새로운 가치창출을 통하여 인류사회 발전에 기여하는 것이 우리의 미션이다.

더불어 우리는 경영활동 전반에 걸쳐 구성원들의 사고와 행동의 기준이 되고 조직운영의 원천이 되는 고객, 탁월, 혁신, 공헌, 정직 등의 핵심가치를 제시하여 행동규범으로 삼게 하였다. 이 가운데 정직이 가장 중요하다. 구성원 개개인의 양심이 모여 수준 높은 사회를 만드는 것처럼 기업도 구성원 개개인의 양심이 밑바탕이 되어야 고객의 신뢰를 얻게 된다. 그러면 나머지 가치들은 자연스럽게 뒤따라 실현되면서 긍정적인 선순환 고리를 형성하게 된다. 그것이 국내 최고, 나아가 세계 최고가 되는 우리의 실행력이다.

인치경영이 아닌 시스템 경영

성과 지향적 조직을 구축하라

일신우일신 日新又日新

나의 생활신조다. 새로워지겠다는 의지와 변화가 없는 조직이나 개인은 죽은 것과 다름없다. 날마다 새로워지자는 것이고 끊임없이 변화를 추구하자는 것이다.

오늘날과 같은 변혁의 시대에는 모든 분야의 기술이 급변한다. 또 시장은 나날이 세분화되고 있다. 이처럼 급변하는 환경 속에서 지속적으로 성장하는 기업이 되기 위해서는 변화를 예측하고 그 변화 속에서 기회를 선점해 활용할 수 있어야 한다.

그러나 어느 조직이든 변화와 위기상황에 성공적으로 대처하는 일이 생각처럼 쉽지는 않다. 그런 변화를 극복하고 활용하기 위해서는 끊임없는 자기혁신이 필요하다. 그래서 많은 선진 기업들은 경영 환경의 변화에 유연하게 대응하고 성과 지향적 조직을 구축하기 위한 성과관리 시스템을 운영하고 있다.

우리 회사 또한 창립 당시에 미국 파슨스의 성과관리 시스템을 도입하려고 했다. 그러나 미국 파슨스의 평가제도는 우리나라 실정과 맞지 않았다. 그래서 우리는 유명 회계법인의 성과관리 시스템과 더 퍼포먼스The Performance 사의 컨설팅을 기반으로 해 새로운 평가 및 성과관리 시스템을 만들었다. 그것이 바로 한미파슨스의 성과관리 시스템인 HPMS*이다.

HPMS는 경영전략을 일상적 업무로 구체화해 회사의 연간 목표를 탑다운 방식을 통해 조직의 말단 구성원까지 각각의 목표로 인수분해하는 개념이다. 회사가 해당연도 경영목표를 수립해 각 본부단위의 목표로 할당해주면 각 본부는 그 목표 달성전략을 강구하면서 다시 전략목표를 인수분해해 단위 팀장에게 내려준다. 그러면 단위 팀장 또한 목표 달성을 위한 전략을 구사하고 팀원들에게 각각의 목표를 부여하는 방식이다.

그런데 HPMS 도입 당시에 우리 구성원들은 탑다운 방식의 '전략 수립'을 생소해했다. 더불어 목표를 '인수분해' 하는 것을 무척 어렵고 까다롭게 여겼다. 그러나 목표를 인수분해한다는 것은 사실 간단하다. 우리 또는 내가 무엇을 위해 일하는가, 그리고 어떻게 일해야

*HPMS HanmiParsons Performance Management System : 한미파슨스 성과관리 시스템

하는가를 이해하면 된다. 또한 그것은 막연한 일도 아니었다. 나무뿌리에서 줄기가 나오고 가지가 뻗어나가듯 그렇게 목표를 개인에게 주고 스스로 관리하게 하는 것이다. 그러다 보면 굳이 날마다 회사에 출근을 하지 않아도 스스로 일하면서 그 성과를 배분할 수도 있게 될 것이다.

그런 개념을 이해한 뒤부터 다행히도 새로운 평가 시스템에 대한 신뢰도가 높아지기 시작했다. 일부 현장은 우수한 평가를 받아 소속 구성원 모두가 상위 등급을 얻었다거나 부실한 평가 부서의 구성원 대부분이 열악한 평가를 받았다는 등의 입소문이 나돌면서 개인보다는 조직의 성과를 먼저 생각하는 분위기가 만들어졌다.

우리 회사의 HPMS는 인치경영이 아닌 '시스템 경영'을 추구한다. 즉 사람을 평가하는 게 아니라 성과 자체를 평가하는 것이다. 따라서 구성원들은 예측 가능한 계획에 따라 움직일 수 있다. 성과를 내면 그에 합당한 보상을 가져가며 성과가 낮으면 보상도 낮아진다. 결국은 이러한 시스템이 성과지향형 조직을 구축하는 바탕이 되고 있다.

계기비행 같은 시스템 경영

우리는 흔히 매출액이나 순이익 등 재무성과 위주로 기업의 성과를 평가한다. 하지만 이는 단기적이고 단면적인 평가일 뿐이다. 기업의 성과를 제대로 평가하려면 재무적 측면, 고객 측면, 프로세스 측면, 기업의 성장 및 혁신노력 정도 등을 균형 있게 평가해야 한다. 그런 요구를 반영한 새로운 성과관리 모델이 바로 BSC*이다.

BSC는 1990년대에 로버트 카플란과 데이비드 노턴에 의해 고안돼 경영학계에 널리 알려졌다. 지금은 민간기업은 물론이고 공기업이나 정부 부처에서도 많이 활용되고 있다. 회사 또한 2004년부터 BSC 기반의 HPMS를 구축해 시행해오고 있다.

회사의 주요지표 20개를 선정하고 재무지표, 고객지표, 경쟁우위지표, 혁신성장지표 등 네 항목으로 구분해 관리한다. 회사의 상태를 함축적으로 보여주는 그 지표들을 일목요연하게 기입한 표는 일종의 대시보드dashboard가 된다. 비행기 조종석에 설치된 계기반과 같다.

대시보드는 지표별 목표 도달상태를 색깔로 나타낸다. 실적을 무난히 달성한 항목은 하얀색, 초과 달성한 항목은 초록색, 목표에 미달한 항목은 빨간색으로 나타내는 것이다. 그러면 나는 상태가 양호한 초록색과 하얀색 항목은 크게 신경을 쓰지 않고 해당 부서에서 처리하도록 한다. 다만 안 좋은 상태를 의미하는 빨간색 항목만을 직접 관리함으로써 선택과 집중에 의한 경영의 효율성을 높인다. 이렇게 균형 잡힌 지표를 기반으로 해서 본부, 팀 단위까지 효율적인 성과관리가 가능하다.

성과관리 시스템에 따라 평가를 하고 그 결과를 기준으로 각 구성원에 대한 보상도 결정된다. 우리 회사는 고직급 구성원이 많은 편이

---

*BSCBalanced Score card : 균형전략실행체계. 전략을 재무, 고객, 프로세스, 학습과 성장의 관점에서 구체적으로 측정하여 관리하는 전략적 성과측정 및 관리 시스템

다. 하지만 같은 직급 안에서도 연봉이 두 배 차이가 나는 경우도 있고 하위 직급이 상위 직급보다 더 많은 연봉을 받기도 한다. 성과관리 시스템에 의한 철저한 평가 및 보상의 결과다.

나는 대시보드를 집무실에 걸어두고 수시로 확인을 하면서 계기비행 같은 경영을 해왔다. 파일럿은 백미러를 보면서 비행기를 운전하지 않고 대시보드, 즉 계기반을 보면서 운전을 한다. 따라서 계기반만 보면 비행기의 모든 비행상태를 알 수 있다. 나 역시 우리 회사 계기반을 보면서 회사의 경영상태를 알 수 있다. 그로써 속도를 높일 것인지 줄일 것이지, 또는 방향을 어느 쪽으로 틀 것인지를 결정한다. 인치人治경영이 아닌 시스템 경영을 위해서다.

정보가 아니라 지식이다

CM은 소프트웨어 중심의 지식기반 사업이다. 지식이 경쟁력의 원천이며 지식경영이 사업의 성패를 좌우한다. 건설과 관련한 체계화된 지식이 없으면 CM은 불가능하기 때문이다. 나는 사우디 건설현장에서 그것을 깨달았다. 당시 미국, 독일, 영국 등 선진국 건설회사는 설계, 시공, 자재 등에 관한 견적부터 완공까지 광범위한 데이터를 구축해 시행착오나 손실을 최소화하고 있었다.

나는 그런 경험을 회사 경영에서 중요하게 고려했다. 회사가 설립된 무렵에는 때마침 전 사회적으로 정보화 바람이 불고 있었다. 그래서 프로젝트 현장을 체계적으로 관리하기 위한 정보화를 추진했다. 먼저 전자문서관리 시스템EDMS을 활성화했고 회계 및 인사와 관련된 전자 시스템과 홈페이지를 구축했다. 요컨대 우리 회사는 입사 지원서를 오직 홈페이지로만 받는 최초의 회사 중 하나다. 그 결과 현재는 1만 5,000여 건의 인력 데이터베이스가 홈페이지에 구축돼 있다.

하지만 그것으로 부족했다. 국내 CM 선두 기업으로서 어렵게 획득한 노하우나 경험 등 회사의 소중한 자산을 효과적으로 관리하고 이용하기 위해서는 체계적인 통합정보 시스템이 필요했다. 그래서 우리는 선진적 정보화 시스템 구축을 목표로 설정하고 2001년 6월부터 정보화 전략계획을 세워나갔다.

그런데도 나는 뭔가 미흡함을 느꼈다. 그 무렵 언론에서 지식경영에 대한 단어들이 종종 흘러나왔다. 그래서 정보화 전략계획이 웬만큼 잡힌 어느 날, 담당 전무에게 말했다.

"많은 사람들이 정보와 지식을 혼동하고 있습니다. 정보와 지식은 엄격히 다릅니다. 전파 확대되는 방식도 매우 다릅니다. 외부 전문가를 찾아서 지식경영을 체계적으로 활용할 수 있는 방법을 모색해봅시다."

당시에는 지식경영에 대한 사회적인 인식이 부족했고 지식을 관리하는 프로세스와 시스템도 미비했다. 그래서 우리는 전문가의 컨설팅을 받아 지식경영에 대한 전략을 수립했다. 이어 전담조직과 태스크포스 팀을 구성하고 지식경영 도입을 위한 사내 설문조사를 했다. 그렇게 1년간의 준비 끝에 우리만의 '지식경영 시스템'이 구축됐다.

더불어 우리는 본격적인 지식경영체제로 전환했다.

KMS* 구축과 더불어 지식경영을 위한 구성원들의 다양한 활동도 이뤄졌다. 먼저 지식등록활동을 통해 몇 년 만에 수만 건의 지식이 축적됐다. 또 Q&A 활동을 통해 맞춤식 지식 활용도 가능해졌다. 그러한 시스템은 프로젝트 현장에서 급하게 업무 관련 지식을 찾아야 할 때 큰 도움이 됐다.

2003년부터는 특정 분야의 지식에 대해 공통 관심을 가진 구성원들이 모여 핵심지식과 역량을 창출해 이를 공유하고 축적하는 지식모임인 CoP** 활동도 이루어졌다. 또 사내 전문가 그룹의 주도로 이러닝 활동도 활성화됐다. 구성원들이 필요할 때 언제든 온라인으로 강의를 듣고 해당 분야의 지식을 습득할 수 있게 된 것이다.

우리의 지식경영은 성공적으로 정착됐다. 그리하여 2004년 1월 카이스트KAIST가 주관한 주요 기업 지식경영 시스템 평가에서 종합 4위를 기록했다. 또 그해 12월에는 '매경－부즈앨런 지식경영대상'을 수상했고 2005년 12월에는 정보통신부 주관 '디지털지식경영대상'을 수상했다. 우리는 최고 수준의 지식경영 시스템 운영체제를 비교적 일찍부터 갖추게 됐다.

우리 구성원은 국내외 어디서든 회사 네트워크에 접속해 축적 지

---

*KMS Knowledge Management System : 지식경영 시스템

**CoP Community of Practice : 조직 내 특정 지식분야에 대해 관심을 같이하는 구성원들이 일하며 학습해 나가는 과정에서 자생적으로 만들어진 비공식적 소규모 연구 모임이다. 일종의 동호회와 유사한 성격을 띠고 있는 지식 동아리를 말한다.

식을 공유할 수 있다. 그것이 우리가 갖춘 경쟁력의 큰 요소다. 여의도 파크원 프로젝트 수주과정에서 우리의 지식경영 시스템이 크게 빛을 발했다. 파크원 프로젝트는 여의도 LG 트윈타워 옆 통일교 주차장 자리에 외국계 투자자들이 추진하는 복합단지 건설 프로젝트다. 업무용 빌딩 2동, 쇼핑몰, 호텔 등 연면적 20만 여 평에 공사비만 1조 5,000억 원에 달하는 초대형 프로젝트다. 영국의 세계적인 건축가 리처드 로저스가 설계를 맡았으며 삼성물산이 시공을 맡았고 우리 회사가 CM용역을 맡았다.

바로 그 프로젝트의 수주가 확정되지 않은 상황에서 파크원 프로젝트 설계와 관련한 워크숍이 영국 런던에서 있었다. 우리 구성원 중 한 사람이 워크숍에 파견됐다. 워크숍은 약 2주 동안 열렸다. 설계와 시공 등에 대한 토론을 하는 동안 여러 가지 기술적인 문제들이 제기됐다. 그때마다 우리 회사 파견 담당자는 워크숍에서 나온 문제에 대해 바로 다음날에 어김없이 나름대로의 해결책을 제시했다. 그러자 다른 참석자들은 모두들 놀라서 웅성거렸다.

"어떻게 바로 전날 제기된 문제에 대해 바로 다음날 대안을 제시할 수 있지?"

비밀은 우리가 구축한 지식경영 시스템에 있었다. 우리 회사 담당자는 날마다 워크숍이 끝나면 인터넷으로 회사의 지식경영 시스템에 접속해 해결책을 찾아냈던 것이다. 그처럼 우리 회사의 지식경영 시스템은 업무현장에 매우 신속하고 실질적인 솔루션을 제공했다.

우리 회사의 지식경영 시스템은 지금도 지속적으로 진화하고 있고

회사의 경쟁력을 강화하는 가장 중요한 경영혁신 도구로 자리매김하
고 있다.

인재를 만드는 독서경영

몇 년 전 나는 어느 신문기사를 보고 충격에 빠진 적이 있었다. 일
본의 유명 베스트셀러 작가의 방한소식이었다. 그 40대 작가는 19년
동안 780권의 저서를 냈고 지금도 5~6일에 한 권씩 책을 쓰고 있다
는 내용이었다. 그 불가능에 가까운 필력의 원천은 독서였다. 책을
쓰려면 많이 읽는 게 당연하다. 그래서 그는 하루에 10여 권씩 책을
읽는다고 했다. 믿기 어려운 일이지만 한 시간에 두세 권의 책을 읽
어내는 그만의 속독법이 있다는 것이었다.

지식경영을 위해서는 지식을 저장하고 적절하게 활용하는 시스템
을 구축하는 것도 중요하다. 하지만 그에 앞서 구성원 개인의 역량
강화와 아이디어 창출을 위한 프로그램을 적극적으로 활용해야 한
다. 그러기 위해서는 각 구성원의 지적 역량이 굳건해야 한다. 그것
은 바로 독서경영으로 가능하다. 물론 지금은 여러 매체를 통해 지식
과 정보를 편하게 얻을 수 있다. 그러나 사람들은 깊이 있는 지식과
지혜는 여전히 책에서 얻는다.

우리는 2003년 초부터 '독서 릴레이 캠페인' 을 펼쳐왔다. 나는 그
캠페인의 활성화를 위해 전무 한 사람을 '독서 릴레이 캠페인 운영위
원장' 으로 임명했고 책읽기 활성화를 위한 방안을 수립하게 했다. 그
러나 우리 회사 업무의 특성상 현장근무자나 엔지니어들이 독서를

즐기기가 쉽지 않았다. 그래서 본사와 현장별로 결성된 독서그룹에서 구입 희망 도서목록을 제출하면 회사에서 구입해주고 이를 그룹별로 서로 돌려가면서 읽는 독서 릴레이 제도를 도입했다.

책을 돌려본 구성원들은 틈나는 대로 책 내용에 대해서 이야기를 나누며 공감대를 넓히게 됐다. 나아가 회사 사이트나 블로그를 이용해 독후감을 교류하면서 공감과 친밀감의 범위는 훨씬 넓어졌다. 특히 그렇게 게시된 우수한 독후감이나 서평에 대해서 회사는 매달 포상을 해왔다. 지금은 각자가 인터넷으로 자유롭게 책을 구매하고 회사 비용으로 결제하는 제도를 도입했다. 매달 회사 지정도서와 각자 선정한 도서를 각각 한 권씩 의무적으로 읽고 독후감을 제출하게 하고 있다.

21세기는 정보화 시대라는 말조차도 민망할 정도로 빠르게 진화하고 있다. 준비 안 된 사람에게는 기회조차 주어지지 않는 냉혹한 시대가 됐다. 독서는 동서와 고금을 잇는 가교다. 우리는 거기서 지식과 정보와 삶의 지혜를 배운다. 또 첫 장부터 마지막 장까지 책 한 권을 읽다 보면 집중력과 인내심은 저절로 길러진다. 더불어 가볍고 단편적인 디지털 매체와는 다른 아날로그적인 질감을 느낄 수 있다. 그것이 바로 독서의 매력이다.

좋은 책은 훌륭한 스승과 같다. 책에는 한 인간의 인생역정과 오랜 기간 연구를 통해 축적된 결과물이 함축돼 있다. 그처럼 활자로 농축된 세상의 이치와 삶의 지혜는 한 사람의 운명을 바꾸기도 한다. 그래서 윈스턴 처칠은 독서의 중요성을 강조하며 이렇게 충고했다.

“책을 다 읽을 시간이 없다면 최소한 만지고 쓰다듬으며 쳐다보기만이라도 하라.”

한편, 앞에서 언급한 바 있는 우리 회사의 원탁모임 또한 구성원의 독서열을 달구는 데 한몫하고 있다. 원탁모임은 회사 발전을 위한 아이디어를 적극적으로 창출하기 위해 직급별로 구성된 싱크탱크다. 매달 한 가지 주제에 대한 토론을 한다. 따라서 원탁모임에 참여하는 구성원은 본인 업무 이외에도 회사 경영이나 국제적 이슈에 대한 주제를 연구하고 발표할 기회를 얻게 된다. 그 과정에서 최소한 대여섯 권의 책을 읽게 된다. 나는 그런 계기를 통해서라도 우리 구성원들이 책과 자주 접하게 되기를 간절히 바란다.

바빠서 책을 못 읽는다는 사람들이 많다. 하지만 독서는 시간이 남을 때 하는 선택 행위가 아니다. 바빠도 해야 하는 필수 행위다. 최소한 한 달에 두 권씩은 읽어야 한다. 자신은 물론 회사를 위한 일이다. 그래서 나는 종종 억지를 부리듯 이렇게 말한다.

“시간이 남아서 책을 읽는 사람은 별로 없습니다. 출퇴근 때나 점심 때 자투리 시간을 이용해 책 읽는 습관을 들여야 합니다.”

Part 4
선순환 경영 구조 만들기 프로젝트

원 스트라이크 아웃

투명하니까 일을 준다

내가 회사를 설립하려고 준비하던 무렵에 한 친구와 나누었던 대화가 있다. 내가 건설 관련 회사를 차리겠다고 하자 평생을 건설업에만 종사해온 그 친구는 생뚱맞은 질문을 해왔다.

"인류 역사상 가장 오래된 거래가 무엇인지 아는가?"

나는 답했다.

"글쎄, 물물교환인가?"

그러자 친구는 고개를 저으며 말했다.

"그건 바로 뇌물 청탁이네. 더 큰 것을 바라고 자기가 가진 것의 일부를 주는 것이지. 그만큼 먹이사슬 관계는 뿌리가 깊고 인류 역사와 함께해왔네."

친구의 말은 사실이었다. 나 역시 건설업계 전반에 부패의 고리가 만연한 것을 잘 알고 있다. 그 친구로서는 지나칠 만큼 원칙을 중시하는 내가 적잖이 염려가 됐던 모양이다. 그때 나는 친구의 우려를 마음속으로 간직했다.

그러던 중에 IMF 외환위기를 맞았다. 우리 회사는 그 여파를 잘 넘긴 덕분에 2001년부터 급속히 성장했다. 사업현장이 늘어감에 따라 거의 매주 새로운 인력을 채용했다. 그처럼 하루가 다르게 직원 수가 증가해 어느새 200명을 넘어서게 됐다. 그러자 조직문화에 문제가 생겼다. 새로 들어온 직원들이 전직 회사에서 몸에 밴 조직문화와 윤리관이 각각 달라서 내부 조직력과 결속력을 약화시키고 있었던 것이다. 그것 또한 심각한 내부적 위기였다.

모든 구성원이 공감할 조직문화와 윤리관을 세우는 일이 시급했다. 그래서 나는 윤리경영이 잘 정착돼 있는 미국 파슨스의 비즈니스 윤리규정을 도입하고 우리 실정에 맞추어 다듬었다.

하지만 말로만 원칙을 외치는 것은 구속력이 약해지기 때문에 상세한 설명과 사례를 곁들여 만든 윤리규정 동영상을 사내 인트라넷에 올려서 내부 공감대를 형성했다. 뒤이어 모든 임직원이 윤리규정을 숙지하고 준수할 것을 서약했다.

당시 구성원들 가운데 일부는 윤리규정 서약에 대한 불만으로 수군거리기도 했다.

"내용이 너무 엄격하네요."

"우리만 지켜서 될 일인가?"

건설사업현장에서 일상화돼버린 관행을 하루아침에 뜯어 고치는 일이 쉽지 않을 터였다. 특히 영업을 담당한 구성원들 입장에서는 덤핑이나 정도를 벗어난 로비가 판치는 수주경쟁에서 낙점받는 게 여간 어렵지 않은 상황이었다.

나도 물론 그 점을 알고 있었다. 그러나 아무리 어려워도 원칙은 지켜야 했다. 구성원 대부분도 그 점에 동의했다. 그래서 우리는 윤리강령을 즉시 시행키로 했다. 나는 CEO로서 정도경영의 실천 의지를 다시 천명했다.

"모든 게 어렵습니다. 하지만 아무리 어렵고 최악의 상황이 닥치더라도 불투명한 수주나 부적절한 거래는 있을 수 없습니다. 위기는 반드시 기회가 될 수 있습니다. 하지만 찾아온 기회를 놓치지 않으려면 끝까지 정도를 지켜야 합니다. 그것이 이기는 길입니다. 발주자는 우리가 투명해야 일을 줍니다. 저는 그걸 믿습니다."

그처럼 윤리경영을 선포하고 실천하던 우리는 2003년 2월부터는 아예 근무 계약서에 윤리규정 준수를 특약사항으로 넣었다. 새로 입사한 사람에게는 사회공헌활동에 대한 의무와 더불어 윤리규정 준수를 서약하게 했다.

한편, 우리는 경영의 투명성을 높이기 위해 비상장 기업임에도 불구하고 사외이사제도를 도입했다. 그리하여 윤병철 전 우리금융 회장, 강석진 전 GE코리아 회장, 김종욱 전 우리금융지주 수석부회장 등이 사외이사로 활동하게 됐다. 우리가 비상장 회사로서 매우 드물게 사외이사제도를 시행한 것은 오직 투명경영 의지의 표현이었다.

정직한 기업만 살아 남는다

우리는 윤리규정을 현장에서 올바로 실천하기 위해 별도의 '실천예규'를 만들었다. 현장에서 흔히 발생하는 비윤리적 상황에 대해 구체적인 행동기준을 정한 것이다.

실천예규에 따르면 구성원은 어떤 명목으로든 이해관계자와 금품을 주고받아서는 안 된다. 혹시 모르고 받았다면 즉시 반환해야 한다. 또 단출한 한 끼 식사 정도를 제외한 모든 접대는 금하고 교통과 숙박 등의 편의도 제공받을 수 없다. 경조사비의 경우 상식적인 선을 초과하는 금액은 즉시 반환해야 한다.

그밖에 이해관계자와는 어떤 금전거래도 해서는 안 된다. 임직원이 가족이나 친인척이나 지인 등의 명의를 이용해 이 예규를 위반할 때도 본인의 행위로 간주하고 위반한 임직원을 규정에 따라 엄중 문책키로 했다.

그러나 윤리규정이 서약에 머물거나 사문화되지 않으려면 정기적으로 경각심을 일깨워주어야 한다. 그래서 우리는 전 임직원이 매년 연봉 계약 시 서약을 갱신하게 했다. 또 매년 추석이나 설날 등 명절 때 사내 인트라넷에 윤리규정 준수를 공지했고 협력사에는 강한 의지를 담은 협조문을 발송하고 있다. 사내 조사를 실시해보니 윤리규정을 지키는 것에 대해 임직원 모두가 자부심을 갖고 있음이 확인됐다.

그러던 어느 해인가 추석을 맞아 부산의 사업현장 협력사가 우리 직원들에게 상품권과 갈비, 화장품, 과일 따위를 선물한 적이 있었다. 나는 몇 개월이 지난 뒤에야 그런 일이 있었다는 것을 알게 됐다.

당연히 우리 직원들은 받은 선물을 되돌려준 뒤였다. 다들 그런 뇌물성 선물을 어떻게 처리해야 하는지를 잘 알고 있었기 때문이다.

그러나 나는 한 가지 사실이 마음에 걸려 당시 현장 담당자에게 확인을 했다.

"되돌려주는 것은 당연합니다. 근데 우리 회사의 청렴함이나 투명함에 대한 설명은 했나요? 무조건 안 된다는 것이 아니라 왜 안 되는지에 대한 설명 말입니다."

그러자 담당 직원은 매우 당당한 목소리로 답했다.

"회사 윤리경영 매뉴얼에 대해 설명했습니다. 우리 회사는 어떤 경우에도 대가가 담보된 수수행위를 엄금하고 있으며 업계의 관행인 청탁행위도 거부하기 때문에 그런 윤리경영 방침을 따라달라고 설명했습니다."

담당 직원의 목소리에는 자부심이 깃들어 있었다. 나는 만족스러웠다. 우리 회사의 윤리적 차별성이 대외적인 신뢰는 물론이고 임직원 스스로에게도 자긍심을 고취해주고 있었던 것이다.

사실 명절을 맞아 현장에서 간단한 선물을 주고받는 것은 건설업계에서 별 문제로 삼지도 않는 관행이었다. 따라서 누구도 먼저 나서서 문제 제기를 하지 않아서 논란거리조차 되지 않았다. 하지만 바늘도둑이 소도둑 된다고 했다. 게다가 CM 서비스를 통해 건설산업을 선도해야 하는 우리는 기술력뿐만 아니라 윤리적인 측면에서도 모범을 보여야 했다.

야구경기에서는 스트라이크 3개가 들어오면 타자가 아웃된다. 그러나 기업 경영에서는 단 한 개의 스트라이크로 아웃되는 경우가 있다. 작은 구멍 하나로 인해 커다란 둑이 무너지는 것과 같은 이치다. 그래서 우리는 조그만 윤리상의 잘못에도 엄벌을 가하는 '원 스트라이크 아웃(한번 지키지 못하면 끝)'을 외치는 것이다.

원칙은 한번 구멍이 나면 순식간에 무너지고 만다. 건설 프로젝트를 주관하며 시공사 및 설계사를 선도하는 위치에 있는 CM 서비스는 강한 신뢰가 생명이며 그것 자체가 경쟁력이다. 비단 CM 회사뿐만 아닐 것이다. 어느 업계든 품질과 윤리 양쪽에 원칙을 지키는 회사는 신뢰를 얻고 그 신뢰는 성장의 밑거름이 될 것이다.

원칙을 지키면 목숨도 건진다

규정은 만드는 것보다 지키는 것이 더 중요하다. 특히 건설공사에서는 철저한 안전원칙이 지켜져야 한다. 나는 무엇보다도 그 점을 전 임직원에게 강조하고 핵심가치로 삼았다. 그 덕분에 공사현장에서 한 근로자의 목숨을 구한 적도 있다.

수원 삼성생명 노블카운티 현장에서 있었던 일이다. 흙막이 공사의 상단 철골공사를 하던 한 근로자가 안전고리도 연결하지 않은 채 42미터 높이에서 산소용접기로 철거작업을 하고 있었다. 현장에 파견된 우리 회사의 담당 부장은 즉시 작업 중단을 지시했다.

"고리를 연결하지 않으면 작업을 할 수 없습니다. 어서 연결하세요."

"아, 금방 끝납니다."

"안 됩니다. 지금 당장 연결하세요!"

"에이, 수십 년 해온 일인데……."

근로자는 마지못해 안전고리를 연결했다. 그나마 얼굴에 마뜩찮은 기색이 역력했다. 담당 부장은 안전고리가 제대로 연결됐는지를 직접 만져보고 확인을 한 다음에 자리를 옮겼다.

그로부터 몇 분 뒤에 현장에서 '악!' 하는 비명이 들려왔다. 조금 전의 현장 근로자가 추락해 안전고리에 대롱대롱 매달리게 된 것이다. 다행히 별일은 없었다. 하지만 불과 몇 분 전에 안전고리를 연결하지 않았다면 그 근로자의 생명은 어떻게 됐을까? 생각만 해도 아찔했다.

고속도로 건설이나 큰 다리 공사는 대개 위령비를 세워야 끝난다. 공사 도중에 근로자가 안전사고로 사망하는 일이 다반사이기 때문이다. 그런데 대부분의 사고는 비용을 절감하기 위해서 안전시설을 제대로 설치하지 않거나 안전교육을 소홀히 하기 때문에 일어난다. 한마디로 원칙을 지키지 않아서 생기는 비극이다.

그간 우리나라 건설현장에는 인력 몇 명이 다치거나 숨져도 허술한 체계에 따라 적당히 보상해주고 얼마간의 위로금으로 해결하는 게 비용이 덜 든다는 인식이 은연중에 자리 잡고 있었다. 게다가 사고를 당한 근로자들의 가족 또한 비통해하면서도 보상 절차만 끝나면 근본적인 사고 원인과 대책에 대해서는 크게 문제 삼지 않고 넘어가기 일쑤였다. 그래서 원칙은 무시되고 적당히 요령을 피우는 관행이 굳건히 자리 잡게 된 것이다.

건설공사 과정에서 가장 중요한 것은 안전이다. 그것은 우리 건설산업이 글로벌 스탠더드에 도달하기 위한 기본 바탕이기도 하다. 또한 안전은 신뢰받는 회사로 발전하기 위한 근간이다. 하지만 건설현장에서는 작은 실수 하나가 큰 화를 부른다. 더불어 그 실수는 원칙을 무시해서 일어나는 경우가 대부분이다.

철저한 안전관리의 모범을 보여준 수원 삼성생명 노블카운티 현장의 사례는 '원칙을 지키면 목숨도 건진다'는 교훈을 생생하게 보여주었다. 그처럼 사람 목숨까지 건진 우리의 원칙 고수주의는 발주자들에게 더 큰 신뢰를 얻은 계기가 됐다. 또 다른 수주에 적잖이 기여했다.

한 해 매출과 맞바꾼 윤리경영

기업윤리와 투명성의 원칙을 지키려다 보면 당장 눈앞에서 큰 손해를 감수하는 경우가 있다. 그 대표적인 예가 2008년의 상암동 DMC 랜드마크 프로젝트 입찰과정에서 일어났다.

지상 133층에 최고 높이가 640미터에 이르는 DMC 랜드마크 빌딩은 2015년까지 3조 원 이상의 공사비가 투입될 초대형 프로젝트였는데 이에 대한 공모사업이 시작된 것은 2004년이었다.

당시 우리는 대형 건설사 일부와 국민은행 등 투자자를 영입해 우리 회사와 우리가 세운 개발자회사인 랜드마크디벨로퍼의 주도로 공모에 참여했다. 하지만 어떤 이유에선지 우선협상대상자 선정이 취소되면서 프로젝트 자체가 표류하고 말았다.

그러다가 2007년 서울시에서 다시 프로젝트를 추진하려고 했으나 사업자 선정방식에 대한 논란이 있어 사업이 지연됐다. 결국 2008년 1월에야 발주자인 서울시가 입찰 안내서를 다시 공고하게 됐다. 입찰 안내서의 핵심내용은 10위권의 건설사는 2개 사만 참여할 수 있으며 재무적 투자자 및 운영자 위주로 사업을 추진한다는 것이었다.

우리는 이러한 대형 개발사업은 건설사가 주도하기보다 재무적인 투자자 및 운영자가 주도하고 건설사는 단순하게 건설사로서의 역할을 하는 것이 바람직하다고 보았다. 그것이 건설사의 리스크도 줄이고 사업의 경쟁력도 확보하는 길이라고 믿은 것이다. 그래서 우리는 입찰 안내서의 내용대로 재무적 투자자 및 운영자 중심의 독자 컨소시엄을 구성해 입찰하고자 했다.

한편 국내에서 내로라하는 10여 개 대형 건설사들이 지속적으로 공조를 하면서 이른바 '건설사 연합 컨소시엄'을 구성하려 했다. 입찰 안내서를 의식한 건설사 연합 측은 2개 사만 표면에 나서되 나머지 건설사들은 차후 도급으로 참여하는 방법도 모색하는 듯했다.

결국 입찰경쟁은 건설사 연합의 'A컨소시엄'과 우리 회사가 참여한 금융 투자자 및 운영자 중심의 'B컨소시엄' 간의 2파전으로 가고 있었다. 하지만 그 과정에서 상대 컨소시엄의 주요 건설사가 우리 회사와 함께하자고 제안해왔다. PM, CM용역을 보장하겠노라는 당근도 내밀었다. 경쟁구도를 무력화하려는 의도인 듯했다. 게다가 우리 컨소시엄 측 몇몇 참여 업체들이 별다른 이유 없이 빠져나갔다. 어떤 큰 힘이 작용하고 있다는 것을 직감했다.

나는 적잖은 고민에 휩싸였다. 그 제안을 따르자니 그간 우리가 부르짖어온 윤리경영과 투명성의 원칙을 포기해야 했다. 그렇다고 해 제안을 거절하면 회사 한 해 매출과 맞먹는 규모의 CM용역 수익을 눈앞에서 날리게 될 터였다. 또한 국내 메이저 건설사들의 눈 밖에 나서 후속 사업활동에 영향을 받을 수도 있었다. 그야말로 막다른 골목이었다. 나는 한동안 고민 끝에 어금니를 꽉 깨물고 단호한 결정을 내렸다.

‘우리의 윤리경영 철학을 끝까지 지키자.’

우리는 애초에 추진한 비 건설사 연합 컨소시엄에 참여해 입찰에 응했다. 그리고 2008년 5월 28일. 결과가 발표됐다. 예상대로 상대 컨소시엄이 우선협상대상자로 선정됐다. 우리가 패한 것이다. 나는 대형 건설사의 파워를 실감했다. 입찰과정에서 그들의 로비력과 보이지 않는 힘이 작용한 것이었다.

우리는 서울시의 입찰 안내서를 충실히 수용하기 위해 KPF, 오비애럽Ove Arup 등 세계적인 설계업체에 의뢰해 디자인에 심혈을 기울여 누가 보더라도 디자인이 월등했다. 공사를 경제적으로 실행하는 노하우를 발휘해 건설공사를 경제적으로 하고 상대 컨소시엄보다 1,000억 원이나 높은 땅 매입 가격을 써냈으며 국민은행을 비롯한 재무적 투자자 및 운영자와 더불어 외자유치도 했다. 상대방은 외자유치도 하지 못했다. 그럼에도 우리는 떨어졌다. 더욱 아이러니컬한 것은 서울시는 건설사 연합 컨소시엄을 우선협상대상자로 선정하면서 ‘설계를 다시 할 것’과 ‘땅값을 더 받도록 할 것’이라는 권고사항을 붙였다는 사실이다.

나는 마음이 몹시 상했다. 수주가 무산되자 우리 구성원들 또한 침울해했다. 우리 회사가 안전하게 일을 보장받을 수 있도록 건설사 연합 쪽 컨소시엄에 참여하는 게 현실적으로 더 나았을지도 모른다. 실제로 회사 안에서는 그쪽으로 가자는 의견이 더러 있었다. 하지만 나는 서울시 입찰 안내서의 원칙을 지켰다. 순리대로라면 우리가 이겼어야 했다.

나는 상암동 랜드마크 입찰과정을 겪으면서 할 일이 많다는 생각을 새삼스럽게 했다. 글로벌 스탠더드의 길이 멀고 험난하다는 생각도 들었다. 나는 관행과 타협해 얻은 승리보다는 떳떳한 패배가 낫다고 마음을 다잡고 구성원들에게 당당하게 말했다.

"우리는 정직과 투명성이라는 가치를 지켰습니다."

그랬다. 비록 우리는 DMC 랜드마크 프로젝트 수주에서 밀려났지만, 그간 줄기차게 주장해온 '건설산업 선진화'라는 구호가 말뿐이 아님을 실제로 보여주었다. 우리는 당장의 수익을 포기한 대신 당당함과 자부심을 얻게 된 것이다.

관행과 타협하지 않고 원칙을 지키다 보면 당장 잃을 것이 많다. 사실 윤리경영이니 투명경영이니 하는 말에 구애받지 않고 적당히 관행과 타협하면 더 쉽게 사업을 영위할 수 있을지도 모른다. 그러나 단기적으로 편리하게 이익만 추구하다 보면 장기적으로 반드시 소탐대실의 결과를 불러오게 되는 법이다. 우리가 한 해 매출액과 맞먹을 규모의 매출을 포기하면서까지 윤리경영 철학을 지킨 이유가 바로 그 때문이다.

원스톱 서비스를 구축하라

디테일이 경쟁력이다

20여 년 전의 일이다. 주한 미군부대 공사현장을 견학할 기회가 있었다. 미군 막사를 짓는 공사였다. 나는 타일공사 중인 실내 화장실을 둘러보았다. 벽 허리쯤까지만 붙여진 타일 종류만 15가지 정도 됐다. 당시 우리나라에서는 최고급 오피스 공사에서도 바닥과 벽을 구분해 딱 두 가지 타일을 쓰는 것이 보통이었다. 그것은 바로 선진 건설과 우리나라 건설 간에 존재하는 디테일의 차이였다.

지금 우리 건설현장의 디테일 수준을 보여주는 실례는 또 있다. 일본 건설 고수들이 한국의 A급 현장을 견학하고 나서 공식적인 평을 할 때 흔히 이렇게 말한다.

"일본이나 타 선진국 수준에 비해 한국의 A급 현장은 손색이 없습니다.”

하지만 그들도 사석에서는 친분관계가 있는 한국인에게 솔직한 속내를 털어놓는다.

“한국 건설현장은 아직 디테일이 약해요.”

언짢게 들릴 수 있지만, 그들은 이렇게 말을 할 자격이 있다. 실제로 일본의 건설이나 건축을 보면 그 디테일함에 감탄이 절로 나온다.

그런데 우리나라에도 일찍이 디테일 전략을 훌륭하게 실천해 성과를 거둔 기업이 있다. 삼원정공이라는 중소기업이다. 이 기업은 1990년대 중반에 ‘5S운동’과 ‘초관리운동’을 경영혁신 구호로 내세워 언론의 조명을 받았다. 그리하여 재벌 대기업과 정부기관, 나아가 군에서까지 이 중소기업의 경영혁신을 벤치마킹했다. 심지어 아무런 관련성도 없을 것 같은 용수철 회사를 벤치마킹한 안동병원은 국내 서비스 1위 병원으로 선정되기도 했다.

조그만 용수철 제조회사에서 주창한 ‘5S운동’과 ‘초관리운동’이 도대체 무엇이기에 그토록 각광을 받았던 것일까?

5S운동이란 정리(필요한 것, 불필요한 것 분리), 정돈(제 위치에 바르게), 청소(깨끗하게 소제), 청결(맑고, 깨끗하게 유지), 예절(예의범절을 바르게) 등의 원칙을 잘 지켜 작업장 환경을 개선하고 생산성을 높이자는 것이었다. 또 ‘초관리운동’이란 작업에 투여되는 시간을 돈으로 환산하면서 철저히 시간절약을 하자는 것이었다. 실제로 내경험에 비추어 보면 정리정돈과 청소상태만 봐도 현장수준을 가늠할 수 있다. 그래서 나는 사람들에게 농담 삼아 이렇게 말한다.

“현장을 방문할 때 입구에서 열 걸음만 걸으면 그 현장 수준을 알수 있어요.”

사실 알고 보면 ‘5S운동’이든 ‘초관리운동’이든 대단한 게 아니었다. 그럼에도 삼원정공의 경영혁신운동이 많은 기업과 언론매체의각광을 받게 된 본질은 바로 사소한 것을 중시하는 디테일의 힘에 있었다.

요컨대 삼원정공은 현물의 1퍼센트를 아껴 쓰는 데 죽을 힘을 다하자는 ‘사력死力 0.01운동’을 벌였다. 그리하여 절감된 1퍼센트를 실질적 이익으로 되돌렸다. 그처럼 사소한 수치의 절약에 성공한 삼원정공은 지금도 영업이익률이 20퍼센트에 달하는 우량기업으로 자리잡고 있다.

한편, 우리 회사 홍보에서도 디테일의 힘이 발휘된 예가 있다. 우리는 지난 2002년부터 매년 9월 말이면 이듬해 달력을 찍어 회사 관계자와 고객들에게 미리 선물해왔다. 그해 10월부터 다음해 12월까지 표시된 ‘15개월짜리 달력’이다.

직장인들은 대개 10월부터 연말연시 일정을 잡기 때문에 이 15개월짜리 달력은 아주 유용하게 쓰인다. 또한 가장 먼저 받은 달력이어서 대부분 1년 내내 책상 위에서 떠나지 않는다. 그러면서 ‘한미파슨스’라는 로고를 각인시키기 때문에 쏠쏠한 홍보효과를 거두게 된다. 달력 선물에도 디테일한 홍보전략이 발휘된 예라고 할 수 있다.

디테일하면 낭비가 줄어든다. 명품은 디테일에서 나온다. 그간 우리나라에서 만든 제품이 선진국에 비해 품질이 떨어진다고 평가됐던 것은 ‘대충대충’ ‘적당하게’가 습관화돼 끝마무리를 소홀히 했기 때문이다. 디테일 전략이란 바로 그 대충주의와 적당주의를 철저하게 배격하자는 것이다. 경쟁력은 디테일에서 나온다.

100에서 1을 빼면 0이다

지난 2008년 어느 날, 나는 신문을 보다가 ‘디테일의 힘’에 관한 기사를 보고 눈이 번쩍 뜨인 적이 있었다. ‘디테일 경영론’으로 널리 알려진 베이징대학 부설 디테일경영연구소 왕중추 소장에 관한 인터뷰 기사였다.

그는 인터뷰 내내 중국 사람들의 대충주의를 신랄하게 꼬집었다. 그는 사소한 실수 하나가 엄청난 손실을 불러온다는 것을 강조했다. 유능한 사원과 무능한 사원, 초일류 기업과 아닌 기업, 선진국과 후진국의 차이는 모두 디테일에서 비롯된다는 것이다.

또 지금 같은 치열한 경쟁시대에는 웅대한 지략가보다는 작고 평범한 일을 꼼꼼하게 처리하는 관리자가 필요하다고 했다. 또 원대한 전략도 결국 자잘한 디테일에서 시작된다는 것이었다. 결국 경영혁신도 기업 전반의 디테일이 결합돼 나타난다.

산업화 초기에는 사소한 일에 신경 쓰지 않아도 급격한 성장이 가능했다. 하지만 고도 성장기가 지난 오늘날 기업 경영에서는 디테일이 성패를 가른다. 강한 것과 큰 것만 강조하다가는 시장과 고객의 요구수준에 부합하지 못하기 때문이다. 요컨대 정보화 시대는 숫자

하나만 틀려도 전체가 망할 수 있다. 왕중추 소장은 '100 빼기 1은 99가 아니라 0'이라고 말했다. 99가지를 잘 해도 단 하나의 실수가 전체를 무너뜨릴 수 있음을 경고한 것이다. 1퍼센트의 부족이 일 전체를 망친다는 뜻이기도 했다.

예컨대 고객만족도를 측정하는 순고객추천지수NPS Net Promoter Score라는 것이 있다. 회사 제품에 대한 적극 추천 고객의 비율에서 비추천 고객의 비율을 뺀 값을 말한다. GE를 비롯한 선진 우량기업 들이 많이 활용하는 고객만족 지표이다. 이 방식에 따르면 비추천 고객 비율이 추천 고객 비율보다 높을 경우 순고객추천지수가 제로 이하로 떨어질 수 있다. 1퍼센트의 사소한 불만족이 고객만족도를 마이너스로 끌어내릴 수 있다는 뜻이다.

그렇다면 우리 한미파슨스의 디테일 지수는 어떨까? 우리는 그런 의문점을 해결하기 위해 수행중인 프로젝트에 대해 고객만족도 조사를 정기적으로 하고 있다. 제3자의 시각으로 객관성을 확보하기 위해 코리아리서치나 한국능률협회 등에 의뢰해서 고객만족도조사와 더불어 NPS 조사를 한다. 그 결과 2010년 NPS 점수는 평균 55점이 나왔다. 그리고 완료 단계 프로젝트에서는 82.6점을 받았다. 이 점수 는 최고의 명품을 판매하는 회사의 수준이다. 다수의 고객을 상대하 는 업종에서 마이너스 점수를 받기도 하는 것을 고려하면 매우 높은 점수라고 할 수 있다.

디테일이란 단순히 사소하고 자잘한 것을 뜻하는 게 아니다. 어떤 일의 중심이나 기초가 되는 부분이다. 그리고 디테일은 태도와 관련된 문제다. 일을 잘 해내고 싶은 욕구, 완벽함을 추구하는 마음이 필요한 것이다.

회사든 개인이든 대충주의와 적당주의로는 절대로 탁월함에 이를 수 없다. 다른 회사와 확실히 차별되는 디테일의 힘을 발휘해야만 지속적 생존과 성장이 가능하다. 섬세함과 꼼꼼함이 없으면 고객만족도 얻을 수 없다. 고객만족의 근원은 결국 디테일에서 나온다.

바둑 격언 중에 '착안대국着眼大局 착수소국着手小局'이라는 말이 있다. 대국적으로 생각하고 멀리 보되, 한 수 한 수 집중해 세밀하게 돌을 놓으라는 뜻이다. 경영혁신은 사소한 것, 디테일한 것에서 결국 성패가 갈리는 법이다. 또한 그것이 글로벌 스탠더드를 가늠하는 잣대이기도 하다.

미래시장은 소프트웨어가 지배한다

대부분의 산업에서 하드웨어는 소프트웨어의 지시에 따라 움직인다. 건설의 설계와 엔지니어링, 건설사업관리 등은 소프트웨어에 해당한다. 제조업이든 건설업이든 우수한 설계나 디자인이 없이 우수한 제품을 기대하는 것은 어불성설이다. 그러나 우리 건설산업처럼 소프트웨어가 천대받는 나라는 세계적으로 찾아보기 힘들 것이다. 국민들 의식구조도 그렇고 건설 관련 업계 또한 마찬가지다.

예컨대 우리나라 조선업이 세계 최고를 달리는 데 가장 결정적 요인은 우수한 설계능력이라 한다. 세계 최고 수준인 일본 조선업의 설계능력을 100으로 보았을 때 우리나라 조선업의 설계 경쟁력은 105~110 정도라고 한다. 소프트웨어 능력이 결국 조선업 전체의 발전을 이끌어온 것이다.

이와 마찬가지로 건설산업의 발전을 견인할 수 있는 원동력도 설계 및 엔지니어링 등 관련 소프트웨어 산업의 발전에 있다. 실제로 건설 선진국들의 경우 설계와 엔지니어링 같은 소프트웨어가 건설산업을 주도한다. 시공전문업체는 도면과 시방서 등 소프트웨어의 지침에 따라 공사를 수행할 뿐이다.

반면에 우리나라는 대형 건설사의 역할이 상대적으로 커서 건설산업이 시공분야에 너무 편중돼 있다. 오히려 하드웨어를 보유한 대형 건설사에 설계와 엔지니어링 등 소프트웨어 분야가 종속돼 있는 모양새다.

제조업이든 건설업이든 설계, 기술수준, 디자인 수준이 떨어지면 산업 전반의 경쟁력을 확보하기가 어렵다. 하지만 우리 건설산업에서는 소프트웨어를 담당한 건설용역분야가 너무 취약하다. 실제로 우리나라 업체들의 설계와 엔지니어링 기술 경쟁력은 선진국 대비 60~70퍼센트 수준에 불과하다. 디자인은 다소 발전했지만 디테일과 엔지니어링 기술수준은 아직까지 후진성을 벗어나지 못하고 있다.

우리 사회는 아직도 소프트웨어의 중요성을 잘 이해하지 못한다. 따라서 소프트웨어와 관련된 비용을 책정하는 데도 인색하다. 가령 건설비용에서 설계비가 차지하는 비중을 보면 미국이 약 8퍼센트에 이르는 데 비해 우리나라는 겨우 2~4퍼센트 정도다. 발주자나 시공업체는 어떻게든 설계비를 적게 들이려고 애를 쓰는 풍토가 단단히 자리 잡고 있어서다.

우리 설계업체들은 가뜩이나 열악한 저비용 구조 속에서 그나마 일감을 확보하기도 어렵다. 그래서 수주경쟁을 벌이느라 설계업체 대표들은 대부분의 업무 시간을 좋은 작품 설계가 아닌 수주 영업에 할애하고 있다. 설계업체의 또 하나의 심각한 문제는 설계 하청 관행이다. 대부분의 한국 설계업체는 기본 도면을 제외한 나머지 설계는 대개 하청으로 관리되고 그 하청 도면들은 코디네이션이나 검토 과정도 제대로 거치지 않고 현장으로 넘어가기 일쑤다. 선진 외국에서는 상상할 수도 없는 일이다. 그래서 이와 같은 국내 건설 소프트웨어 분야의 실상을 알게 된 외국인 전문가들은 놀라서 말한다.

"이건 직무유기입니다!It's negligence!"

건설 선진국에서는 수천 명의 엔지니어를 거느린 용역업체가 발전해 설계나 엔지니어링은 물론이고 직접 시공자EC, engineering contractor 역할을 한다. 설계나 엔지니어링 업체가 건설 프로젝트의 의사결정을 주도하고 시공까지 책임지는 모델이다. 이에 비해 우리나라 설계자들은 생계비도 안 되는 낮은 용역비와 저임금 구조에 시달리고 있다. 소형 설계사무소나 엔지니어링 업체가 하루아침에 문을 닫는 일이 비일비재하다. 이런 현실에서 설계자의 프로의식을 기대하기는 어려울 것이다.

건설사업의 성패는 70~80퍼센트가 계획이나 설계 단계, 즉 시공 전 단계에서 결정된다. 우리나라처럼 소프트웨어가 취약한 바탕에서 그 산업 전반에서 경쟁력을 기대한다는 것은 그야말로 어불성설이다. 건설의 미래시장은 소프트웨어의 발전이 좌우하게 될 것이다. 그것은 건설산업에서뿐만 아니라 다른 여러 산업 분야에도 통하는 철칙이다.

토털 솔루션으로 명품업체를 지향한다

CM은 우리가 흔히 아는 감리와는 확연하게 차별되는 사업이다. 감리는 시공 중에 도면과 시방서대로 공사가 잘 진행되는지를 관리하고 감독한다. 하지만 CM은 계획 단계부터 시작해서 전체 건설사업을 가장 효율적으로 관리해주는 토털 서비스다. 한마디로 건설에 관련된 모든 일을 해결해주는 것이 바로 CM의 진짜 모습이다.

우리 회사는 건설의 명품 업체를 지향한다. 초고층 빌딩에서 작은 건물에 이르는 건축은 물론이고 토목 인프라 시설 등에 대해서도 프로젝트의 규모에 상관없이 건설에 관한 토털 솔루션을 제공하는 것을 목표로 삼고 있다. 설계와 건설과정은 당연하고 이와 관련된 금융이나 분양까지 발주자의 어떤 요구에 대해서도 통합적으로 수행하는 것을 목표로 하고 있다. 기본적으로 명품회사를 지향하는 비즈니스 모델이다.

그렇다면 그리 크지도 않은 CM 업체가 어떻게 건설의 복잡하고 다양한 문제를 완벽하게 해결할 수 있을까? 답은 간단하다. 우리는 혼자 다 하려 하지 않는다. 즉 토털 솔루션을 위해서는 네트워크를 활용해야 한다. 우리는 국내외의 수많은 관련 회사와 제휴를 맺고 네트워크 경영을 하고 있다. 심지어 매월 열리는 사내 교양강좌에 초빙한 전문가들과도 지속적인 네트워크를 형성해 관리한다.

세계적인 명품으로 알려진 옷이나 가방 등을 샀는데 나중에 제조원을 자세히 살펴보면 중국이나 베트남 등에서 만들어진 것을 알고 실망하는 경우가 더러 있다. 하지만 기분 상할 일은 아니다. 요새 모바일 전자기기 시장을 주도하고 있는 아이폰의 경우도 개발사인 미국의 애플사는 핵심 소프트웨어 관련 기술만 가지고 하드웨어는 대만 등에 아웃소싱을 한다. 이탈리아 플로렌스에 본사를 둔 세계적인 패션 브랜드 구찌를 비롯해 대부분의 명품업체들도 이제는 직접 제조에 나서는 경우는 많지 않다. 그들은 핵심역량인 디자인, 마케팅, 매니지먼트 등만 보유하고 나머지 생산과정은 주문생산이나 제휴 협력회사와의 네트워킹을 통해 해결한다.

어떤 산업이든 핵심역량이 있다. 건설에서도 매니지먼트 능력이 매우 중요한 핵심역량이다. 결국은 소프트웨어다. 우리는 매니지먼트 핵심역량을 바탕으로 네트워킹과 아웃소싱을 주도해나가는 명품업체를 지향한다.

선진국 업체와 경쟁하라

중국 시장은 글로벌 경영의 디딤돌

새 천년이 시작된 2000년 벽두에 나는 혼자 사무실로 출근했다. 그리고 책상 뒤에 걸린 말레이시아 '페트로나스 트윈타워KLCC' 사진을 한참 들여다보았다. 건설 당시에는 세계에서 가장 높은 초고층 빌딩이었다. 내가 현장소장으로 발령받아 지휘한 작품이었다.

나는 그 사진을 바라보며 잠시 감회에 젖었다. 그러면서 새로운 의욕이 솟구쳐 오르는 것을 느꼈다. 21세기가 시작됐다. 바야흐로 글로벌 시대가 온 것이다. 문화도 언어도 사람도 이제는 하나로 어우러져 같이 호흡하는 시대. 우리도 바로 그 시대적 흐름에 발맞춰 밖으로 나가야 했다

한참 그런 생각에 잠겨 있는데 회사의 임원진들이 하나둘 모여들

었다. 새해를 맞아서도 계속되는 경기침체에 그들 또한 마음이 편하지 않았던 모양이다. 나는 임원들에게 무겁게 입을 열었다.

"아무래도 내수에만 목을 매서는 어렵겠죠?"

"네, 사장님. 회사가 글로벌 기업으로 성장하려면 해외시장에 진출해야 할 것 같습니다."

"그렇다면 첫 단추는 중국부터 끼워야 하지 않을까요?"

"그렇습니다. 미국도 『포춘』 500대 기업 중 400여 기업이 중국에 투자하고 있으며 많은 한국 기업들이 진출하고 있습니다."

"그래요, 한번 검토해봅시다."

가장 가까우면서도 무한한 건설시장을 보유하고 있는 중국. 건설산업의 잠재력은 풍부하면서도 매니지먼트 분야가 취약한 중국이야말로 우리의 풍부한 기술력과 경험이 필요한 곳이었다. 게다가 2008년 베이징 올림픽을 앞두고 CM의 수요는 무궁무진할 터였다. 우리는 베이징, 상하이, 칭다오 등 대도시를 중심으로 시장조사도 하고 한국인 관련 프로젝트 등을 검토하기 시작했다. 더불어 그와 관계되는 준비를 착실히 해나갔다.

우리는 그처럼 2년 동안 철저히 준비한 끝에 2002년에 비로소 상하이에 대표연락사무소를 설치하고 중국 건설시장의 문을 본격적으로 두드렸다. 그리하여 중국에서 부동산 투자사업을 하는 외국 투자금융사들의 빌딩 실사업무를 지원하는 일을 시작했다. 또 2003년 2월에는 삼성코닝 선전深圳 공장 CM을 수주하면서 중국 사업의 첫 삽을 뜨게 됐다.

이어 한샘 베이징 공장 용역을 수주했고 최초의 외국 발주처인 골드만삭스와 마카오 샌즈 카지노 대주단 지원 용역 계약도 체결했다. 중국에서의 사업이 이렇듯 활기를 띠게 되면서 2003년 9월에는 상하이사무소를 현지법인으로 승격시켜 중국 사업을 본격화했다. 이로써 우리 회사의 제1호 해외법인을 설립하게 된 것이다.

해외 사회공헌에 기여하다

우리는 중국 시장 진출성과가 가시화될 무렵 자신감을 얻고 해외 시장 다변화 전략을 모색했다. 물론 저마다 여건이 다른 해외시장의 문턱을 개별 기업의 힘으로 넘는 데는 많은 어려움이 따랐다.

국내 사업 제안서와 달리 해외 진출 프로젝트 제안서는 복잡하기 이를 데가 없었다. 해당 국가의 건설 관련 법규, 발주방식, 각종 인허가 절차, 공사 수행방식, 인력과 장비와 자재의 수급상황은 물론이고 현지 물가수준에 대한 정보까지도 정확하게 파악해야만 했다. 그러나 우리는 어떤 어려움이 있어도 5대양 6대주 어디든 날아가서 CM 시장을 개척할 태세였다.

그러던 2003년 4월 어느 날, 한국국제협력단KOICA 실무자가 우리 회사로 전화를 걸어왔다.

"저희 한국국제협력단에서 추진하는 해외 프로젝트에 CM을 접목하는 방안을 검토하고 있는데 시간 날 때 저희 협력단에 오셔서 CM에 대해 설명해주실 수 있는지요?"

그 전화를 받은 우리 회사 담당 직원은 한껏 고무된 목소리로 말했다.

"우리 의사를 타진하는 내용이었지만 KOICA에서는 나름대로 CM 관련 업체에 대한 검토작업을 이미 상당히 진행한 듯했습니다."

나는 반가운 생각이 들었다. KOICA는 개발도상국에 무상원조사업을 주로 하는 정부기구다. 그 기구의 사업은 규모가 그리 크지는 않지만 성격상 우리 회사의 사회공헌이념과 맞아떨어지는 것이었다. 말하자면 KOICA의 사업 자체가 글로벌 사회공헌활동이었다.

우리는 즉시 프레젠테이션을 준비했다. 우리는 외국의 풍부한 사례를 들어가며 CM 적용으로 기대되는 효과를 일목요연하게 정리했다. 또한 대상이 국가기관인 점을 감안해 법률과 관련된 백업자료도 준비했다. 그로부터 1주일 뒤, KOICA의 프로젝트 2팀 실무진을 대상으로 세 시간에 걸친 설명회를 열었다.

KOICA 측의 반응은 기대 이상으로 좋았다. 사실 그쪽에서는 CM 적용에 대한 실무진 차원의 검토를 이미 마친 상황이었다. 다만 내부적인 승인 절차가 남아 있을 뿐이었다. 우리는 그 절차에 필요한 자료를 적극적으로 지원해주면서 실무자도 자주 접촉했다.

마침내 5월, CM 도입에 대해 KOICA 총재의 승인이 떨어졌다. 그리고 필리핀의 직업훈련원, 인도네시아의 체육관, 과테말라의 직업훈련원 등 3개 프로젝트가 동시에 CM방식으로 발주됐다. 우리는 즉시 회사 내 가용인력을 동원해 프로젝트 제안서를 각 프로젝트별로 3건이나 작성해 제출했다.

그로부터 며칠 후, KOICA의 조달팀에서 통보가 왔다.

"세 개 프로젝트에 한미파슨스가 적격업체로 선정됐습니다. 가격 협상을 위해 방문해주세요."

우리는 만세라도 부를 듯이 기뻐했다. 글로벌한 사회공헌사업을 겸해 해외에서 경험을 쌓고 우리의 해외시장 다변화 전략에 큰 힘이 될 프로젝트였다.

CM을 처음으로 도입하는 기관을 상대하다 보니 세부사항 협상에서 약간 난항을 겪기는 했다. 하지만 결과적으로 우리는 세 개의 해외 CM 프로젝트를 모두 계획된 일정과 비용에 맞추어 성공리에 마무리했다. 그 결과 품질 면에서 발주 당사국으로부터 많은 찬사를 받았다. 덕분에 그 후에도 우리는 KOICA 프로젝트 수주를 지속적으로 받아서 수행했다.

KOICA 프로젝트는 국가기관의 해외 프로젝트에 우리 회사의 기술력을 성공적으로 결합해 국위선양과 글로벌 사회공헌활동에 기여했다는 점에서 의미가 컸다. 그런 자부심을 바탕으로 우리는 캄보디아, 요르단, 에티오피아, 스리랑카, 우즈베키스탄, 팔레스타인, 이라크, 하와이 등 세계 5대양 6대주로 속속 진출했다. 지금은 전 세계 36개국에서 우리의 탁월한 건설관리 기술능력을 발휘하고 있다.

선진 건설의 각축장 중동에 진출하다

2006년에 우리는 '2015년 세계 톱 10'의 글로벌 비전을 천명한 이후 중동 지역으로 눈을 돌렸다. 그러나 중동 시장 공략은 만만하지 않았다. 그곳은 미국의 터너와 파슨스와 벡텔 같은 세계 유수의 선진 CM업체들이 각축을 벌이는 시장이었다. 한마디로 중동은 유럽이나 미국에 버금가는 수준의 시장이었다. 그래서 회사 내부에서 우려의 목소리가 나왔다.

"건설업체는 건물이라는 유형의 결과물로 보여줄 수 있지만, 그럴 수도 없는 CM시장에서 우리가 선진업체들과 경쟁이 가능할까요?"

물론 올바른 지적이었다. 건설에 관한 한 고급 입맛에 길들여진 현지 발주자들에게 우리 회사의 CM역량을 단번에 보여주기는 어려웠다. 그래서 우리는 2007년에 아랍에미리트UAE 두바이에 현지 합작 법인을 설립했다.

그동안 우리 회사의 해외 진출은 주로 한국계 발주자를 대상으로 한 시장이었다. 하지만 중동은 달랐다. 말 그대로 글로벌 시장이었다. 나는 중동 출장을 오가면서 고심에 고심을 거듭했다. 그리고 결론을 내렸다. 우선 중동 시장을 '선진국 시장'으로 규정했다. 따라서 진출 전략을 한국인 중심이 아닌 외국인 주도로 하겠다는 방침을 설정했다. 수주 및 프로젝트 수행 모두를 외국인이 중심적인 역할을 하고 한국인은 외국인의 공백을 메워주는 역할을 하기로 한 것이다. 두 번째로는 또 다른 합작전략을 모색했다. 중동 시장의 특성상 현지 정보, 현지 발주자와의 막후 협상은 중동 파트너의 도움이 절대적이라고 생각했다.

사실 우리는 미국 파슨스와 합작회사를 설립한 초기부터 3단계 자립전략을 추구해온 터였다. 제1단계는 외국 기술력이 주가 되고 한국 인력이 보조적인 역할을 하면서 프로젝트를 통한 기술 전수를 받고 역량구축에 힘썼다. 이른바 기술이전 초기 단계였다. 이어 제2단계는 외국인과 한국인이 대등하게 업무를 영위하면서 역량을 확충하고 자립을 위해 노력하는 중간 단계였다. 그리고 마지막 단계로 한국인이 중심이 되고 외국인들이 필요한 부분만 메워주는 기술자립 단계에 이르렀다. 이 단계를 거쳐 글로벌 기업의 기술을 현지화해 확충된 역량을 바탕으로 세계시장에 진출하는 현세화 전략을 실행하는 것이었다.

우리는 중동 진출을 하면서 이런 3단계 전략을 역으로 활용키로 했다. 그리하여 먼저 중동 파트너와 합작회사를 설립한 것이었다. 우리 회사가 가지고 있는 장점과 약점을 잘 조화시킨 글로벌 전략이었고 현지화 전략이었다. 그리고 중동 책임자를 외국인으로 선임했다.

그리하여 2008년 초, 사우디 ITCC 프로젝트를 시작으로 몇몇 프로젝트 수주가 이어졌다. 그러나 초기에는 손발이 맞지 않았고 새로 채용한 외국인들의 수준이 문제가 되기도 했다. 그리고 지속적인 수주가 어려웠다. 그러던 중 우리 중동 파트너가 리비아에서 좋은 수주 정보를 가지고 와서 리비아 시장에 들어가자고 설득했다. 처음에는 리비아 시장에 대한 좋지 않은 추억 때문에 한참 망설이다가 최종적으로 리비아 시장에 들어가기로 합의했고 파트너의 인맥을 총동원해 수주전을 벌였다. 그 결과 벵가지 지역에 2만 세대 신도시급의 주택단지를 건설하는 초대형 CM을 수주하게 됐다. 우리의 합작전략이 빛을 발하는 순간이었다.

한편, 중동에서 외국인 발주 프로젝트를 담당할 단장과 핵심 멤버는 외국인으로 구성키로 했다. 필리핀 등 제3국 인력도 활용했다. 그리하여 프로젝트 총괄은 서양인이 하되, 한국인이 허리를 맡고 제3국 인력과 현지 인력 등이 단순한 검측 등의 업무를 담당하는 다국적 글로벌 CM 팀을 구성했다. 그로부터 비로소 중동의 수주활동과 운영은 안정되기 시작했다. 어떤 프로젝트는 아예 한국인이 한 명도 안 들어가는 프로젝트도 있었다. 우리 구성원을 다국적화하는 전략으로 선진건설의 각축장이라는 중동 시장에 진출하고 더불어 진정한 글로벌 기업으로 발돋움하게 된 것이다.

한편 중동 진출로 선진국 CM 업체와 어깨를 견주게 된 우리 회사는 지난 2009년 미국 LA 윌셔 후버 쇼핑센터 CM을 수주하기에 이르렀다. 미국 파슨스와의 합작으로 우리나라에 CM 비즈니스를 들여온 지 13년 만에 당당하게 CM 종주국에 기술력을 역수출하는 쾌거를 이룬 것이다.

건설의 마에스트로를 향해

원칙과 절제의 미학을 가르쳐준 아버지

기업 경영에서는 원칙을 지켜야 한다. 더불어 투자해야 할 곳과 절약해야 할 것들을 잘 구별해야 한다. 구성원의 입장에서도 마찬가지다. 바람직한 직장생활을 위해서는 한마디로 절제의 미덕을 잘 발휘해야 한다. 그것은 회사의 작은 물품 하나라도 아껴 쓰는 것부터 시작된다. 그런 절제의 미덕을 일찍이 내게 가르쳐준 스승이 있다.

나는 4남 2녀 중 막내아들로 태어났다. 위로 형이 셋이고 아래로 여동생 둘이 있다. 그 덕분에 교복을 제외하곤 새 옷을 입을 일이 거의 없었다. 옷은 물론이고 웬만한 물건은 모두 형들이 쓰던 것을 물려받았다.

당시 우리 집 형편이 아주 어려운 것은 아니었지만 아버지는 단 한

푼도 헛된 돈을 쓰지 않으셨다. 특히 당신을 위해 돈을 쓰는 일이 거의 없었다. 그러다가 가족이 궁지에 몰리기라도 하면 가뭄에 쩍쩍 갈라진 땅에 물꼬를 터놓듯 그간 꼭꼭 숨겨둔 돈을 풀어주셨다.

아버지는 어쩌다 집에서 쉬는 날에도 늘 화초를 가꾸고 청소하느라고 바빴다. 오직 주무실 때를 빼고 아버지의 손은 쉬지 않았다. 아버지는 시간을 허비하는 것은 곧 돈을 낭비하는 일이라 여겼다. 따라서 아버지의 하루 일과는 시계처럼 정확했다.

아버지는 자식들에게 무척 엄격했다. 밖에서 놀다가도 아버지가 퇴근을 하시면 먼발치에서도 뛰어가 깍듯이 인사를 해야 했다. 우리 형제들은 그런 아버지를 무섭게 여겼다. 인자함이나 따뜻함 같은 건 아예 바라지도 않았다.

나에게 아버지는 범접할 수 없는 분이었다. 한마디로 아버지는 내게 숨 막히는 존재였다. 아버지의 생활방식이 답답했다. 아버지의 철두철미한 생활태도에 반발도 했다. 그래서 중고등학교 시절에 친구들과 어울려 못된 짓도 하고 다녔다.

하지만 나는 세월이 흘러 한 가정의 가장이 되고 한 회사의 경영책임자가 되면서 비로소 아버지의 가르침을 이해하게 됐다. 또 혹독한 꾸중과 매도 사랑의 한 표현이었음을 어렴풋이 깨닫게 됐다. 나는 아버지가 된 후에야 그 자리가 얼마나 무겁고 외로운 존재인지를 조금이나마 알게 된 것이다.

그러나 그때는 이미 아버지가 돌아가신 뒤였다. 알아도 알았다고 말씀 못 드릴 그때서야 말이다. 나는 긴 시간이 흐르고 흐른 뒤에야 아버지의 숨겨진 사랑을 느끼게 됐다. 또 그런 아버지의 피가 내 몸에도 여지없이 흐르고 있음을 알았다. 나 역시 자식들에게 그다지 살가운 아버지가 되지 못한 것을 알게 됐다. 어느새 나도 모르게 아버지의 절제, 엄격함, 원칙주의적인 사고체계나 가치관이 내 몸 깊숙이 배어버린 것이다.

요컨대 초등학교 시절에 나는 종종 아버지의 구두를 열심히 닦고 1원짜리 동전 한 닢을 받곤 했다. 나는 그 돈으로 과일을 사먹었다. 그때 과일 맛을 나는 평생 잊을 수가 없다. 스스로 번 돈으로 과일을 사서 보란 듯이 먹을 때의 기분은 참 묘했다. 돈에 대한 내 관념은 그렇게 싹텄다.

나는 지금도 내 수입의 일정액만 아내에게 생활비로 준다. 아내 또한 얼마 전까지는 그중 일부로 아이들에게 정해진 용돈을 주었다. 따라서 우리 가족은 자기 예산을 운용하느라 절약할 수밖에 없다. 이른바 '계획경제'를 실천하고 있다.

아무리 세상이 좋아져 물질적으로 풍요로워졌어도 우리 집에서만큼은 그 풍요로움을 용납하지 않는다. 그런 나에게 아내와 아이들은 반기를 들지도 모른다. 하지만 나는 그런 것에 아랑곳하지 않는다. 나아가서 나는 식사 중에 그릇에 밥알을 남기는 것조차 용납하지 않는다. 요즘 같은 세상에 무슨 그런 일로 '꼰대'처럼 구느냐며 핀잔을 받을지도 모르지만, 어려서부터 그렇게 듣고 보면서 자라온 나는 그것이 틀렸다고 생각지 않는다.

회사 경영에서도 마찬가지다. 글로벌 회사를 경영하다 보면 문화,

관습, 가치관이 서로 다른 직원들을 한 방향으로 이끌어 생산성과 효율성을 높이는 일이 무엇보다 중요하다. 이와 관련된 경영 현안을 놓고 고민을 거듭할 때면 항상 아버지를 떠올리며 힘을 얻는다.

먼지떨이를 들고 집안 청소를 하시던 아버지의 모습이 지금도 가끔 떠오른다. 아버지는 내게 경제를 맨 처음 가르쳐준 스승이다. 스승은 내게 시간을 아낄 줄 알아야 돈을 아낄 줄 안다는 자명한 논리를 깨닫게 해주었다. 아버지는 또 즐거운 마음으로 일하면 그 기쁨과 능률이 배가 된다는 사실도 일깨워주었다.

그런 아버지에게서 나는 솔선수범하는 자세가 리더십의 으뜸임을 배웠다. 아버지에게서 배운 가족문화는 기업문화에 그대로 적용할 만한 요소가 있었다. 너무도 소중한 가치를 물려주신 아버지는 내 영원한 스승이다.

도전과 열정의 리더십 물려주신 어머니

절약이나 절제의 미덕과 더불어 기업문화에서 가장 중요한 것은 열정이다. 나아가서 종교집단처럼 열광적인 기업문화를 가진 회사야말로 살아 있는 조직이라고 생각한다. 내 어머니는 그런 열정의 리더십을 내게 유산으로 물려주셨다.

어머니는 20대 초반의 나이에 30대의 아버지와 신식 결혼식을 올렸다. 지금으로부터 75년쯤 전의 일이다. 당시 아버지는 고등상업학교(서울상대의 전신)를 졸업하고 지금의 농협과 비슷한 산업조합 임원으로 근무하고 있었다. 당시 아버지는 여유자금으로 증권을 사두었다. 하지만 해방이 되면서 그것은 휴지조각이 돼버렸다. 내가 어렸을 적에 우리 집 캐비닛에는 휴지가 된 증권이 쌓여 있었다. 나는 그것으로 딱지를 접기도 했다. 이미 집안 살림이 기울었던 때다.

아버지는 전쟁 통에 대구로 피난을 간 뒤로 그곳에서 마땅히 할 일이 없어 한동안 방앗간을 운영하기도 했다. 아버지는 오로지 중노동에 의존하는 그 일을 하면서 두 번째 손가락이 절단되고 말았다. 그처럼 아버지의 생활능력이 떨어지자 어머니가 활달한 성격을 유감없이 발휘하며 자식들 뒷바라지를 했다.

어머니는 경남여고를 졸업했다. 학창 시절에는 배구 선수와 투포환 선수로 활약했다. 학교에 다닐 때부터 활기찬 신여성이었던 셈이다. 어머니가 계를 하다가 잘못돼 빚쟁이들이 몰려오는 바람에 아버지가 깊은 시름에 잠긴 적도 있었다. 하지만 그처럼 활달한 어머니 덕분에 우리 6남매는 고등교육을 받을 수 있었다.

나중에 다행히 아버지가 서울 고려무진회사(나중에 국민은행에 흡수합병됨) 임원으로 취직을 하면서 우리 가족은 서울로 이사를 오게 됐다. 그러나 아버지는 다시 직장을 그만두었다. 그 바람에 호구지책으로 동네에서 가게를 벌였다. 어머니는 또 놀라운 생활력을 발휘했다.

아버지가 내향적 원칙주의자였던 데 비해 어머니는 외향적이고 통이 컸다. 씀씀이도 좋은 편이었다. 세상물정에 어두워 종종 사기를 당한 적도 있었지만 늘 열정적이고 도전적이었다. 전통적인 관점으로 보면 아버지와 어머니의 성격이 서로 바뀌었다면 좋았을 법했다.

어머니는 도전을 좋아해서 노년에 해외여행을 자주 다녔다. 단체 여행의 기회가 생기면 항상 중심적인 역할을 하면서 여행팀을 만드는 데 선도적인 역할을 했다. 활달한 성격과 어머니 특유의 리더 기질 때문에 가능한 일이었다. 자식들이 충분히 용돈을 드렸지만 어머니는 가끔 여행사가 제공하는 무료여행 혜택을 누리기도 했다. 어머니는 농담을 좋아했고 재미 있는 멋쟁이 할머니였다. 그래서 주위 분들이 항상 어머니를 따라다녔다. 그에 앞서 어머니가 사람들을 좋아한 것은 물론이다.

내가 말레이시아에서 세계 최고의 건물 공사인 KLCC 프로젝트를 수행하고 있을 때다. 어머니가 여든이 넘은 노구를 이끌고 찾아왔다. 태국 여행을 왔다가 말레이시아에 잠깐 들르신 것이다. 그때 어머니는 태국 해변에서 패러슈터를 탄 이야기를 재미있게 하며 한번 더 타보고 싶다고 했다.

어머니는 외가에서 무남독녀였다. 그래서 외할머니와 외할아버지를 직접 모시고 살았다. 그러다가 그분들 모두 돌아가신 뒤에는 우리 형제들이 다투어 모시려 했지만 혼자 사는 게 더 편하다며 고덕동 아파트에서 단출하게 사시다가 아흔에 돌아가셨다.

아버지가 내게 일의 원칙과 절약의 미덕을 가르쳐주었다면 어머니는 내게 열정과 도전의 정신을 물려주었다. 또한 경영에서 가장 중요한 적극적인 리더십을 몸으로 보여주었다. 어머니는 위기상황에서도 언제나 낙천적이었다. 지난 14년간 회사를 이끌어오면서 어떤 난관에도 굴하지 않고 오늘의 한미파슨스를 있게 한 내 힘의 근원은 어머니의 그 활달함과 낙천적 성격에서 비롯된 것인지도 모른다.

경영 비전을 제창하는 회사

내가 직장인들에게 적극 추천하는 책 한 권이 있다. 세계 초일류 기업 교세라를 세워 일본에서 '경영의 신'으로 불리는 이나모리 가즈오가 쓴 『왜 일하는가』라는 책이다. 그 책에서 저자는 자신만의 인생 방정식을 제시한다. '일=능력×열의×사고방식'이다.

일에는 사람의 능력도 중요하지만 그보다 더 중요한 것이 열의와 사고방식이라는 것이다. 이나모리는 그중에서도 사고방식을 으뜸으로 친다. 즉 긍정적인 사람과 부정적인 사람의 사고방식 차이가 너무나도 크다는 것이다.

그가 교세라를 경영해온 철학과 정신은 우연히도 '탁월Excellent'을 추구하는 우리 회사의 가치관과 너무나 흡사한 점이 많아서 공감하는 부분이 많다. 다만 나는 긍정적 사고와 열의가 결합하면 화학작용이 일어나 마음속에 열정이 솟아오르게 한다고 생각한다. 결국 내가 생각하는 인생 방정식은 능력과 열정이다. 나아가 열정이 모이면 열광이 된다. 마치 광신도 집단이 뿜어내는 것 같은 열광 말이다.

그런데 기업 경영에서 그런 열광적 문화를 추구한 경영자가 있다. 이른바 '삼류 인재'들을 데리고 세계적인 일류회사를 만들어낸 창업주 겸 CEO, 일본전산 창업주 나가모리 시게노부 사장이다.

직업학교 졸업이 학력의 전부인 현장 엔지니어 출신이었던 그는 모든 직원들에게 매일 아침 '할 수 있다'는 외침과 함께 자사의 '3대 정신'을 큰 소리로 복창하게 한다. 그래서 흔히 나가모리 회장은 '밀어붙이기식 똥고집 경영자'로 통한다.

하지만 나가모리 사장은 일본 불황기에 10배의 성장을 이루며 손대는 분야마다 세계 1위의 신화를 이루었다. 또한 30여 개의 불량 기업을 인수해 보란 듯이 살려냈다. 그리하여 월 스트리트 저널이 뽑은 '가장 존경받는 CEO 30인'에도 선정됐다. 워렌 버핏이나 애플의 스티브 잡스 같은 내로라하는 세계적 경영자들과 어깨를 나란히 한 것이다. 또 그는 세계 경영학계 석학들이 참석한 '세계경영자회의'에도 두 번이나 대표연사로 초청을 받았다.

이쯤 되면 나가모리 사장의 경영방식을 '똥고집 경영'이라고만 하기에는 뭔가 허전하다. 우리가 일본전산의 광신도 집단과 같은 독특한 기업문화에 주목해야 하는 이유다.

우리 회사는 비전, 미션, 핵심가치를 굉장히 중요하게 여긴다. 물론 다른 회사들도 추구하는 비전과 미션이 있다. 또 지켜야 할 핵심가치와 행동지침도 있을 것이다. 하지만 사무실 벽 액자 속에 갇혀 있는 경우가 대부분이다.

우리는 그것을 밖으로 꺼냈다. 아울러 우리는 이러한 경영 비전 카드를 전 구성원이 몸에 지니고 다니게 했다. 그리하여 매주 월요일 업무를 시작하기 전에 비전, 미션, 핵심가치를 전 직원이 모여 제창한다. 그럼으로써 적어도 1주일에 한번씩은 회사 고유의 가치관과 문화를 전체 구성원이 되새기게 된다.

또 중요한 교육과정이나 회사 행사에서도 시작에 앞서 비전, 미션, 핵심가치를 제창하고 시작한다. 교육 내용을 사후 테스트하는 경우에도 우리 회사의 가치관에 대한 질문이 반드시 포함된다. 이러한 경영철학의 공유활동은 끝없이 지속된다.

조직의 가치와 문화를 문서로 만들어놓고 게시판용으로만 사용하면 아무런 의미가 없다. 반복적인 학습과 훈련을 통해 조직원의 사고와 행동에 체화시키는 것이 필요하다. 기업문화는 위기 때 더욱 빛이 나며 지속적 성과를 내는 데 밑거름이 된다. 더불어 기업문화의 핵심은 그 기업의 경영철학이다.

건설의 마에스트로를 향해

우리 회사의 경영방침 가운데 으뜸은 '고객가치창출'이다. 우리에게 고객만족은 옛말이다. 고객감동도 진부하다. 이제는 고객가치를 창출해주어야 한다. 따라서 우리 회사 구성원은 고객가치창출을 위해 일당백의 임무를 수행해야 한다. 그래서 우리는 CEO를 비롯해 전 직원이 해당 분야의 전문가여야 한다.

내 명함에는 한미파슨스 로고와 함께 그 아래쪽에 '고객감동, 오직 그 하나를 위해'라는 슬로건과 함께 오케스트라 명지휘자를 뜻하는 영어 'MAESTRO'가 디자인돼 있다. 다른 구성원들 명함도 마찬가지다. 우리 회사는 그동안 기술력을 바탕으로 CM 영역을 계속 확대하는 데 기여해왔다. 또한 새로운 시장 개척과 더불어 CM 서비스 다각화에도 주력해왔다. 우리는 건설의 토털 솔루션 프로바이더를 지향한다. 일반적인 CM 영역에 마케팅, 파이낸싱, 설계, 시공, 분양까지 관여하는 광범위하고 종합적인 건설용역 서비스를 제공하는 것이다.

몇 년 전부터 우리는 CM용역업의 정의를 '건설가치 창출업'이라고 정했다. 그리고 고객에게 최대의 이익과 가치를 보장하는 이런 서비스에 우리는 브랜드를 부여하기로 했다. 그래서 구성원들과 논의를 한 결과 '오케스트라'를 비롯한 여러 가지 제안이 나왔다. 우리는 그 가운데서 '마에스트로'를 선택했다.

마에스트로. 오케스트라의 명지휘자를 가리키는 말이다. 건축주나 발주자 등 고객을 대신해 개발 프로젝트를 기획하고 설계, 발주, 시공, 유지관리 등 건설의 모든 단계를 종합적으로 관리하는 CM은 오케스트라를 지휘하는 것과 비슷하다. 그래서 우리는 악기 하나하나의 울림을 섬세하게 조율해 웅장한 하모니가 울려 퍼지게 하는 명지휘자, 즉 마에스트로를 꿈꾸었다.

마침내 우리는 마에스트로를 새로운 브랜드로 등록했다. 'e-편한세상'이나 '래미안'처럼 건설사 브랜드는 많다. 하지만 건설용역업체로서는 최초의 서비스 브랜드다. 마에스트로는 신뢰할 수 있는 최고의 건설전문가들로 구성된 한미파슨스의 모든 서비스를 지칭한다. 건설의 토털 솔루션을 제공하고 고객의 이익을 대변하며 공정한 자세와 투명한 절차에 따라 진행하는 서비스인 것이다. 우리는 '마에스트로'라는 브랜드가 고객의 가슴에서 살아 숨 쉬게 하려고 노력해왔다.

한편, 마에스트로는 'e집' 사업이나 신축, 재건축, 리모델링 시장 등 우리 회사의 다각화된 사업 영역을 하나의 이미지로 묶어낼 수 있는 훌륭한 통합 브랜드가 될 것이다. 그 예로 우리는 지금 서울대역 근처에 한미파슨스가 직접 개발사업으로 높이 20층에 연면적 3,000평쯤 되는 신세대형 도시형 생활 주택사업을 준비하고 있다. 거기에 우리의 브랜드인 마에스트로를 붙이기로 했다.

우리는 창업 시부터 철저히 고객의 편에서 일해왔고 고객과의 약속을 반드시 어떠한 경우에도 지키려고 노력해왔다. 그것이 회사의 핵심가치이기 때문이다. 우리에게 한번 일을 맡긴 고객 가운데 60퍼센트 정도는 다시 일을 맡긴다. 음식점처럼 단골고객이 있는 셈이다.

이쯤 되면 고객은 우리에게 최고의 세일즈맨이 될 가능성이 있다. 서비스에 만족한 고객이 주변에 우리를 추천해주기 때문이다. 우리가 요구해서가 아니다. 우리가 제공한 고객가치에 감동해 스스로 그렇게 되는 것이다. 우리 회사에 대한 순고객추천지수 조사 결과가 이를 입증하고 있다. 그런 고객들에게 감사할 따름이고 나아가 미지의 고객들에게도 '고객가치창출' 작업은 더욱 박차를 가해 나아갈 것이다.

Part 5
잠든 거인 깨우기 프로젝트

혼자서 낯선 것과 마주하라

한국인은 쉴 줄 몰라요

OECD에서 발표한 통계연보에 따르면 2009년의 우리나라 근로자의 연간 노동시간은 2,134시간에 달한다. 독일 1,352시간, 미국 1,797시간, 일본 1,836시간을 훌쩍 뛰어넘어 OECD국가 중 가장 길다. 하지만 노동생산성은 미국 등 선진국의 절반 정도에 불과하다. 장시간 힘들게 일해도 성과는 신통치 않다는 뜻이다. 따라서 일의 보람을 찾기도 어렵다. 이런 모순은 왜 발생하는 것일까. 또 어떻게 하면 업무 생산성을 높일 수 있는 것일까.

나는 그 모순을 풀기 위해 업무 방법과 시스템 개선에 많은 노력을 기울였다. 직접 교육도 했고 업무 전산화나 표준화를 위한 투자도 했다. 여러 종류의 경영혁신운동을 전개했음은 물론이다.

하지만 그것만으로는 업무 생산성 문제에 대한 명쾌한 답을 찾을 수 없었다. 그러던 중에 나는 우리 회사에 근무하는 외국인들에게 그 답을 구했다. 그들은 한 목소리로 말했다.

"한국인은 쉴 줄 몰라요."

쉬면서도 일을 생각하고 일하면서도 쉴 궁리를 하다 보니 업무와 휴식의 구분이 모호해져서 일에 대한 집중도와 생산성이 떨어진다는 것이었다.

우리나라 사람이 미국 회사에 근무하게 되면 가장 먼저 놀라는 것이 엄격한 규율과 강도 높은 업무다. 예컨대 근무 중에 개인적인 일을 보는 것은 당연히 금지된다. 신문을 보거나 사적인 통화를 하는 일은 거의 없고 점심때도 샌드위치를 먹으며 일하는 게 다반사다. 심지어 점심시간이 30분에 불과한 회사도 있다.

한국 직장인의 기준으로는 업무 강도가 높은 이들 외국 회사가 '직장인의 지옥' 처럼 보일지도 모른다. 하지만 미국 직장인의 업무 집중력이 이처럼 높은 것은 '일과 휴식' 이라는 개념이 명확하기 때문이다. 즉 근무태도에 앞서 휴식과 여가에 대한 태도가 다른 것이다.

우리는 '휴가' 하면 마냥 노는 문화를 떠올리기 십상이다. 오랜 시간을 일에 얽매이다 보니 얼마 안 되는 휴가는 무작정 열심히 놀아야만 본전을 뽑는 것으로 생각한다. 그러다 보니 휴식과 놀이에 대한 인식이 부정적이다. 그것은 아마도 비약적 경제 발전과정에서 빚어진 부작용일 것이다. 그래서 직장인 가운데 상당수가 일중독에 빠져 있기도 하다.

반면 외국 직장인은 놀 때는 확실히 논다. 대신 짧은 시간에 집중적으로 일을 해 업무 생산성을 높이는 전통과 습관이 몸에 배어 있다. 그들은 고도로 산업화된 사회에서 휴식과 여가는 삶과 업무의 질을 높여주는 전제조건임을 알고 있다. 여가학을 연구하는 김정운 교수도 이렇게 말했다.

"우리 사회의 많은 문제들이 쉬거나 놀 줄을 모르기 때문에 생깁니다."

이제 우리의 휴식과 여가에 대한 의식도 변해야 한다. 일에 대한 집중은 성과를 높이지만 일중독은 오히려 성과를 떨어뜨린다. 쉬지 않고 일만 해서는 절대로 집중력을 높일 수 없다. 따라서 휴식은 새로운 도약을 위한 활력소다. 잘 놀고 잘 쉬는 사람이 일도 잘한다. 나는 실제로 잘 놀면서도 훌륭한 성과를 내는 것을 우리 회사의 사례를 통해서 보여주고 싶다.

혼자만의 시간에 낯선 것과 마주쳐라

휴식은 업무에 대한 집중도를 높여주는 데서 나아가 창의적 사고의 원천이 된다. 우리가 사는 세계는 숨이 막힐 정도로 빠르게 변하고 있다. 그런 변화에 발맞추어 기업이나 국가가 지속적 발전을 이루려면 끊임없이 새로운 동력원을 발굴해야 한다. 그것은 아이디어, 즉 창의성에서 나온다.

당면한 프로젝트의 핵심을 놓치지 않고 가치를 창출하는 일은 중요하다. 하지만 기업은 창조적 파괴를 통해 끊임없는 변화와 혁신을 해야 한다. 또 새로운 비즈니스 모델을 찾아 지속적인 성장을 위한 동력을 개발해야 한다. 우리는 성공한 국가나 기업 지도자들을 통해 그런 사례를 확인할 수 있다.

마이크로소프트 창업자 빌 게이츠는 매년 '은둔휴가'를 즐겼다. 그는 휴가기간에 외부와 접촉을 끊은 채 회사의 창의적인 경영전략을 고심 끝에 내놓곤 했다. 덕분에 마이크로소프트의 진로는 빌 게이츠의 휴가 때 결정된다는 말도 나돌았다. 또 미국의 부시 전 대통령은 이라크 전쟁 와중에도 휴가를 떠났고 싱가포르의 리콴유 전 수상은 총리 재임시절에도 하버드 대학에서 공부하며 재충전의 시간을 가졌다.

조직의 리더나 CEO들에게는 재충전을 위한 휴식이 더욱 절실할 수밖에 없다. 그들에게 휴식은 중대한 결단을 위한 침묵의 시간이며 새로운 성장동력을 찾기 위한 창조의 시간이다.

우리는 유명한 고대 과학자의 삶에서도 창조적 휴식의 중요성에 대한 교훈을 얻을 수 있다.

밤새워 고민하던 난제에 대한 해답이 목욕탕에서 떠오른 것처럼 '창의적 사고'라는 손님은 종종 뜻밖의 공간에서 찾아온다. 산책이나 여행길에서, 잠들기 전의 침대에서, 또는 밥상머리나 화장실에서 문득 기발한 아이디어가 떠오른 경험을 누구나 가지고 있을 것이다. 우리가 일상적 업무에서 벗어나 일부러 '창조적 휴식'을 가져야 하는 이유다.

사람은 혼자일 때 생각을 깊게 할 수 있다. 또 낯선 곳에서는 다양한 관점으로 사고할 수 있다. 그처럼 일상과 멀리 떨어진 곳에서 혼자만의 시간을 가지고 낯선 분위기와 마주하다 보면 기발한 생각과 함께 여태 풀리지 않던 문제에 대한 해답이 번쩍 떠오르기도 한다. 그래서 나는 혼자서 떠나는 해외출장이 좋다. 낯선 것들과 마주하는 시간을 즐길 수 있어서다.

삶의 목표를 글로 구체화하라

생각은 뛰는 토끼와 같다. 어느 순간엔가 '번쩍' 하고 나타났다가 눈 깜짝할 사이에 가뭇없이 사라져버린다. 따라서 기발한 아이디어가 떠오르면 그것을 놓치지 않고 재빨리 메모를 해두어야 한다. 그런 까닭에 나는 늘 메모할 준비를 하고 다닌다. 덕분에 내 와이셔츠 주머니에는 가끔 검은 점이 하나씩 박혀 있다. 주머니에 꽂아둔 볼펜에서 묻어나온 잉크자국이다. 그런 날이면 어김없이 아내의 잔소리를 듣기도 한다.

"제발 와이셔츠 주머니에 볼펜 좀 꽂고 다니지 말아요."

하지만 나는 주머니에서 펜을 빼지 못한다. 언제 어느 때 와이셔츠 한 장보다 더 값진 아이디어가 떠오를지 모르기 때문이다. 이처럼 우리는 잊어버리지 않기 위해서 메모를 한다. 기억력의 한계 때문이다.

그런데 내가 메모를 습관적으로 하는 진짜 중요한 이유가 따로 있다. 복잡한 사회생활을 하다 보면 고민해서 결정을 내려야 할 일들이 무수히 많다. 하지만 우리 뇌는 한번에 한 가지밖에 생각하지 못한다. 하지만 메모를 하면서 생각의 주제와 순서를 잡다 보면 흐트러진 정신도 정제된다. 그래서 오래전부터 나는 작은 수첩에 '생각 주제'를 적어서 가지고 다닌다. 복잡한 생각을 일목요연하게 정리한 일종의 '체크리스트'라고 할 수 있다.

처한 상황과 시기에 따라 달라지긴 하지만 내 생각 주제는 회사의 중장기 성장전략, 변해야 할 목표와 모습 그리기, 삶을 감사해야 할 이유, 행복의 의미, 사랑의 기술, 은퇴 후 생활구상, 자녀들의 장래, 형제간의 친목, 친구간의 우정 나누기, 여행과 휴식, 끊임없는 반성 등이다.

나는 틈틈이 수첩을 꺼내어 이런 주제들을 차례로 음미하면서 생각을 정리하며 새로 떠오른 아이디어를 메모한다.

사실 누구든 쉽게 할 수 있는 메모 방법이다. 우선 원하는 것들을 중요한 것부터 백지 위에 적어보자. 원하는 것이 너무 많다고 두려워하거나 주저할 필요는 없다. 그다음 어떤 것은 빼고 어떤 것은 보태면서 자신에게 중요한 주제가 확연해질 때까지 고치고 다듬는다. 그 과정에서 목록이 너무 자주 바뀐다고 걱정할 필요는 없다. 바라던 바가 이뤄지고 새로운 소망이 늘어남에 따라 목록이 바뀌는 것은 당연한 일이다.

중요한 것은 습관이다. 메모는 습관을 바꾸고 습관은 미래를 바꾼다. 결국은 메모가 미래를 바꾼다고 할 수 있다.

1963년 미국의 한 유명 대학에서 학생들을 대상으로 특별한 조사를 했다. 학교를 졸업하기에 앞서 학생들이 얼마나 확고한 삶의 목표를 가지고 있는지 알아보기 위한 것이었다. 그 결과 학생의 67퍼센트가 아무런 목표를 설정한 적이 없다고 대답했다. 30퍼센트는 목표가 있지만 글로 적어두지는 않았다고 했다. 그리고 오직 3퍼센트만이 목표를 글로 적어두었다고 답변했다. 그리고 20년 뒤에 졸업생들의 생활수준을 확인한 결과, 비전을 글로 썼던 3퍼센트 학생들의 재산은 나머지 97퍼센트 학생들 재산을 더한 것보다 훨씬 더 많았다고 한다. 학력이나 재능에 큰 차이가 없음에도 목표를 글로 썼다는 한 가지 이유가 소득, 재산, 사회적 지위를 엄청나게 벌려놓은 것이다.

한편, 메모는 부부 금실도 좋게 한다. 나는 언젠가 아내와 가벼운 말다툼을 한 다음에 이런 글이 적힌 쪽지 하나를 건네준 적이 있다.

"당신의 눈물 한 방울 한 방울이 모여 나를 만들었소. 나는 당신이 밤잠을 못 이루고 깊은 한숨을 쉴 때 그 이유를 제대로 알지 못했소. 그것이 내가 잠 못 이루고 힘듦으로 인한 깊은 한숨인 줄 진정 그땐 알지 못했소."

효과는 만점이었다. 아내는 눈물을 글썽이며 감동했다. 만약 이 내용을 아내의 얼굴을 똑바로 보면서 하라고 했다면 어찌됐을까? 아마도 나는 손발이 오그라들어 줄행랑을 치고 말았을 것이다.

우리의 생각은 상황에 따라 말이나 글로 표현된다. 말과 글은 각각의 특성 때문에 역할과 장점이 다르다. 그런데 어떤 상황에서는 흔히 말로 할 수 있는 것을 글로 함으로써 대단한 효과를 거둘 수가 있다. 글의 장점을 활용하는 첫걸음이 바로 메모라고 할 수 있다. 삶의 목표를 글로 구체화하라! 그러면 인생에 성공할 확률이 훨씬 높아진다.

여행이 만드는 마법

놀 듯이 일하면 일터가 행복하다

잘 놀아야 일도 잘한다. 그렇다면 어떻게 놀아야 할까? 나는 가장 잘 노는 것 중 하나가 여행이라고 생각한다. 실제로 많은 사람들이 '휴가' 라는 말에서 흔히 여행을 떠올린다. 여행은 일과 삶을 조화시키는 고상한 놀이이기 때문이다.

여행은 예술이고 문화다. 회화, 조각, 건축, 음악을 감상할 수 있고 다른 문화를 즐길 수 있다. 그래서 나는 문화기행을 즐긴다. 인류의 숨결이 배인 유적지와 예술가치가 높은 위대한 건축물을 찾아 떠나는 여행이 가장 즐겁다. 나는 그런 문화기행을 하면서 건축에 대한 영감과 미적 감각을 얻는다.

하지만 기업을 경영하다 보면 늘 시간의 압박 때문에 여행을 떠나기가 쉽지 않았다. 나는 스스로 떠날 수 없다면 어떤 구속력을 빌려서라도 떠나고 싶었다. 그 방법을 물색하다가 우연히 지인의 소개로 지난 2004년에 '지중해클럽'이라는 여행클럽에 들어갔다. 기업인, 교수, 변호사, 예술가, 의사 등 다양한 전공과 직업을 가진 회원들이 부부동반으로 참여하는 여행클럽이다.

지중해클럽에서는 수년 동안 연례행사로 지중해 연안의 문화기행을 해왔다. 나는 2004년부터 7년 연속 아내와 함께 여름휴가를 그들과 함께해왔다. 그러면서 지중해클럽의 '열성당원'이 됐다.

첫해 이탈리아 북부와 스위스 여행을 했다. 2005년에는 포르투갈과 북부 스페인 일대와 빌바오에 갔다. 2006년에는 7개국을 방문하는 지중해 크루즈 여행에도 참여했다. 2007년 여름에는 시칠리아와 몰타 등 지중해 섬을 지중해클럽 회원들과 함께 누볐다. 또 2008년에는 영국, 스코틀랜드, 아일랜드 탐사를 했다. 2009년에는 발틱 5개국을 여행하면서 '동유럽의 화약고'로 불렸던 구 유고슬로바키아 연방 일대의 진수를 맛보았다. 그리고 2010년 6월에는 비엔나를 중심으로 한 '모차르트 투어'를 다녀왔다. 꿈같은 음악여행이었다.

물론 지중해클럽에서 지중해 연안만 여행하는 것은 아니다. 사나흘 일정으로 일본이나 중국에 단기 여행을 떠나기도 하고 테마를 정해 국내 여행도 한다. 또 여행이 없는 달에는 조촐한 저녁모임을 열어 문학과 예술 등 여행에 배경지식이 될 만한 내용을 공부한다.

아는 만큼 보인다고 했다. 다양한 사람들과 함께 떠나는 클럽 테마여행은 서로 배울 수 있어서 좋다. 낯선 여행지에 대한 다양한 지식과 느낌을 서로 나누고 배우다 보면 여행의 질은 훨씬 높아지고 느낌은 깊어지게 마련이다. 가령 건축학계의 원로이자 박찬욱 영화감독의 부친인 박돈서 교수 내외도 우리 부부처럼 거의 매번 지중해클럽 여행에 참여해왔다. 나는 여행길에서 그분으로부터 건축에 대한 폭넓은 지식과 더불어 인생의 지혜도 배웠다.

클럽 테마여행은 사전에 세밀하고 섬세한 여행설계가 필요하다. 그래서 늦어도 여행출발 3개월 전에는 참가 인원을 확정해야 한다. 그런 다음 준비모임을 열고 서로 충분히 논의해 객관적 기준으로 여행사를 미리 선정해야 한다. 그런 다음 충분한 시간 여유를 가지고 여행사와 세부계획을 협의해야 한다. 이처럼 철저히 준비해야 차질 없는 여행을 할 수 있다. 더불어 준비과정에서 느끼는 설렘과 기대감 또한 여행의 참맛이다.

클럽여행을 마친 뒤의 애프터미팅도 중요하다. 애프터미팅에서는 여행한 소감을 서로 나누며 찍어온 사진 등 여행자료를 서로 교환할 수 있다. 또 클럽여행의 개선점 등을 의논해 이후 더 나은 여행의 반면교사로 삼기도 한다.

지난 2007년에 이탈리아 베네치아, 시칠리아, 몰타를 다녀온 뒤 지중해클럽에서는 회원들의 여행기를 모아 『여정旅情』이란 책자를 발간했다.

지난 2009년의 발칸 반도 여행 뒤에는 이재규 전 대구대 총장이 대표저자가 돼 『발칸, 시간이 멈춘 곳』이라는 책을 발간했다. 애프터미팅을 통해 추억을 승화시킨 좋은 예라고 할 수 있다. 그 책들을 지인들에게 한 권씩 나눠주자 다들 부러운 표정을 하며 여행클럽에 깊은 관심을 보이곤 했다.

나는 일을 할 때는 혼신의 열정을 바치지만 한편으로는 회사 구성원들에게 보란 듯이 잘 놀려고 노력한다. 그런 다음에 그 내용과 느낌 따위를 담은 기행문을 거리낌 없이 공개한다. 내가 당당하게 휴가를 즐기고 놀 수 있는 것처럼 다른 구성원들 또한 부담 없이 휴가여행을 다녀오라는 뜻에서다. 더불어 이 복잡한 시대를 사는 모든 이들이 가끔씩은 바쁜 일상에서 벗어나 여행의 참맛을 맛보게 되기를 진정으로 바란다.

그런 의미에서 인상 깊었던 여행을 마치고 정리한 기록 몇 가지를 옮겨보겠다.

금속으로 피운 꽃, 빌바오 구겐하임미술관

2005년 여름. 지중해클럽에서는 스페인 북부를 여행했다. 그중에 빌바오 구겐하임미술관 Guggenheim Museum 기행은 기억에 남을 만한 여행이었다. 스페인 북부의 네르비온 강에 인접한 인구 35만의 소도시 빌바오는 지난 세기까지는 전형적인 공업도시였다. 근교에 철광산지가 있어 19세기부터 제철과 금속 관련 산업이 발달한 곳이다.

그러나 20세기 후반에 관련 산업이 퇴조하면서 빌바오는 쇠락의 길을 걷게 됐다. 그러자 스페인 바스크 자치정부는 빌바오를 문화도시로 탈바꿈시키려 노력했고 그 중심 사업으로 뉴욕 구겐하임미술관의 빌바오 분관 설립을 추진했다.

미국 철강업계의 거물이자 자선사업가로 유명한 솔로몬 구겐하임Solomon R. Guggenheim 재단은 빌바오에 분관 설립을 결정했다. 그에 따라 미국의 유명한 건축가 프랭크 게리Frank O. Gehry의 설계로 1997년에 빌바오 구겐하임미술관이 완공됐다. 인류 역사에 남을 걸작은 그렇게 탄생했다. 빌바오 미술관 프로젝트는 위대한 건축물은 위대한 건축주가 있어야 가능하다는 사실을 잘 보여준 사례였다.

첩보영화 「007」의 배경이 되기도 한 구겐하임미술관의 겉모양은 언뜻 중세의 성채 또는 우주정거장을 연상케 했다. 과거의 전통과 미래의 첨단 이미지가 공존하고 있다. 또 건물 내부는 고딕 양식의 대성당처럼 높은 천장으로 돼 있는데 수많은 곡선이 자유롭게 어울려 신비로움과 경외감을 빚어내고 있었다.

4층 구조로 된 구겐하임미술관은 석회암으로 된 직각의 블록들과 구부러지고 휘어진 면들이 절묘하게 조화를 이루고 있다. 어느 쪽에서 보더라도 신선함과 역동성이 느껴졌다. 특히 물고기 비늘처럼 건물 전체를 감싸고 있는 수만 개의 티타늄 패널 조각이 은은한 빛을 내뿜고 있는 모습은 말 그대로 '금속으로 만든 거대한 꽃'이었다. 그래서 이 미술관을 '메탈 플라워'라고도 부른다.

빌바오 구겐하임미술관을 찾는 사람들 대부분은 그 안에 전시된 미술품보다는 미술관 건물을 보러 온다고 했다. 우리 일행 또한 그랬다. 그토록 복잡하고 난해한 건축물의 시공기술도 놀랍지만 '저런 건축물을 과연 어떻게 설계했을까?' 하는 의문이 먼저 들었다. 건축가의 위대한 발상과 창의적인 디자인에 압도돼 질식할 것만 같았다.

설계자 프랭크 게리는 자연의 이미지를 이용해 고정관념을 과감히 깨트리고 상식을 초월해 새로운 개념을 창조한다. 빌바오 구겐하임미술관 또한 자연 이미지로서 물고기 형태에서 착안한 것이며, 카티아*라는 컴퓨터 프로그램을 이용해 정교하게 설계했다고 한다.

나는 그간 수많은 세계적 건축물을 많이 봤지만 동서고금을 막론하고 그처럼 가슴 뭉클한 건물은 처음이었다. 그것은 건축물이 인간에게 줄 수 있는 감동의 최대치를 보여주었다. 후안 카를로스 스페인 국왕이 '20세기 인류가 만든 최고 건물'이라고 극찬했다는 말이 결코 과장이 아닌 듯했다.

한편 빌바오 구겐하임미술관은 개관 후 3년 만에 관람객이 300만 명을 넘어섰다. 그에 따른 직접 경제효과만 4억 달러에 이르렀다고 한다. 뛰어난 건축물 하나가 한 지역의 경제를 일으킨 셈이다.

우리는 넉넉하지 않은 일정에서 금쪽같은 사흘을 고스란히 빌바오 방문에 써버렸다. 그러나 시간이 아깝지가 않았다. 다만 그 위대한 건축물이 부러울 따름이었다. 하지만 우리나라도 마음만 먹으면 인류 역사에 남을 훌륭한 건축물을 남길 수 있을 것이다. 돌아오는 길에 나는 그 역사적 사명을 실천하겠다는 생각을 가슴에 새겼다.

*카티아CATIA : Computer Aided Three dimensional Interactive Application

시칠리아 섬에 마피아를 소탕하러 가다

지난 2007년 7월. 지중해클럽에서는 시칠리아를 포함한 지중해 섬 여행을 계획했다. 나는 그 여행을 앞두고 설레었다. 그리스·로마 시대의 숱한 유적을 간직한 시칠리아 섬은 명장 한니발과 스키피오가 건곤일척의 승부를 겨뤘던 포에니 전쟁*의 격전장이었다. 더불어 현대에는 마피아의 본고장으로 널리 알려진 곳이다.

나는 오래전부터 휴가 이야기가 나오면 시칠리아 섬을 들먹이곤 했다. '왜 하필 시칠리아 섬이냐' 고 누군가 물어오면 나는 주먹을 불끈 쥐어 보이며 대답했다.

"마피아와 한판 붙으려고요!"

7월 13일. 드디어 나는 마피아를 소탕하러 길을 떠났다. 베네치아, 시칠리아, 몰타 섬으로 이어지는 8박9일의 일정이었다. 박돈서 회장, 김언호 사장, 김성부 회장 등이 부부동반으로 참여했고, 몇몇 교수들이 초대 손님으로 함께 갔다. 모두 14명으로 구성된 비교적 단출한 여행팀이었다.

점심 무렵에 인천공항을 출발한 우리는 암스테르담에서 비행기를 갈아타고 한밤중에 이탈리아 밀라노에 도착했다. 또 거기서 심야버스로 여섯 시간 가까이 달려 다음날 새벽 5시경에야 베네치아 외곽의

---

*포에니 전쟁Poeni War : 로마와 페니키아의 식민시 카르타고와의 전쟁으로 '포에니' 라는 말은 라틴어로 페니키아인을 지칭하는 것이다. 이 전쟁은 지중해 세계의 패권을 둘러싸고 기원전 3세기 중엽에서 기원전 2세기 중엽까지 100여 년간 3차에 걸쳐 전개되었던 고대의 세계적인 전쟁으로 페르시아 전쟁 다음으로 규모가 큰 동서결전이었다.

한 호텔에 도착했다. 우리는 모두 녹초가 되고 말았지만 겨우 세 시간쯤 자고 일어나서 다시 베네치아 시내로 향했다.

"여행을 온 건지 극기훈련 온 건지 모르겠다."

일행 중에서 불평들이 쏟아졌다. 그러나 아름다운 베네치아 선착장에 도착한 순간 피곤함은 모두 달아났다. 석호澙湖 위에 흩어져 있는 118개 섬들이 400여 개의 다리로 이어져 있는 물 위의 도시 베네치아. 세 번째 방문한 그 도시는 늘 새로운 아름다움으로 나를 맞아 주었다. 이탈리아에서 서양미술사를 전공한 고종희 교수는 말했다.

"저는 수없이 베네치아를 왕래하고 있지만, 이 도시의 아름다움 때문에 베네치아를 떠날 때마다 서글픔을 느낍니다."

때마침 베네치아에서는 제 52회 베네치아 비엔날레가 열리고 있었다. 우리는 세계적 거장들의 출품작을 감상한 다음에, 해변에서 간단한 생일파티를 열었다. 때마침 그날이 아내의 생일이었던 것이다. 지상에서 가장 아름다운 도시 해변에서 일행의 축하 속에 열린 생일 파티는 우리 부부에게 평생 잊지 못할 추억이다.

우리는 7월 15일 베네치아 비엔날레를 관람한 뒤 드디어 시칠리아 섬으로 향했다. '하얀 대리석'이란 뜻의 시칠리아. 이탈리아 남서부 지중해에 있는 그 섬은 그리스 · 로마부터 노르만 왕국에 이르는 숱한 역사 유적과 독특한 지리, 문화를 겸비해 세계적 관광지로 각광받는다.

우리는 시칠리아의 팔레르모 시에서 하룻밤을 묵고 몬레알레 성당을 방문했다. 12세기 말에 건립돼 노르만 왕조의 궁전으로 사용된 성당 내부는 금빛 모자이크로 화려하게 장식돼 있었다. 그 그림들을 바라보다가 나는 고개를 갸웃했다. 어디서 본 듯 낯설지가 않았던 것이다. 하지만 선뜻 기억이 떠오르지 않았다. 그때 내 궁금증을 해결해준 사람은 서양미술사가 고종희 교수였다.

"이 모자이크는 콘스탄티노플에서 데려온 기술자들이 7년 동안 심혈을 기울여 빚어낸 작품입니다. 그것을 계기로 이탈리아의 모자이크 기술이 세련되게 발전했고 15세기 이후에는 그 기술이 인도로 전해져서 나중에 타지마할 사원 건립에도 큰 영향을 끼치게 됐지요."

아! 그랬다. 1년 전 안식휴가 때 인도의 타지마할 궁전에서 비슷한 모자이크를 본 기억이 났다. 몬레알레 성당에 오지 않았다면 수백 년을 뛰어넘는 즐거운 시간여행을 놓칠 뻔했다. 성당을 나오면서 나는 속으로 안도의 숨을 내쉬었다.

우리는 팔레르모 시의 몇몇 유적지를 더 돌아본 뒤, '신전의 계곡'으로 널리 알려진 아그리젠토로 갔다. 그곳에는 헤라클레스, 콘코르디아, 제우스 등에게 제사를 올리던 신전 20여 개가 널려 있었다. 지금은 허물어져서 겨우 건물의 잔해만 남은 제우스 신전 터에서 현지 가이드가 베이스 톤으로 노래 한 곡을 불렀다. 그는 이탈리아에서 성악을 공부하는 중이라고 했다.

다음날인 7월 17일에는 고대 도시 시라쿠사 일대를 누볐다. 고대 그리스 시대의 극장을 구경하고, '디오니소스의 귀'라 불리는 자연 동굴을 체험했다. 동굴에 난 작은 구멍에 대고 노래를 부르면 신기하게 공명이 일어났다. 한길사 김언호 사장은 그 귀에 대고 하모니카를

멋지게 연주해 박수갈채를 받았다.

오후에는 오리티치아 섬으로 갔다. 해변을 따라 펼쳐지는 아름다운 건물들과 바다 경관이 일품이었다. 우리는 그 해변을 마차를 타고 둘러보며 중세시대의 낭만에 취했다. 그리고 지중해에 석양이 비쳐들 무렵, 페리를 타고 몰타 섬으로 향했다. 시칠리아 남쪽에 있는 몰타 공화국은 6개의 섬으로 이뤄진, 매우 작은 나라다. 뜨겁게 타오르는 태양 아래 과거와 현재가 조화를 이루는 신비로운 몰타 섬에서 지중해 기행의 마지막 일정을 마친 우리는 7월 19일, 귀국길에 올랐다.

7월의 폭염, 불편한 숙소, 과다한 비용 등 참 힘든 여정이었다. 하지만 그토록 동경하던 시칠리아와 몰타 섬을 샅샅이 누볐고, 덤으로 베네치아 비엔날레까지 볼 수 있어서 뿌듯한 여행이었다. 물론 시칠리아에서 마피아와 한판 붙지는 못했지만.

단출하게 떠나는 국내여행도 좋다

여행은 만남이다. 새롭고 낯선 것과의 만남이며 인간과 역사와의 만남이다. 그래서 여행은 사람들을 설레게 한다. 이런 묘미 때문에 나는 늘 다음 여행을 기다리며 신바람 나게 일한다.

한편 지중해클럽이 머나먼 이국만 여행하는 것은 아니다. 주말을 이용해 1박2일짜리 국내여행도 종종 다녀온다. 그중에 2006년 5월에 다녀온 안동 일대 전통건축에 대한 문화기행은 두고두고 기억에 남는다.

서울에서 떠난 첫날 우리는 안동대학 이효걸 교수의 안내를 받으며 영주 부석사와 안동의 봉정사 등을 답사했다. 이효걸 교수는 동양철학을 전공했지만 불교와 기독교 등 종교사는 물론이고, 고건축과 회화에도 해박한 지식을 갖고 있었다.

날이 저물자 우리는 안동의 전통 한정식으로 푸짐하게 저녁을 먹고, 지중해클럽 멤버인 국어고전문화원 권오춘 이사장의 전통 한옥에 여장을 풀었다. ‘구담정사’라는 그 아름다운 한옥은 원래 300여 년 된 어느 양반 종가였다. 그것을 몇 년 전에 권오춘 이사장이 사서 2년에 걸쳐 보수를 했다고 한다.

운치가 넘치는 전통 한옥에서 하룻밤을 묵은 다음날에는 권오춘 이사장의 안내로 부용대와 옥연정사, 하회마을, 병산서원 등을 둘러보았다. 부용대에서 바라보는 하회마을은 한 폭의 그림이었다. 마을을 S자로 휘감아 도는 강줄기는 곡선이 지닌 아름다움의 극치였다. 병산서원과 하회마을의 고택들 또한 운치가 넘쳤다. 그 여행에서 나는 우리 전통건축의 뛰어남과 아름다움에 푹 빠지게 됐다.

낯선 것들과 마주하는 해외여행도 좋다. 하지만 단출하게 떠나는 국내여행에서도 우리는 낯선 시간을 더듬을 수 있다. 그러다 보면 많은 비용과 시간을 들이지 않고도 우리 것에 대한 자부심을 한껏 느낄 수 있다. 여행의 멋이 꼭 멀리 있는 것은 아니다. 그러니 언제라도 가까운 곳으로 훌쩍 떠날 일이다.

애플 배케이션

어슬렁거리며 산책하다가 사과나무 아래에서 쉬기

영국 빅토리아 여왕은 공직자들에게 3년마다 한 번꼴로 유급휴가를 주었던 걸로 유명하다. 그 기간 동안 공직자들은 아무 일도 하지 않고 그저 셰익스피어 작품 5편만 읽으며 소일하고 지내다가 독후감을 내면 됐다. 셰익스피어의 작품 독서를 통해 인간에 대한 이해를 키우라는 깊은 뜻이 담겨 있었다.

인류 역사를 살펴보면 깜짝 놀랄 만한 아이디어들은 종종 휴가 기간이나 쉬는 동안에 나왔다. 고대 그리스의 수학자이자 벌거벗은 과학자로도 알려진 아르키메데스는 목욕탕에서 부력의 원리를 발견하고 '유레카!'를 외쳤고 뉴턴은 어슬렁거리며 산책하다가 사과나무 아래서 쉬던 중 만유인력의 법칙을 발견해냈다. 그처럼 휴가나 휴식은 계량화할 수 없는 놀라운 발전의 원동력이 된다.

우리 회사에서는 두 달간의 안식휴가 제도가 있다. 일명 애플 배케이션이다. 애플 배케이션은 뉴턴이 만유인력의 법칙을 발견한 상황에서 착안해 만들어진 이름이다. 근대 과학의 아버지로 불리는 뉴턴은 평생 독신으로 지내며 연구에 몰두했던 것으로 유명하다. 하지만 그의 가장 큰 업적은 놀랍게도 흑사병이 번져 어쩔 수 없이 학교를 떠나 고향에 내려가 쉬고 있을 때 만들어졌다.

뉴턴은 1665년 가을 어느 날 저녁에 바람을 쐬러 뒤뜰로 나갔다. 그는 사과나무 아래에 앉았다. 그때 마침 사과 한 알이 땅에 떨어졌다. 사과가 땅에 떨어지는 것은 너무나 당연한 일이었다.

아마 보통 사람들이라면 '사과가 땅으로 떨어지는 것은 너무나 당연한 일이지. 그게 뭐가 이상해?' 라고 지나쳐버렸을 것이다. 뉴턴 역시 마찬가지였을 것이다. 그가 그동안 사과나무 아래에서 사과가 떨어지는 것을 처음 보았을 리가 없기 때문이다. 그 역시 사과나무 아래에서 사과가 떨어지는 걸 수도 없이 봐왔을 것이다. 그리고 그때마다 그 역시 너무나 당연한 일이라고 지나치고 말았을 것이다.

하지만 그날 저녁의 사과나무 아래에 있을 때의 그는 달랐다. 마침 휴가 기간이었고 정신적으로 휴식을 취하고 있었기에 번뜩이는 통찰을 얻을 준비가 되어 있었기 때문이다. 그래서 그는 사과 한 알이 떨어지는 것을 보고 사과에 적용되는 자연 법칙을 발견해냈다. 다시 말해 지구뿐 아니라 태양, 달, 별은 물론이고 사과, 사람, 돌 등 세상의 모든 물체가 서로 끌어당긴다는 만유인력의 법칙을 발견한 거다.

내가 우리 회사에 두 달간의 안식휴가 제도를 만든 단초는 다음과 같다.

당신은 출근할 때 무슨 생각이 드는가

언젠가 나는 '1박4일'짜리 해외출장을 다녀온 적이 있다. 지난 2005년 8월 21일, 나는 퇴근을 하고 집에 들러 부랴부랴 짐을 챙겨서 공항으로 갔다. 그리고 그날 밤 12시 30분발 두바이행 비행기를 탔다. 두바이에 도착한 것은 22일 이른 아침. 곧장 업무를 시작한 나는 이틀간 두바이 현장을 누비며 강행군을 했다. 그런 다음 23일 저녁 늦게 다시 두바이 공항으로 가서 새벽 2시 30분발 비행기를 타고 24일 아침에 서울로 돌아왔다. 그리고 어김없이 회사에 출근했다.

나흘 동안 침대에서 두 다리 뻗고 잠을 잔 것은 22일 하룻밤뿐이었으니, 말 그대로 '1박4일'짜리 출장이었다. 회사에 출근을 하는 동안 내 몸은 천근만근이었다. 몽둥이로 실컷 두들겨 맞은 것처럼 온몸이 쑤셨다. 입에서 저절로 탄식이 흘러나왔다.

'아! 한 달만 쉬어봤으면……, 아니 1주일만이라도 푹 쉬었으면 좋겠다.'

그것은 내 간절한 염원이었다. CEO가 된 지난 10년간 거침없이 달려오면서 제대로 한번 쉬어본 적이 없었다.

그럴 즈음 대학교수인 친구로부터 안식년 휴가를 떠난다는 말을 들었다. 너무도 부러웠다. 일부 대학에서는 이미 안식년 휴가를 제도적으로 시행하고 있었지만, 기업에서 그것은 요원한 꿈이었다. 나는 '직업을 잘못 택한 게 아닐까' 하는 생각마저 들었다. 그러던 중에 한 가지 생각이 번개처럼 스쳤다.

'내가 CEO인데, 스스로 휴가를 정해서 떠나면 그만 아닌가!'

그렇다. 누구 눈치를 볼 것도 없이 내가 결정하면 될 일이었다. 나는 결심을 했다. 이듬해인 2006년 초쯤에는 무슨 일이 있어도 두 달쯤 쉬겠다고. 하지만 얼마 가지 않아 내 생각이 잘못됐다는 것을 깨달았다. 내가 쉬고 싶다면, 회사의 다른 구성원도 모두 쉬고 싶지 않겠는가?

나는 며칠간 고민 끝에 아예 회사에 안식휴가를 도입하는 방안을 떠올렸다. 물론 치열한 생존경쟁 현장에서 쉬운 일이 아니었다. 그렇다고 불가능한 일도 아니었다. 그래서 마음을 굳힌 나는 어느 날 아침, 인사팀장을 불러놓고 불쑥 말했다.

"팀장은 출근할 때 무슨 생각이 들던가?"

팀장은 난데없는 질문을 받고는 당황했다. 나는 다시 물었다.

"한두 달쯤 푹 쉬고 싶은 생각이 안 드나 말일세. 난 그렇던데……."

그때서야 팀장이 조심스럽게 대답했다.

"직장인이라면 누구나 갖는 생각이 아닐까요?"

"그래? 그렇다면 모든 구성원이 한번쯤 푹 쉴 수 있도록 휴가규정을 만들어보게."

우리 회사는 그렇게 해서 나 때문에 안식휴가제도를 도입했다. 임원은 5년, 직원은 10년마다 2개월의 유급휴가를 받도록 한 것이다.
그리고 나는 솔선수범해 먼저 휴가를 다녀오기로 했다. 그리고 회사
창립 10주년인 2006년 2월 초 어느 날, 임직원들에게 느닷없는 선언
을 했다.

"앞으로 두 달 간 업무와 관련된 어떤 보고도 받지 않을 거고 결재
도 하지 않을 겁니다."

나는 보란 듯이 휴대전화 전원을 껐다. 임직원 모두 놀란 눈으로
나를 쳐다보았다. '제정신이야?' 하는 표정들이었다. 하지만 나는 개
의치 않고 회사를 훌쩍 떠났다.

CEO여, 먼저 떠나라

간단한 살림살이와 책 50여 권을 챙겨서 나는 설악산으로 향했고,
친구가 운영하는 오색약수 근처 온천장에 짐을 풀었다. 이튿날부터
눈이 내렸다. 그것은 피곤함에 찌들어 속세를 떠나온 한 인간을 반기
는 서설瑞雪이었다. 창문 밖에 펼쳐진, 병풍 속 동양화 같은 설경이 아
름다웠다. 눈 내리는 소리가 사분사분 들리는 듯했다.

나는 휴가기간에 지킬 규칙과 함께 하루 동안 할 일과 하지 말아야
할 일들을 정했다. 날마다 한 권 이상 책 읽기, 등산과 온천욕 하기,
음악 듣기, 명상하기, 별과 달 보기, 수염 안 깎기, 회사일에 신경 끄
기, TV 안 보기……. 그렇게 여러 가지 규칙을 메모지에 깨알같이 적
어 벽에 붙여놓고 실천하기 시작했다.

하지만 백수가 과로사한다고 했던가? 휴가지의 하루가 오히려 회사 일정보다 빠듯했다. 날마다 새벽 4시 30분에 일어나 6~7킬로미터 가량 산행을 하고, 하루 한 권 정독을 목표로 책을 읽었다. 『리콴유 자서전』처럼 900쪽 안팎 되는 책은 하루에 읽기가 벅차 시간에 쫓겨야 했다. 나도 모르게 한숨이 나왔다.

'내가 휴가를 왔나, 노역하러 왔나?'

특히 처음 1주일에서 열흘 사이가 힘들었다. 회사생활에서 일탈해 새로운 생활에 적응하는 것은 쉽지 않았다. 그렇지만 다시 마음을 다져가면서 새로운 일과생활에 적응해갔다. 그리고 마음을 느긋하게 먹기로 했다. 그때서야 비로소 마음이 홀가분해졌다.

나는 발길 닿는 대로 등산과 사색을 즐겼다. 내키는 대로 책을 읽고, 그러다가 피곤하면 음악을 듣거나 온천욕을 즐겼다. 실로 오랜만에 마음을 울리는 시도 읽었다. 밤에는 밖에 나와서 별과 달을 바라보며 깊은 사색에도 잠겼다. 마음에 묵은 때가 한 꺼풀 벗겨지는 느낌이었다.

아내가 1주일에 하루 정도 다녀가는 것 말고는 온천장 주인인 친구와 식사때 잠깐씩 대화를 나누는 게 사람과의 유일한 만남이었다. 고즈넉한 산속에서 나는 줄곧 혼자였다. 적절한 단절과 고독, 그 안에서 삶의 의미가 새롭게 다가왔다. 살아오는 도중에 넘치거나 모자랐던 부분도 보이기 시작했다. 어지럽게 흩어져 있던 내 삶의 조각들이 비로소 하나씩 정리됐다.

사실 CEO라면 단 며칠짜리 휴가도 솔선해서 반납하는 게 예사인 때였다. 그런 터에 370여 구성원을 팽개치고 두 달씩이나 자리를 비운 내 행동을 사람들은 무모하게 여겼다. 나도 회사일을 걱정하지 않은 것은 아니었다. 하지만 그럴 때마다 나는 어느 정도 자신이 있었고, 우리 구성원들을 믿었으며, 시스템에 의해 회사는 문제없이 돌아갈 것이라는 막연한 믿음을 가졌다.

'이제 부지런함으로만 승부하는 시대는 지났고, 일을 스마트하게 해야 하는 시대가 왔다. 더구나 경험과 지식을 파는 우리 회사의 경우, 좋은 휴식이 일류 회사를 만드는 자양분이 될 것이다.'

실제로 그랬다. 내가 고민해야 할 과제는 당장 벌어진 회사일이 아니라 창립 10주년을 맞은 회사의 미래였다. CEO는 무엇보다도 회사의 지속적인 성장을 위한 비전과 전략을 가지고 있어야 한다. 내가 다른 구성원들보다 앞서 휴가를 떠나온 것은 휴식이라는 이유도 있었지만, 결국 회사의 미래를 먼저 고민하기 위해서였다.

나는 마음을 다잡고 회사의 장기적인 성장을 위한 수익 모델을 구상했다. 먼저 은행과 제휴해 건설과 금융을 하나로 묶어내는 사업을 떠올렸다. 금융과 연계되지 않는 건설사업은 드물기 때문이다. 또 그간 해오던 용역방식의 건설사업관리에서 한 걸음 나아가 직접 시공을 주관하는 책임형 CM 사업 확대 전략도 그려보았다. 건설업체에 발주하지 않더라도 전문업체에 직접 아웃소싱을 하면 장점이 많이 발생할 것이다. 미국 등 선진국에서는 실제로 CM업체가 건설시공을 하면서 건설수준을 높이고 있었다. 따라서 우리도 책임형 CM방식으로 시공을 직접 주관하면 적어도 10퍼센트 이상의 경쟁력과, 그 이상의 고객가치를 높일 수 있다는 자신이 생겼다.

한편 나는 설악산 안식휴가 기간에 후계자 선정문제에 대한 마음의 정리도 했다. 이미 선진회사들의 사례에서 입증된 것처럼 회사의 지속적인 발전을 위해서 경영권 승계는 너무도 중요한 일이었다. 그러므로 탁월한 후계자를 회사 안팎에서 발탁해 승계 프로그램을 만드는 일이야말로 내가 은퇴 전에 반드시 해야 할 일이었다.

이미 한 해 전에 구성원들에게 선언한 것처럼 나는 2006년에 후계자 선정문제에 대한 구체적인 답을 마련해야 했다. 그래서 부사장 여섯 명을 비롯해 전무급까지 후보군으로 놓고 그중에서 회사 경영이념을 적극적으로 실천하며 조직을 잘 이끌어갈 만한 능력 있는 리더를 발굴하기로 했다. 특히 나는 『내가 걸어온 일류국가의 길』과 『리콴유 자서전』 등을 읽으면서 한미파슨스의 향후 10년 이상을 책임질 리더를 마음속에 그렸다.

나는 회사의 미래와 관련된 문제들과 더불어 개인적인 문제에 대해서도 생각을 정리해 나갔다. 은퇴 후에 내 삶에 대한 설계도를 그리고 자녀들의 장래문제에 대해서도 고민했다. 또 형제간의 우애를 위해 할 일도 정리해보았다. 그런 여러 가지 생각들을 나만의 '생각노트'에 하나씩 정리하면서 지나온 삶을 반성하고 앞으로 다가올 삶을 대비했다. 그 모든 것이 안식휴가가 아니면 도저히 얻을 수 없는 소중한 결실이었다.

인도에서 잠시 삶의 쉼표를 찍다

42일 만에 설악산에서 내려온 나는 아내와 함께 인도로 떠났다. 삶과 죽음이 공존하는 신비한 나라 인도. 게다가 엄청난 인구와 잠재력을 바탕으로 급격히 성장하고 있는 그 나라의 실상을 살피고 싶었다. 이를 위해서 설악산에 있는 동안 인도에 관한 책을 구해서 읽었다. 그리고 2006년 3월 중순, 나는 아내와 함께 인도 땅을 밟았다.

우리는 다른 부부 한 쌍과 팀을 이루어 델리, 바라나시, 아그라 등 10개 도시를 잇는 2,500킬로미터의 강행군을 시작했다. 비행기와 기차를 한번씩 이용했고 나머지는 긴 거리를 주로 털털거리는 지프를 이용했다. 울퉁불퉁한 산길을 무려 7시간이나 달려야 할 때도 있었다. 인도 여행. 여행이 아니라 차라리 고행이었다. 꾸밈없는 농촌풍경을 감상할 수 있다는 게 그나마 위안이라면 위안이었다.

멀고도 험한 여정에서 가장 인상 깊었던 도시는 역시 힌두교의 성지로 손꼽히는 바라나시였다. 갠지스 강에 인접한 바라나시의 거리는 비좁았다. 더구나 그 좁은 거리는 자동차, 인력거, 자전거, 오토바이, 삼륜차 따위의 교통수단과 소, 염소, 개 따위 짐승들이 함께 마구 뒤섞여 있었다. 배고픈 소들이 쓰레기더미를 헤집었다. 또 비루먹어 털이 빠지고 바싹 마른 개들은 길가에 힘없이 누워 있었다. 참으로 애처로운 광경이었다.

바라나시는 1,500개의 사원이 밀집해 있는 힌두교의 으뜸 성지다. 도시를 끼고 흐르는 갠지스 강변에는 계단식 목욕장이 길게 설치돼 있다. 수많은 순례자들이 그곳에서 목욕을 했다. 강변의 한쪽 노천

화장터에서는 시신이 불타올랐다. 유족과 지인들은 그다지 슬픈 표정도 없이 그 광경을 담담하게 지켜보고 있었다. 화장이 끝난 유골은 제대로 부서지지도 않은 채, 산 사람들이 몸을 씻거나 빨래를 하고 있는 갠지스 강에 뿌려졌다.

그처럼 삶과 죽음이 거리낌 없이 어우러지는 모습은 너무 낯설고 당혹스러웠다. 짧은 일정에도 불구하고 화장장을 세 번이나 볼 기회가 있었다. 한번은 혼자 화장터에 가서 노천에서 사자死者의 주검을 태우고 있는 현장을 한동안 우두커니 바라보았다. 그러면서 나는 잠시 죽음의 의미에 대해 생각해보았다. 그리고 아주 단순한 한 가지 깨달음을 얻었다. 영생을 믿는 인도인들에게는 죽음이 삶의 한 과정이라는 것을. 삶 속에 죽음이 있고, 죽음 속에 삶이 있었다. 그랬다. 우리는 늘 죽음과 함께 살고 있다. 단지 그것을 애써 외면하고 살아갈 뿐이다.

여행은 이어졌다. 인도에서도 직업의식이 발동한 나는 인도의 대표적인 건축물을 주의 깊게 살펴보았다. 우리 일행이 방문한 도시에서 본 사원과 궁전 등의 건축물은 대부분 석조와 조적조였다. 특히 돌을 정교하면서도 자유자재로 다듬어 사용하다 보니 석조 건축물인데도 불구하고 그 정교함이 마치 목조 건축물 같았다.

석조 건축물의 백미는 역시 타지마할이었다. 타지마할은 인도의 이슬람 건축을 대표하는 것으로 보는 이의 넋을 빼놓을 만큼 아름다웠다. 17세기 무굴 제국의 왕 샤 자한Shah Jahan이 먼저 죽은 왕비를 추모하려고 22년 동안 지었다는 그 무덤에는 시간을 초월한 한 남자의 사랑이 깃들어 있었다.

타지마할의 실내는 건물이라기보다 돌로 만든 거대한 회화 작품이라 할 만한 것이었다. 거기에는 모자이크의 일종인 피에트라 두라 Pietra Dura 기법이 사용됐다. 이탈리아 피렌체 지방의 르네상스 시대 건축물에서도 볼 수 있는 것으로 대리석에 꽃 등의 문양을 판 뒤 그 홈에 각각 다른 색의 돌이나 준 보석을 박아넣어 순백의 대리석과 형형색색의 돌이 어우러져 오묘한 빛을 발하도록 하는 기법이다.

인도 전역을 돌면서 느낀 한 가지 아쉬운 것은 타지마할 등 유명 건축물은 비교적 잘 관리되고 있는 반면, 그 외에 많은 중요한 문화재들이 방치되거나 관리상태가 매우 부실해 귀중한 인류의 문화유산들이 소멸되고 있다는 점이었다.

인도는 종교, 언어 등 여러 면에서 풀어야 할 난제들이 산적한 나라였다. 특히 인도가 발전하기 위해서는 공식언어만 17가지에다 전체 언어가 300여 가지나 되는 언어문제를 풀어야 할 것이다. 또 문맹률이 약 40퍼센트에 이르는 교육문제도 난제다. 우리와 관계되는 건설산업의 역할도 매우 중요할 것으로 보인다. 도로, 공항, 철도, 공공시설, 주택 등 사회 인프라 시설이 절대적으로 부족하기 때문이다. 그로 인해 극도로 낮은 물류 경쟁력이 균형발전을 저해하면서 결국 국가 전체의 경쟁력을 저하시키고 있는 것이다.

표면적으로 드러나는 모습만 보면 인도는 부정적인 요소가 매우 많은 나라다. 도로의 가축 외에도 수많은 거지들, 바가지 상혼, 무위도식하는 방랑자, 더러운 도시환경 등등……. 그러나 보면 볼수록 달라 보이는 나라가 인도다. 나 역시 인도 여행에서 나름대로 인도를 이해하려고 많은 노력을 했지만 짧은 일정으로는 한계를 느낄 수밖에 없었다.

바야흐로 우리나라에도 인도 열풍이 불고 있지만, 보통 사람들에게 있어 인도는 결코 다가가기 쉬운 나라가 아니다. 그래서 인도를 여행하고 떠나는 사람들은 다시 오지 않겠다고 한다. 그러나 대부분의 여행자들은 다시 인도를 찾는다고 한다. 가까이 다가가면 갈수록 더욱 불가사의하고 신비롭게 느껴지는 나라이기 때문일 것이다.

인도는 더럽고 애처롭고 익살맞고 황당하고 오묘하고 고귀하고 기발하고 화려하다. 가는 곳마다 우리의 고정관념을 사정없이 깨뜨리는 것들이 뒤범벅이 돼 마치 파노라마처럼 펼쳐진다. 그래서 마음속에 자리 잡고 있던 고뇌와 번민이 눈앞의 현실로 나타나 당혹스럽기도 하다. 그러나 내가 목도하는 모든 것들이 우리 내면을 이루는 삶의 한 모습이라는 생각에 나는 절로 숙연해진다.

우리는 사색을 통해 스스로에게 여러 가지 질문을 던질 수 있다. 산다는 것은 무엇인가. 앞으로 남은 삶을 어떻게 살 것인가, 그리고 나는 세상에 무엇을 남기고 갈 것인가? 나는 삶은 죽음의 연장선상에 있고 이제까지 한 일 못지않게 앞으로 할 일도 중요하며 더 가치 있는 인생을 살다가 죽어야겠다는 생각을 굳혔다.

안식휴가제도 정착을 위해

두 달 간의 휴가를 보내면서 내 내면은 달라져 있었다. 일과 휴식은 대립적이라는 기존의 이분법적 사고를 떨쳐내고, 인생의 후반부를 보다 가치 있게 살기 위해 자신을 채찍질하기로 했다. 더불어 나는 휴가 예찬론자가 돼 잘 노는 것의 중요성을 강조하기 시작했다. 또 그런 소중한 깨달음을 경영에 접목시켜 회사를 일하기 좋은 직장인의 천국으로 만들고 구성원과 그 가족들 얼굴에 더 많은 웃음꽃이 피도록 해야겠다고 다짐했다.

휴가를 마치고 다시 출근하는 날, 나는 가슴이 두근거렸다. 내가 없는 동안 회사의 성과가 악화돼 있지는 않을까, 중요한 일들이 잘 처리됐을까, 하는 걱정도 들었다. 그런 마음을 애써 감추며 보고도 받고, 그간의 회사 실적을 챙겨보았다. 재무성과는 내가 예상했던 것보다 좋았다. 구성원들이 평소보다 더 노력해준 덕분이었다. 내 역할 없이도 좋은 성과가 난 것에 대한 서운함보다는 흐뭇함이 앞섰다. 창업 10년 만에 회사는 이미 시스템에 따라 움직이면서 CEO 없이도 굴러가고 있었던 것이다.

한편, 내가 첫 번째로 안식휴가를 다녀온 덕분에 다른 임직원들도 부담 없이 휴가를 떠나게 됐다. 하지만 막상 2개월의 장기 휴가 앞에서 오히려 불안해하는 구성원도 있었다. 회사업무에 차질이 생길까 우려하며 머뭇거리는 것이었다. 그래서 나는 CEO로서 내가 먼저 휴가를 다녀온 점을 상기시키면서 말했다.

"잘 노는 사람이 일도 잘합니다. 부담 없이 다녀오세요."

그렇게 부추기자 비로소 구성원들은 눈치를 보지 않고 휴가를 떠났다. 또 휴가를 다녀온 사람은 사내 전산망에 휴가기를 올리게 함으로써 다른 구성원의 휴가계획에 도움을 주는 제도를 만들었다. 물론 그 역시 내가 솔선수범을 했고 그에 따라 구성원들도 적극적으로 휴가기를 작성해 올렸다.

예컨대 지난 2009년 여름에 안식휴가를 다녀온 김 전무가 올린 '2개월의 꿈같은 안식휴가'라는 제목의 휴가기는 단연 돋보였다. 그는 안식휴가 동안 평상시에 하고 싶어도 못하는 10일짜리 패키지여행을 여섯 번이나 할 수 있고 20일짜리 패키지도 세 번이나 가능하다고 했다. 그러면서 그는 서유럽기행, 남해안 민가 체험, 대청봉 산행, 일본 건축여행 등 네 번의 여행을 다녀온 뒤, 그 소감을 블로그에 올려 다른 구성원들과 공유했다.

이러한 노력 끝에 안식휴가는 현재 우리 구성원들이 가장 좋아하는, 우리 회사만의 독창적인 제도로 자리 잡게 됐다. 또한 우리 회사가 추진하는 일하기 좋은 기업 운동의 핵심제도로 자리매김됐다.

안식휴가제도가 우리 회사에 어느 정도 정착돼가고 있던 2008년 봄 무렵에 나는 안식휴가제도를 한 단계 업그레이드 할 방법을 고심했다. '이왕 두 달씩 쉬는 제도를 만든 김에 아주 보람되고 화끈한 방법은 없을까? 하고 구성원 입장에서 생각해보았다. 그 고민의 결론은 바로 '세계일주여행'이었다. 직장에 몸담고 있는 젊은 시절에 하는 세계일주여행은 직장인에게 행운인 동시에 시야를 글로벌하게 넓힐 수 있는 절호의 기회이며 종국에는 그것이 우리 회사 글로벌 경영에도 도움이 되리라고 나는 확신했다.

그래서 담당 직원을 시켜 여행사와 접촉하고 나도 직접 여행사 사장을 만나서 방안을 상의했다. 내 생각은 회사가 세계일주 티켓을 부담하고 나머지 경비는 구성원이 부담하는 안이었다. 두 달이라는 기간으로 빠듯하긴 하겠지만, 그런대로 세계일주여행이 가능했다. 단체로 지속적인 구매행위가 전세되면, 티켓이 그렇게 비싸지도 않고 감당할 만한 수준이었다. 그러나 세계일주여행 패키지 제도를 준비하는 과정에서 세계경제위기가 찾아왔다. 그래서 부득이 그 계획을 접을 수밖에 없었다. 하지만 경제위기가 극복되고 회사운영이 정상화되면 그 계획을 다시 수면 위로 끌어올릴 생각이다. 그 생각에 나는 또 다른 흥분을 느낀다.

일할 때는 몸을 불사르는 열정으로 열심히 일하고 놀 때는 확실히 놀아야 한다. 그렇게 사는 사람이 행복하다. 그런데 우리나라 CEO들 대부분 일은 열심히 하면서도 노는 데는 서툴다. 하지만 CEO가 일만 하는 것은 창조경영이 중요한 이 시대에 바람직한 모습은 아니다.

국내에서 '여가학' 이라는 학문을 대중에게 전파하고 있는, 베스트셀러 저자인 김정운 교수는 우리나라가 선진국처럼 되려면 '잘 놀 줄 알아야 한다' 고 역설하고 있다. 따라서 CEO가 먼저 가끔 여유를 가지고 놀 줄을 알아야 한다. 그래야 다른 구성원들도 휴가를 받았을 때 이 사람 저 사람 눈치 보지 않고 잘 놀 수 있다.

우리나라에서 안식휴가를 제도적으로 시행하는 기업은 흔치 않다. 그러나 장기간의 안식휴가는 일과 삶에 필요한 에너지를 재충전해주고, 일의 소중함을 새롭게 느끼게 한다. 그처럼 휴식을 통해 새로운 삶을 경험한 구성원들은 업무 복귀 뒤에 이전과 차원이 다른 성과를 내게 된다. 안식휴가로 구성원과 그 가족들 얼굴에 웃음꽃을 피우는 것을 보는 것이 내게는 큰 즐거움이다.

Part 6
모두의 행복 만들기 프로젝트

봉사할 수 있음에 감사하라

내가 봉사활동을 하는 이유

나는 매월 넷째 주 토요일에 간편한 복장을 하고 회사 구성원들과 함께 사회복지시설을 찾아 즐거운 마음으로 봉사활동을 벌인다. 회사를 설립한 후 거의 빠짐없이 해온 일이다. 그러다 보니 이제는 그것이 내 생활의 일부가 됐다.

내가 봉사활동에 관심을 갖기 시작한 것은 30대 후반에 다녔던 교회의 장애인 봉사활동에 참여하면서부터였다. 그때 나는 말도 못 하고 걷지도 못 하는 뇌성마비 장애아를 보면서 큰 충격을 받았다.

그들과의 만남은 너무도 낯설고 생경했다. 중증장애인들의 모습은 너무도 처참했다. 말을 못 하는 것은 물론이고 몸이 비틀어져서 가누기도 힘들어했다. 나는 그들을 통해 건강하다는 것이 얼마나 큰 축복인지를 느낄 수 있었다. 결국 나는 그들과의 만남에서 봉사의 기쁨과 봉사의 축복을 느낄 수 있었다.

그 후 서울대 현장소장으로 근무할 때 주변 봉천동 산동네 노인들을 돕는 봉사활동을 통해 봉사의 기쁨을 다시금 확인할 수 있었다. 나는 회사를 창립할 당시 그때의 추억을 떠올리며 가진 자의 의무, 즉 노블리스 오블리제를 실천하는 회사운영철학을 세웠다. 그리고 나 자신은 물론이고 회사의 모든 구성원이 정기적인 봉사활동에 참여하도록 의무화했다. 그러다 보니 주변에서는 이런 소리도 들려왔다.

"봉사활동은 자발적으로 해야지, 회사에서 강요하듯 의무적으로 하는 게 적절한가요?"

물론 봉사활동은 마음에서 우러나서 해야 한다. 하지만 현실은 그렇지 않다. 눈코 뜰 새 없이 바쁜 직장인은 설령 봉사활동을 하고 싶어도 실행에 옮기기가 어렵기 때문이다. 따라서 회사가 그런 장과 시간을 마련해주어야 한다. 그러면 처음에는 약간의 의무감으로 참여하더라도 곧 자신의 삶에 감사하게 되면서 점점 자발적으로 참여하게 된다. 실제로 나는 갓 입사한 신입 구성원으로부터 이런 고백을 들은 적이 있다.

"봉사활동을 하면서 대학생 때보다 더 긍정적이고 검소하고 부지런한 생활을 할 수 있게 됐습니다."

봉사활동은 남을 돕기에 앞서 나를 돕는 일임을 보여주는 말이었다.

우리 회사는 창립 후 14년째 변함없이 매달 전 직원이 참여하는 사회공헌활동을 벌이고 있다. 물론 우리도 비용과 시간의 부담을 느낄 때가 있다. 하지만 지속적인 봉사활동은 회사에 대한 구성원들의 자부심과 충성심을 높여준다. 또 그로 인한 업무성과도 좋아진다.

소외된 사람들이 사는 집의 낡은 지붕을 고치다 보면 내 머리도 고쳐지는 것을 느낀다. 낡은 벽지를 뜯어내고 새 벽지를 바르다 보면 내 마음에 고운 빛깔이 입혀지는 것을 느낀다. 또 목욕탕에서 장애인의 등을 정성껏 밀어주다 보면 내 영혼이 깨끗하게 정화되는 것을 느낀다. 이처럼 봉사활동은 남을 도우면서 나 자신에게 축복과 만족감을 선사해준다. 그것이 내가 봉사활동을 하는 이유다.

소외된 사람들과의 나눔은 축복이다

우리 회사의 사회공헌활동을 관심 있게 지켜본 주변 경영인들이 가끔 내게 이렇게 물을 때가 있다.

"어떻게 하면 사회공헌활동을 잘할 수 있을까요?"

그러면 나는 이렇게 답한다.

"회사의 특성에 맞는 사회공헌활동을 하는 게 좋습니다."

우리나라의 많은 기업들은 아직도 사회공헌활동을 부담스럽게 여긴다. 그래서 아예 시작도 못 하는 경우가 많다. 또 반대로 너무 쉽게 생각해 계획도 없이 닥치는 대로 사회공헌활동에 임하다가 곧 포기하기도 한다. 사회공헌활동을 회사의 특성에 맞게 장기적인 계획을 가지고 해야 하는 이유다.

그간 우리 회사는 특화된 사회공헌활동을 하는 기업의 모델로 자리 잡았다. 그런 바탕에는 사회공헌활동에 대한 우리 회사의 철학이 있었다. 요컨대 우리 회사는 '훌륭한 기업시민으로서의 역할을 다하며 사회공헌활동에 적극적으로 참여하는' 것을 5대 핵심가치 가운데 하나로 삼고 있다. 그간 전 구성원이 공유해온 기업의 설립철학인 동시에 지속적으로 발전시켜온 핵심가치인 것이다.

우리에게 사회공헌활동은 회사의 부가적인 활동이 아니라 그것 자체가 기업경영활동이다. 더불어 우리는 사회공헌활동에서 기업의 핵심역량과 구성원의 봉사활동을 연계하고 있다.

예컨대 사회복지시설 중에는 굉장히 열악한 곳이 많다. 특히 장애인들이 있는 비인가 시설을 가보면 정말 환경이 너무 열악해 눈뜨고 보기 힘들 정도의 시설도 있다. 따라서 우리는 CM 전문기업으로서 보유한 기술력을 활용해 사회복지시설을 신축하거나 노후한 시설의 개선과 보수에 중점을 두고 사회공헌활동을 펼쳐왔다. 아울러 전국적으로 30여 개의 장애인 시설을 매달 돌보고 있다. 그것은 우리 회사만의 차별화된 사회공헌활동이라 할 수 있다.

이처럼 경영철학에 기반을 두고 체계적으로 실천하는 사회공헌활동은 구성원들의 전문적인 역량을 활용할 수 있을 뿐만 아니라 협력회사의 참여를 끌어내 공동활동을 하는 등의 시너지 효과도 얻을 수 있다.

봉사활동은 시간과 돈이 남아서 하는 것이 아니다. 소외된 사람들과의 나눔은 그것 자체가 축복이다. 개인이든 기업이든 어려운 사람이 더 어려운 사람을 돕는다는 데 봉사활동의 진짜 의미가 있는 것이다. 또한 그것은 궁극적으로 고객과 사회 모든 구성원의 신뢰를 얻는 길이다. 봉사활동이 우리 회사의 트레이드마크가 된 가장 큰 이유가 그것이다.

우리는 모두 예비 장애인

2009년 9월 1일, 미국의 공영방송 PBS의 과학전문채널 '노바 사이언스'는 어느 한국인 과학자에 관한 다큐멘터리를 내보냈다. 그 주인공은 대양 탐험과 해양 판구조 연구로 미래 인류의 재난 예측 가능성을 열게 한 서울대 지구환경과학부 이상묵 교수였다.

그는 미국 MIT를 졸업한 뒤, 영국 더 램 대학교에서 세계적인 학자들과 연구 및 탐사활동을 펼쳤다. 1998년에는 한국해양연구원 선임 및 책임연구원을 지내며 한국 해양학을 발전시켰다. 첨단 해양탐사선인 '온누리호'의 수석과학자로서 많은 연구 업적을 남기기도 했다.

하지만 지난 2006년 미국 캘리포니아에서 지질조사 프로젝트를 수행하던 도중 차량 전복사고로 목 아랫부분을 움직일 수 없는 전신마비 장애인이 되고 말았다. 숨은 쉬지만 죽은 것과 다름없는 절체절명의 처지가 된 것이다. 그러나 사흘 만에 의식을 되찾은 그는 자신을 행운아로 여겼다.

"만약 내가 발레리나였거나 피아니스트였다면 사고 후에 일을 할 수 없었겠지만, 하늘이 내게서 과학연구에 필요한 뇌와 가슴을 가져가지 않았기 때문에 연구활동을 계속할 수 있어서 다행이다."

그처럼 긍정의 힘을 믿은 그는 사고 6개월 만에 강단으로 복귀했다. 물론 특수 제작한 전동 휠체어에 몸을 의지해야만 했다. 그나마 손을 전혀 움직이지 못해 턱과 뺨으로 전동 휠체어를 작동시킨다. 또 음성인식 프로그램으로 컴퓨터를 이용하고 컴퓨터 마우스는 입김을 불어 작동시키면서 과학자로서 왕성한 활동을 이어갔다.

그는 '사고 후 진정한 과학자로 거듭날 수 있었다' 며 누구보다 열정적으로 강의를 하고 즐거운 마음으로 연구활동에 매진하고 있다. 또한 장애인의 재활과 독립을 돕는 여러 사업에도 적극 참여하면서 『0.1그램의 희망』이라는 저서를 펴내 과학전도사를 자처하고 있다. 그처럼 이상묵 교수는 장애인들에게는 희망을, 비장애인들에게는 스스로를 되돌아보게 하고 있는 것이다.

이상묵 교수의 삶은 영국의 스티븐 호킹 박사와 비교된다. 스물한 살에 루게릭병 진단을 받아 시한부 삶을 살면서도 희망을 잃지 않고 우주양자론과 같은 탁월한 과학적 성과를 일구어낸 스티븐 호킹. 그에 견주어 전신마비를 딛고 과학자의 길을 꿋꿋이 걸어가는 이상묵 교수를 사람들은 '한국의 스티븐 호킹' 이라 부른다.

이상묵 교수는 '기적 같은 재활에 성공한 전신마비 장애인이 아니라 동료 과학자들이 인정하는 진정한 과학자로 기억되길 바란다' 고 했다. 그의 몸은 비록 휠체어에 갇혀 있지만 그의 정신세계는 오히려 더 깊고 풍부해진 것이다. 우리 주변에는 이처럼 자신의 분야에 최선을 다하는 장애인들이 많다.

매년 4월 20일은 장애인의 날이다. 1981년부터 이 날이 되면 전국 각지에서 장애인 체육대회와 이날을 기념하는 행사가 열린다. 우리나라 장애인 수는 약 200만 명이 넘는다고 한다. 그런데 그중 90퍼센트 정도가 이상묵 교수나 스티븐 호킹처럼 후천성 장애인이다.

멀쩡한 사지를 가진 사람들이 하루에도 수백 명씩 장애인의 대열에 합류하고 있다. 게다가 몸은 멀쩡하면서 정신장애를 겪고 있는 이들까지 포함하면 장애인의 수는 더 늘어날 것이다. 그런 점에서 우리는 모두 예비 장애인임을 깨달아야 할 것이다.

한 달에 하루는 '사회공헌의 날'

경영인들과 만나는 자리에서 기업의 사회공헌활동에 대해 이야기를 하다 보면 종종 이런 말을 듣게 된다.

"금강산도 식후경이라고 내 배가 불러야 사회공헌활동도 가능한 게 아닌가요?"

틀린 말은 아니다. 이윤이 나지도 않는 회사가 사회공헌활동에 발 벗고 나서기는 어렵다. 그러나 사회공헌활동은 남은 것을 던져주는 적선이 아니라 세금을 내듯 당연히 치러야 하는 의무다. 배가 부른 사람만 세금을 내는 것은 아니지 않은가? 그처럼 회사와 구성원이 기부와 사회공헌활동을 의무로 인식하는 순간에 길이 열린다. 우리 회사는 이미 그 길을 달려가고 있다.

우리에게 사회공헌활동은 곁가지 경영전략이 아니다. 기업경영 전반에 영향을 주는 핵심가치다. 부가활동이 아니라 핵심 경영요소다.

그래서 우리는 '훌륭한 기업시민으로서의 역할을 다하며 사회공헌활동에 적극적으로 참여한다'는 기치를 내걸며 거기에 돈, 기술, 인력 모두를 동원하고 있다.

우리는 먼저 매달 넷째 주 토요일을 '사회공헌의 날'로 정해놓았다. 그리고 이날은 모든 구성원들이 팀을 나누어 전국 30여 개소의 사회복지기관 및 시설에서 봉사활동을 벌인다. 특별한 사정이 있는 구성원을 제외하면 이 활동의 실제 참여율은 100퍼센트에 가깝다. 요컨대 지난 2008년 한 해에 사회봉사활동에 참여한 누적시간을 뽑아보니 무려 2만 1,513시간이나 됐다.

또 건설관리 전문업체답게 기술력을 이용해 사회복지시설을 새로 짓는 일과 노후한 복지시설에 대한 보수공사를 지원한다. 회사의 사업 분야인 CM과 관련 있는 활동을 벌이는 것이다. 그럼으로써 회사의 궁극적인 미션과 사회공헌활동을 일치시키는 것이다.

또한 한미파슨스 구성원은 고용계약에 명시한 의무에 따라 매월 사회공헌을 위한 현금 기부를 한다. 전 구성원이 개인 급여의 1퍼센트를 기부하면 회사는 그 두 배에 해당하는 금액을 기부하는 더블 매칭 그랜트Double Matching Grant 방식을 시행하고 있다. 결론적으로 전체 구성원 급여의 3퍼센트에 상당한 금액이 사회공헌기금으로 확보되는 것이다.

게다가 나는 개인적으로 KT&G 사외이사 활동 등으로 번 돈과 외부 강연 수입 대부분을 사회활동기금에 기부해왔다. 이렇게 모은 기금은 다양한 활동의 기금이 되고 사회복지단체 등에 대한 정기적인 지원에도 쓰인다.

우리 회사의 사회공헌활동이 지속성을 가지는 것은 매년 초에 사회공헌활동을 체계적으로 계획하고 그에 따라 전 구성원이 일관된 활동을 펼치기 때문이다. 그런 지속적인 활동계획은 구성원들이 자발적으로 조직한 '사회공헌위원회'에서 총괄한다. 사회공헌위원회는 경영기획본부장이 위원장을 맡고 30여 개 봉사조직에서 자발적으로 선출된 리더들이 그 운영위원을 맡아 운영한다. 그밖에 실무를 처리하는 사회공헌 담당 간사가 따로 있다.

가끔씩 신입 구성원 중에는 우리 회사에 와서 난생처음으로 봉사활동에 참여한다는 사람도 있다. 그런 구성원은 대체로 처음에는 마지못해 의무적으로 봉사활동에 참여한다. 간혹 반발도 한다. 그러나 그 횟수가 몇 번 거듭되면 대부분은 봉사활동에 대해 매우 긍정적인 생각을 가지게 된다.

1퍼센트가 모여 이루어낸 100퍼센트의 기적

우리 회사는 현금 기부와 더불어 인력과 CM기술력 모두를 사회공헌활동에 동원한다. 사회복지시설의 신축은 물론이고 여러 가지 설비에 대한 안전점검과 개보수작업을 지원하는 것이다. 예컨대 우리 회사는 소아마비 장애인들을 위한 시설인 '정립회관'을 개축할 때 설계업체와 시공업체 선정, 감리 등 CM서비스를 무상으로 해주었다.

이러한 사회공헌활동 경험은 2003년에 저 유명한 '기적의 도서관'

건립에 참여하는 밑거름이 됐다. '기적의 도서관' 짓기는 시민단체 '책 읽는 사회 만들기 운동'이 MBC '느낌표-책을 읽읍시다' 코너와 함께 시작한 사업이었다. '느낌표'에 선정된 책을 팔아 그 인세를 주 수입원으로 어린이 도서관을 짓는 그야말로 자그마한 티끌이 모여 기적을 낳는 사업이었다.

'책 읽는 사회'는 처음에는 건축을 직접 하려고 시도했지만 막상 일을 추진하면서 여러 가지 어려움에 부딪히자 우리 회사에 도움을 요청해왔다. 우리는 그 프로젝트의 순수한 뜻에 공감했다. 그래서 전 국 각지의 기적의 도서관 CM용역을 맡되, 그 비용의 50퍼센트를 건 립비용으로 환원키로 했다. 사회공헌의 실천기회로 삼은 것이었다. 나는 자부심에 들뜬 나머지 구성원들에 특별히 당부했다.

"세상에 단 하나밖에 없는 아름다운 도서관이 되도록 설계관리를 잘하고 정해진 기간에 완공되도록 일정관리를 철저히 합시다. 비용 관리에도 최선을 다하고 특히 입찰과정을 청렴하고 공정하게 해야 합니다."

기적의 도서관은 지역 주민과 어린이들에게 자유로운 상상과 발견 의 기쁨을 주는, 말 그대로 '기적의 공간'이 돼야 했다. 그래서 어느 프로젝트보다도 최선을 다해야 함을 역설한 것이다.

그런 다음 우리는 건축주, 설계자, 방송사 관계자와 첫 미팅을 했 다. 방송사와 건축주 측에서는 공사기간의 촉박함을 하소연해왔다.

"2004년 말까지는 적어도 4개의 도서관을 완성해 개관식을 방영 할 수 있도록 해야 할 텐데 걱정입니다."

우리는 가진 능력을 최대한 발휘해 그 고민을 해결해주기로 했다. 그리하여 제 1호관으로 선정된 순천 기적의 도서관부터 착공 준비에 들어갔다.

그런데 순천 기적의 도서관은 늦어도 10월까지는 모든 공사를 마치고 11월 3일에는 대통령까지 참석하는 개관식을 하기로 돼 있었다. 하지만 남은 기간은 4개월. 설계도도 없고 건축허가도 나지 않은 상태에서 400평의 지상 2층 도서관을 짓기에는 무척 빠듯한 기간이었다. 우리는 먼저 기본도면 5장만 가지고 시공사를 선정해 착공을 했다. 설계를 하면서 시공을 병행하는, 이른바 '패스트 트랙 방식을 적용한 것이다 .

그러던 9월에 사상 초유의 태풍 매미가 한반도에 불어 닥쳤다. 기상관측을 실시한 이래 가장 강력한 위력으로 전국에서 130명의 인명 피해와 4조 7,810억 원의 재산 피해를 발생시킨 엄청난 태풍이 공사장을 휩쓸고 지나갔다.

그 때문에 공사는 20여 일이 지연됐고 자꾸만 재시공을 해야 할 일이 생겼다. 이래저래 일정이 꼬이기 시작하면서 착공 2개월 만에 겨우 골조공사가 끝났다. 우리는 하도급업체 사장을 현장에 상주시키면서 인부들과 함께 주야간으로 돌관突貫 작업을 하게 했지만 역부족이었다. 그리하여 10월이 다 가도록 전체 공정이 90퍼센트에 머무르고 있었다.

도저히 개관식 일정에 맞추어 완공할 수가 없는 상황이었다. 그래서 우리는 방송사와 '책 읽는 사회 만들기 운동' 측에 개관식 연기를 요청했다. 하지만 불가능하다는 답변만 돌아왔다. 참으로 난감한 터에 우리는 미봉책을 제시했다.

"어쩔 수가 없습니다. 지금 남은 기간에 외부 조경공사와 강당 바닥마감은 사실상 불가능합니다. 그러니 우선 도서관 열람실이라도 마무리한 상태에서 개관식을 할 수밖에 없습니다."

태풍이라는 천재지변 때문이긴 했지만 국내 최고의 CM 전문회사임을 자부하는 우리로서는 체면이 말이 아니었다. 그러나 하늘이 도왔던 것일까. 개관식을 이틀 앞둔 11월 1일, 숨통이 탁 트이는 통보가 날아왔다.

"개관식을 1주일 연기하고 대통령께서 사정이 생겨 영부인이 대신 참석한다고 합니다."

속으로 쾌재를 불렀다. 1주일이면 해볼 만한 기간이었다. 그 금쪽 같은 1주일 동안 우리는 공사 마무리에 박차를 가했다. 그리고 드디어 2003년 11월 10일, 순천 기적의 도서관은 문을 열었다. 성대하게 열린 개관식에는 영부인 권양숙 여사를 비롯해 장관, 국회의원 등이 참석했다. MBC '느낌표' 프로그램 녹화도 성공적으로 마무리됐다. 더없이 감격스런 날이었다. 그것은 작은 1퍼센트의 힘들이 모여 100퍼센트를 만들어낸 기적이었다. '세상에서 가장 아름다운 도서관'은 그렇게 세상에 첫선을 보였다.

얼어 죽어도 바꿀 수 없는 감동

기적의 도서관 사업은 여러 곳에서 동시에 공사가 진행됐다. 짧은 기간에 적은 예산으로 완공을 해야 하는 터라 여러 가지 애로사항이 많은 공사였다. 우리 담당 책임자인 정 차장은 자동차를 타고 전국을 돌아다니며 1주일에 한 번씩 각 현장을 방문했다. 그처럼 이곳저곳 옮겨 다니다 보니 날마다 식당 밥을 먹고 모텔에서 잠을 자는 떠돌이 생활이 이어졌다.

그러던 2004년 초, 정 차장은 울산 기적의 도서관 현장 방문을 마치고 청주 도서관으로 가기 위해 경부고속도를 달렸다. 그런데 하필 그날 중부지방에 엄청난 폭설이 내렸다. 고속도로는 마비됐다. 그는 수많은 차량 행렬 속에 꼼짝없이 갇히고 말았다. 그렇게 하루를 꼬박 추위와 배고픔에 떨며 차 안에서 버텨야 했다. 연료가 바닥을 보이는 바람에 히터도 켤 수 없었다. 휴대전화 배터리가 떨어져 전화마저 불통이 됐다.

온몸이 얼어붙는 듯했다. 정 차장은 찬 기운이 살 속으로 파고드는 것을 느꼈다. 춥고 배고픈데다 잠까지 쏟아졌다. 그는 길바닥에서 얼어 죽을지도 모른다는 두려움을 느끼며 '무슨 오지랖으로 이 일을 시작했나!' 하는 후회를 했다.

하지만 그 순간 또 다른 그림이 그의 머릿속에 떠올랐다고 한다. 우리가 만든 아름다운 도서관에서 해맑은 아이들이 고사리 같은 손에 책을 펼쳐들고 읽는 광경이었다. 할머니나 할아버지가 손자들에게 책을 읽어주는 모습도 그려졌다. 온 세상을 얻은 것처럼 뿌듯했던 개관식 날의 감격도 떠올려보았다.

'그래, 당장 얼어 죽어도 그런 감동을 맛볼 수 있다면……'

정 차장은 그렇게 스스로를 위로하며 무려 24시간 가까이 걸려서 목적지에 도착했다.

그처럼 우리 담당 책임자들이 동분서주하면서 동시에 8개소 도서관 공사가 진행됐다. 그리하여 2004년 상반기에 제천, 진해, 청주, 제주, 서귀포, 금산, 울산 등 8곳에 기적의 도서관을 차례로 선보였다.

우리는 인간의 힘으로 불가능한 일이 이루어졌을 때 기적이라 부른다. 신이 인간에게 내린 가장 위대한 선물인 사랑의 힘이 기적을 만든다. 기적의 도서관 공사는 그 이름이 표현하는 것처럼 사람들의 단순한 노력으로는 불가능한 프로젝트였다. 하지만 수많은 사람들의 뜻이 모이자 놀라운 기적이 일어났다. 우리는 미친 듯 열정을 쏟아부어 그 기적에 마침표를 찍었다. 우리가 공들여 찍은 마침표가 세상에는 느낌표가 됐다.

나는 지금도 가끔 기적의 도서관 프로젝트를 떠올린다. 그럴 때마다 여러 사람이 공사 때 겪었을 힘든 일들이 생생하게 되살아나면서 도서관 구석구석에 배어 있을 우리 구성원들의 손길을 느낀다. 그 사랑의 힘으로 빚어낸 도서관에서 오늘도 수많은 어린이들이 책장을 넘기고 있다. 그 아름다운 광경은 나를 취하게 한다. 열정적으로 일을 하고 난 뒤 그보다 큰 보람이 있을까.

사회공헌활동도 글로벌하게

봉사활동에는 국경도 민족도 인종도 없다. 우리 회사에는 미국과 영국 등 다양한 국적을 가진 구성원이 모여 있다. 하지만 봉사활동에는 파란 눈의 외국인 구성원도 예외가 없다. 오히려 이들 외국인들은 봉사활동의 당위성을 다른 구성원에게 역설하면서 더 적극적으로 참여하는 편이다.

이들은 한국인 직원들과 함께 어려운 사회복지시설을 찾아 빨래나 청소를 한다. 비록 말이 잘 통하지는 않지만 장애아들과 함께 나들이를 하면서 환한 웃음과 따뜻한 마음을 나누기도 한다. 그 가운데서도 비셔 아마리Bisher Ammari 부사장은 누구보다도 열심히 봉사활동에 임했다.

회사 설립 직후인 1996년에 한국에 온 아마리 부사장은 처음에는 고아원에서 아이들과 놀아주는 봉사활동을 했다. 그러던 중에 장애가 있는 한 아이가 그를 '아빠'라고 불렀다. 당시 독신이던 아마리 부사장은 그 말에 무척 감동을 받았다. 하지만 한국말로 응대를 못해주자 아이는 곧 실망을 하고 말았다. 글로벌 봉사활동에서 부딪힌 문제였다.

그는 아이에게 상처를 주게 될까봐 봉사활동 대상을 바꾸었다. 장애아에 대한 봉사활동은 한국말을 열심히 배운 뒤에 하기로 한 것이다. 그리고 미국 파슨스에 근무하던 시절부터 다양한 벽지를 다뤄본 경험을 살린다며 도배 봉사 전문가를 자처했다. 그리하여 서울 방화동 임대아파트에 매달 풀과 벽지를 직접 들고 가서 집집마다 낡은 벽지를 뜯어내고 새 벽지를 바르는 봉사활동을 했다.

꼬박꼬박 거르지 않고 봉사활동에 임하는 그 인상 좋은 외국인을 주민들은 무척 반겼다. 마침내 2004년 성탄절을 하루 앞둔 12월 24일자 중앙일보에는 아마리 부사장의 봉사활동과 관련된 기사가 벽지 바르는 사진과 함께 실렸다. 한미파슨스 구성원의 의무적인 봉사활동에 대해 묻는 기자의 질문에 아마리 부사장은 이렇게 답했다.

"개인적으로 사회에 봉사하려면 어디서 어떻게 시작해야 할지 막막하잖아요. 회사가 발 벗고 나서서 환경을 조성해주면 구성원 누구나 쉽게 봉사활동에 참여할 수 있지요."

한국인 구성원이 해외현장에 나가서 글로벌한 사회공헌활동을 벌인 경우도 있다. 우리 회사는 2008년에 오만 조선소 CM을 맡았다. 그때 현장에서 멀지 않은 사막에 쓰레기가 쌓이는데 치우는 사람이 없었다. 그래서 현지에서 근무하던 우리 회사 구성원들은 앞장서서 사막 환경정화활동을 펼쳤다. 그러자 협력사와 지역주민들도 자연스럽게 그 활동에 참여하게 됐다. 회사의 방침에 충실한 우리 구성원들이 사회공헌활동을 글로벌한 차원으로 이끌어낸 의미 있는 사례 중하나였다.

또 베트남 하이퐁 지역의 리조트 건설관리현장에서 근무하던 우리 구성원들은 주위의 아동복지시설을 찾아가 봉사활동을 벌였다. 본사의 봉사활동방침을 해외현장에서도 이어가려는 것이었다. 게다가 그곳 구성원들은 본사의 월 1회 봉사활동방침을 넘어 자발적으로 주 1회 봉사활동을 펼쳤다. 그만큼 우리의 가치관과 문화가 구성원들에게 잘 공유돼 있음을 보여주는 사례다.

우리 회사는 '지속적인 혁신을 통하여 건설산업의 가치를 창출함으로써 인류 사회발전에 공헌한다'를 미션으로 삼고 있다. 사회공헌활동은 이러한 미션을 실천하는 한 과정이다. 더불어 우리는 사회공헌활동에서도 글로벌화를 추구한다. 우리의 글로벌 시장 확대 전략은 단순한 이윤창출만을 위한 것이 아니다. 그 이상의 가치를 실현하기 위한 것이다.

따뜻한 사람들과 따뜻한 동행

나눔은 가슴 뭉클한 행복이다

미국 발 금융위기의 영향으로 경제상황이 악화됐던 2008년 11월 말. 우리는 서울 강서구 등촌동에 있는 어느 영구임대 주택단지에서 봉사자 240여 명이 참여하는 '행복한 겨울나기' 행사를 벌인 적이 있다.

사실 그날에 앞서 우리 회사의 정기적인 사회공헌활동은 이미 1주일 전에 한 터였다. 그러나 그날 우리 회사 구성원과 가족 120여 명은 사회복지공동모금회, 바른사회시민회의, 베스트 서머쉴드, 한국소방, GWP Korea 등 12개 파트너 기업과 기관의 봉사자들 120여 명과 함께 장애인, 독거노인, 소년소녀가장, 연해주 귀국 동포 들을 돕는 별도의 겨울나기 행사를 연 것이다.

그날 우리는 배추 2,000여 포기 분량의 김장을 했다. 더불어 몇몇 세대의 벽지 교체와 집안청소도 해주었다. 우리 회사의 연간 사회공헌계획에 없었지만 국내외적으로 경제상황이 악화된 점을 감안해 어려운 이웃들에게 따뜻한 도움의 손길을 펼치고자 특별히 기획된 봉사활동이었다.

나는 아내와 함께 그날의 특별한 김치 담그기 행사에 처음부터 끝까지 참여하면서 종일 뿌듯한 감동을 느꼈다. 특히 행사 마지막 순서로 갓 담근 김장김치와 쌀을 정성 들여 집집마다 전달하자 할머니와 할아버지들이 매우 기뻐하셨다. 그 모습에 나는 행복한 기분을 감출 수 없었다.

그런데 무엇보다도 좋았던 것은 그 행사에 참여한 240여 봉사자들이 열심히 일을 하며 행복해하는 모습이었다. 부모를 따라와서 함께 봉사하는 아이들과 우리 회사 외국인 구성원 또한 매우 즐거워하며 열심히 일했다. 나는 그런 광경을 유심히 보면서 누군가를 도울 수 있는 회사를 이끌고 있다는 사실이 무척 행복했다.

봉사활동은 결국 남을 돕는 동시에 우리 자신을 돕는 일이며 은혜를 받는 일이다. 장애인이나 불우한 이웃들과의 나눔활동은 늘 우리에게 가슴 뭉클한 행복감을 안겨주기 때문이다. 그리하여 양질의 에너지가 우리 마음속에 가득 차게 된다. 그날도 그랬다.

11월 마지막 주말, 특별한 겨울나기 봉사활동에서 벅차오르는 에너지를 얻어온 나는 구성원들에게 장기적인 사회공헌사업의 꿈과 비전을 담은 장문의 CEO 편지를 썼다. 그리고 내 홈페이지의 CEO 단상에 올렸다. 더불어 그 편지에 일찍부터 내가 구상해온 사회복지법인 '함께 나눔 설립계획(안)'을 첨부해 공개했다.

장애 없는 세상을 만든다

사실 나는 오래전부터 사회공헌활동을 안정되고 지속되게 하는 방안을 모색해왔다. 그래서 활동을 더 조직적이고 체계적으로 확대하기 위해서 사회복지법인 설립을 준비해왔다. 그러나 경제여건 등 여러 가지 사정에 의해 지연됐다. 그러다가 지난 2009년에는 더 이상 미룰 수 없다고 생각하고 복지법인 설립을 서둘렀다.

법인기금 조성은 우리 임직원의 힘으로 하기로 결정했다. 그래서 20억 원을 목표로 모금운동을 벌였다. 그 결과 회사 전 임직원의 적극적인 참여로 21억 원 규모의 재단 자본금이 확보됐다. 그중 절반 정도인 10억 원은 내가 우리 회사 주식으로 출연했다.

그와 더불어 우리는 2009년 12월 한 달 동안 회사의 전 구성원을 대상으로 사회복지재단의 이름을 공모했다. 그러자 87명의 구성원이 사회복지법인 명칭 공모에 참여했다. 그리고 사회공헌위원의 엄정한 심사를 거쳐 최종적으로 '따뜻한 동행'이라는 이름이 탄생하게 됐다.

한미파슨스 전 구성원의 열정적인 참여를 통해 탄생한 복지법인인 만큼 그 이름도 한미파슨스 전 구성원의 자발적인 참여로 짓게 되어 그 의미가 한층 가슴에 와 닿았다. 그리하여 마침내 2010년 3월, 사회복지법인 '따뜻한 동행'이 출범했다.

나는 창립식 기념사를 하면서 감정에 복받쳐 목이 메었다. 나는 마틴 루터 킹 목사가 47년 전에 '차별 없는 세상의 꿈'을 꾼 것처럼 '장애 없는 세상의 꿈'이 이루어지리라 믿는다고 외쳤다.

복지법인 창립을 기념해 성남 소망재활원의 장애어린이 14명이 대나무를 깎아 만든 인도네시아 전통 악기인 밤벨을 하나씩 들고서 동요 몇 곡을 연주했다. 음정과 박자가 잘 맞진 않았지만 장애 어린이들의 연주는 감동적이었다. 연주가 끝나자 참석자들은 모두 일어나서 박수를 보냈다.

이에 앞서 '한국의 스티븐 호킹'이라는 서울대 이상묵 교수가 휠체어에 몸을 기댄 채 소개됐을 때도 우레와 같은 박수가 쏟아져나왔다. 또한 내 고교 동창인 은경무역 이종오 사장도 소개돼 많은 갈채를 받았다. 그는 25년 전 교통사고를 당해 반신불수의 장애인이 됐지만 불굴의 의지로 스포츠용품 수출회사를 일궈서 현재 연간 250억 원의 매출을 올리는 한편, 고교 동기회장을 맡을 정도로 열정적인 활동을 하고 있다.

한편, 따뜻한 동행 재단에는 이상묵 교수를 비롯해 김승규 전 법무부 장관, 이승한 홈플러스 회장, 히말라야 14좌를 등반한 산악인 박영석 대장 등 여러 분야의 저명한 인사들이 이사진이나 감사로 참여하고 있다.

따뜻한 동행의 비전은 '따뜻한 사람들이 함께해 장애 없는 세상을 만든다'이다. 2015년까지 사회복지시설 100개소를 지원하고 민간의 힘으로 사회복지시설을 현대화한다는 구체적인 비전도 가지고 있다. 그에 따라 사회복지시설 개선, 장애인 자립 지원, 자원봉사 지원을 주요 사업으로 하고 향후 탈북자나 다문화 가족 지원과 소외계층에 대한 긴급 지원 등의 사업을 벌이기로 했다.

따뜻한 동행은 한미파슨스 전 구성원이 출연해 설립한 재단이다. 하지만 그렇다고 해서 한미파슨스만의 재단으로 머무르지 않고 오픈형 복지재단을 지향한다. 따라서 시민, 학생, 자원봉사, NGO 등과 다양한 협력 기업이 광범위하게 참여할 수 있도록 문을 열어놓고 있다. 우리는 기술, 봉사인력, 자금 등 안정적인 기반을 제공하면서 다양한 네트워크를 지향한다. 그러면서 궁극적으로는 기업연합재단을 꿈꾸고 있다.

함께 나눔을 위해

기업연합재단의 꿈

우리 회사의 사회공헌활동은 이제 회사의 의식Ritual과 철학으로 자리 잡았다. 기업의 목적은 영리추구에만 있는 것이 아니라 사회적 책임과 의무를 구현하는 데 있다는 CSRCorporate Social Responsibility을 실현하고 있는 것이다. 그러한 기업의 사회적 책임활동의 일환으로 우리는 2010년 봄에 우리 회사 전 구성원이 출연한 '따뜻한 동행' 재단을 마침내 설립하게 됐다.

하지만 이것은 또 다른 첫걸음일 뿐이다. 나는 지금의 따뜻한 동행을 모체로 해 여러 뜻있는 기업들이 힘을 합쳐서 제법 규모가 있는 복지재단을 만드는 구상을 하고 있다. 나는 애초에 여러 기업이 참여하는 기업의 네트워크 사회공헌 모델인 기업연합재단을 생각했다. 그리고 그 모델로 미국의 토크빌 소사이어티Tocqueville Society라는 복지 공동체를 참고했다.

토크빌 소사이어티는 1984년 인디애나 주에서 설립돼 지금은 미국 전역에 398개의 지역협회를 두고 있으며 개인을 포함해 2,011개의 기업이 참여하고 있다. 이 공동체는 연간 4억 달러의 기금을 모아 복지문제 해결을 위해 쓰고 있다.

나는 토크빌처럼 국내 최초로 기업들이 공동으로 사회공헌활동을 하는 모델로서 100여 개 기업이 출자하고 설립자산이 300억 원쯤 되는 기업연합사회복지법인 계획안을 만들었다. 또 거기에 가칭 '함께 나눔' 이라는 이름까지 붙였다.

'따뜻한 동행' 을 설립하기 전에 그 계획안을 가지고 여러 단체와 기업 CEO 등과 협의를 진행했다. 하지만 많은 분들이 취지에는 공감하면서도 선뜻 나서려 하지 않았다. 세계적인 경제위기상황도 거기에 한몫을 하고 있는 듯했다. 그러자 나는 더 이상 시간을 지체할 수 없어서 우선 우리 회사가 추진했던 '따뜻한 동행' 을 먼저 설립하게 됐다. 그렇지만 나는 기업연합재단의 꿈을 포기하지 않고 지속적으로 가능성을 점검하고 목표를 향해 앞으로 나아갈 것이다.

앞으로 드러날 기업연합재단의 구체적인 모습은 느슨한 형태의 네트워크일 수도 있고 처음부터 자본금을 공동으로 출연한 타이트한 재단일 수도 있다. 기업연합재단이 어떤 모습으로 설립이 되든 간에 소외되고 어려운 이웃이 행복한 삶을 살아갈 수 있도록 지원할 것이다. 구체적으로는 홀로서기 어려운 장애인의 성장과 자립 지원, 사회복지시설 개선사업, 북한동포 지원 및 탈북자의 국내 정착 지원 등의 사업을 할 것이다.

불과 40년 전까지 외국의 원조를 받았던 우리나라는 이제 세계 13위의 경제대국으로 성장했다. 반도체, 전자, 조선산업, 자동차 등은 세계 일류로서 인정받고 있다. 2010년 G20 주최국으로 세계무대에서 큰 활약을 하고 있다. 하지만 우리는 아직도 사회복지분야에서 후진국 수준에 머무르고 있다. 복지예산, 아동복지, 장애인 복지수준이 국제협력개발기구OECD 30개 국가 중 최하위인 실정이다. 게다가 세계에서 가장 많은 고아 수출국이라는 불명예를 안고 있다.

이런 현실에 대해 정부가 많은 부분을 감당하고 있지만, 정부의 역할에는 한계가 많다. 따라서 이제는 기업들이 나서서 어려운 이웃을 위한 사회공헌활동을 벌이며 기업의 사회적 책임을 다해야 한다.

기업들 사업에서 더러 경쟁관계에 놓일 수 있다. 하지만 어려운 이웃을 돕는 일에서는 진정한 파트너가 돼야 한다. 사회공헌활동은 혼자 하기보다는 뜻이 맞는 기업들이 함께할 때 우리 사회를 위해 더 많은 나눔이 가능하기 때문이다.

사실 100여 개 기업이 참여해 자본금 300억 원 규모의 복지재단을 처음부터 만들기가 쉽지는 않을 것이다. 또 경제가 어려운데 한가하게 무슨 복지재단이냐고 할 사람들이 있을지도 모른다. 하지만 풍족할 때보다는 어려운 때 나눔을 실천하는 것이 더 가치 있는 일이다. 머지않아 미국의 토크빌 같은 복지 공동체를 내 손으로 이 땅에 구축하는 것을 떠올리면서 벌써부터 가슴이 두근거린다.

실버클럽과 CEO 지식 나눔

우리 사회는 급속히 노령화 시대를 맞이하고 있다. 이미 노인문제가 가장 큰 사회문제가 되고 있다. 사람은 누구나 늙는다. 따라서 누구도 노령화에서 자유로울 수가 없다. 많은 인생 경험과 지식과 재산을 가진 사회 지도층 인사들도 언젠가는 다들 은퇴를 하고 노인의 대열에 합류하게 될 것이다.

그런데 '노인은 살아 있는 박물관'이라는 말이 있다. 사회 일선에서 은퇴한 이들이 봉사활동을 통해 우리 사회에서 소외되고 어려운 이웃과 함께하며 제2의 인생을 살아간다면 얼마나 좋을까 그럼 노령화 사회도 그리 걱정할 것은 아니라고 본다. 또 다양한 경험과 능력을 갖춘 노인들이 다양한 '실버클럽'을 만들어 인생의 황혼녘을 황금기로 만들 수도 있을 것이다.

하지만 많은 경영인들이 은퇴 후에는 무엇을 할 것인가를 고민하고 있다. 나 역시 오래전부터 그런 고민을 해왔다. 그리고 일찌감치 공언을 했다. 경영자의 자리에서 물러나면 사회복지사업에 제2의 인생을 걸겠다고.

더불어 나는 은퇴한 CEO들이 그간 사회에서 받은 혜택을 다시 사회에 환원하자는 취지로 'CEO 지식 나눔' 활동을 구상했다. 이러한 구상은 이미 여러 CEO들과 논의를 했다. 그 결과 삼성, 현대, LG 등 국내 그룹사와 카길 등 굴지의 글로벌 기업 CEO 24명이 창립발기인으로 참여해 또 다른 형태의 사회복지법인인 사단법인 'CEO 지식 나눔'을 출범시켰다.

'CEO 지식 나눔'은 대학생이나 중고생을 대상으로 다양한 형태의 강의를 하면서 젊은 학생들에게 꿈을 심어줄 것이다. 나아가 중소기업이나 중견기업 CEO와 직원들에게도 강의와 코칭 등을 통해 대기업에서 습득한 노하우를 나눠주는 활동을 할 것이다. 아울러 학생과 일반 직장인을 대상으로 하는 코칭과 컨설팅도 병행해 나갈 것이다. 이 모임은 국내 최초로 전직 CEO들이 대규모로 참여하는 '지식 나눔 커뮤니티'가 될 것이다.

나는 경영 일선에서 물러나 손자·손녀들과 함께 봉사활동을 다니는 모습을 자주 상상한다. 그것이 내 인생 후반기의 작은 소망이다. 나는 그 소망을 실천하면서 아이들에게 소외된 사람들과의 나눔이 얼마나 큰 축복인지를 저절로 느끼게 해주고 싶다. 나는 내가 살아 있는 동안 내가 받은 축복과 가진 것을 모두 사회에 환원하는 삶을 살다가 먼 나라로 가고 싶은 소망을 가지고 있다.

고마움을 먼저 알자

2010년 4월 20일자 「조선일보」에는 한국전쟁에 참전한 영국인 용사에 관한 기사가 실렸다. 「더 타임스」 서울특파원 앤드루 새먼이 쓴 칼럼이었다. 당시 아이슬란드 화산재로 인천공항에서 발이 묶인 여든두 살 된 영국 할아버지에 대한 이야기였다. 기력이 쇠해 휠체어에 앉아 있는 그의 이름은 빌 스픽맨. 60여 년 전, 독일 베를린의 연합군 주둔지에서 이등병으로 근무하던 그는 한국전쟁에 자원해 참전하게 된다. 그리고 1951년 11월 4일, 그가 소속된 영국군 대대는 임진강 지류 근처에서 10배가 넘는 중공군과 맞붙었다.

스픽맨 이등병은 참호 앞으로 새카맣게 중공군이 밀려오자 전선 맨앞에서 잇달아 수류탄을 던지며 중공군을 저지했다. 그 사이 동료들은 참호 속에 나동그라진 부상병들을 끌어냈다. 그러다가 스픽맨도 총탄에 맞고 말았다. 하지만 그는 계속 싸우다가 정신을 잃고 말았다. 그가 깨어났을 때는 일본에 있는 어느 병원이었다. 그는 부상에서 회복한 뒤에도 공수부대에 자원해 말레이시아와 보르네오에서도 싸웠다.

스픽맨은 빛나는 전공을 세워 영국 최고의 무공훈장인 빅토리아크로스 훈장을 받게 됐다. 한국전 참전용사 가운데서는 4명이 그 훈장을 받았다. 그중 생존자는 스픽맨뿐이다. 영국에 스픽맨의 이름을 딴 아파트 단지와 교각이 있을 만큼 그는 전설적인 영웅이다. 하지만 이 전쟁영웅은 극심한 생활고에 시달렸다. 전역 후 일자리가 없어 차도 못 사고 휴대전화도 없다고 했다. 가족과 초라한 오두막에 살다가 지붕이 무너지자 귀중한 무공훈장을 팔아 수리비를 낸 뒤 복제품 훈장을 달고 다닌다고도 했다.

그러던 2010년 6·25 60주년을 맞아 스픽맨은 국가보훈처의 초청으로 다른 노병 53명과 함께 한국에 왔다. 그리고 부산 유엔군 묘지에 헌화한 뒤, 한국 사람들의 환대와 참전용사에 대한 고마움의 표현에 눈물을 흘렸고 만약 천안함 사태 때문에 북한과 다시 전쟁이 나면 기꺼이 참전하겠다고 했다.

나는 그 칼럼을 보면서 눈가에 이슬이 맺혔다. 그래서 그 노병을 도와야겠다고 생각했다. 신문사에 연락하고 국가보훈처에 연락해보았다. 그랬더니 스픽맨 씨는 아이슬란드 화산재 때문에 아직도 우리나라를 떠나지 못하고 인천의 한 호텔에 대기하는 중이었다. 나는 그를 만나보려고 시도했다. 하지만 사정이 여의치 않아 홍보담당 정 부장에게 인천공항으로 가서 나 대신 위로금 3,000파운드(약 500만 원)를 전달하게 했다. 그러자 스픽맨 씨는 우리 뜻에 감동하고 고마워하면서 영국에 돌아가면 감사의 마음을 꼭 전달하겠다며 귀국길에 올랐다.

그 후 몇 주일 흐른 5월 중순경이었다. 주한 영국대사관에서 회사로 연락이 왔다. 스픽맨 씨를 도와준 것에 대한 감사와 함께 답례로 6월 하순 영국 엘리자베스 여왕 탄신일에 나를 초대한다는 영국대사의 뜻을 전해온 것이다. 덕분에 나는 여왕 탄신일 기념 파티에 참가하는 영광을 누리게 됐다. 나중에 삼성테스코에 근무하는 모 전무에게 그 이야기를 했더니 그 전무는 반색을 하며 말했다.

"이번에 우리 회사일로 영국 언론인들이 한국에 많이 오는데 한국을 피알PR 할 수 있는 좋은 소재네요."

우리가 영국인 참전용사에게 보여준 작은 고마움의 표시가 우방국 간의 우의를 돈독히 하는 데 일조했음은 물론이고 기업의 대외 활동에도 나름대로 기여하게 된 것이다.

6·25 전쟁에서 미국의 젊은이들 3만 6,940명이 고귀한 목숨을 잃었고 영연방국가에서만 1,750여 명이 전사했다고 한다. 오늘날 대한

민국은 이들의 희생이 없었다면 존재하기 어려웠을 것이다. 역사에 가설은 없다지만, 아마 UN 참전이 없었으면 대한민국은 적화됐을 가능성이 높고 우리도 지금 북한동포와 같은 암흑에서 헤매고 있을 지도 모를 일이다.

우리는 이들 국가에 크나큰 빚이 있다. 그래서 참전용사와 참전국가에 진정한 고마움을 표해야 한다. 우리를 지키는 데 고귀한 목숨을 바친 그들을 결코 잊어서는 안 된다. 특히 전사자와 부상자 가족을 찾아서 감사의 뜻을 전하고 생존한 참전용사들에게도 감사의 마음을 전해야 하며 도움이 필요한 이들에게는 전 국민이 나서서 도와야 한다.

특히 참전 16개국 중 우리보다 형편이 어려운 태국, 콜롬비아, 에티오피아, 필리핀 등은 적극적으로 도와야 할 나라들이다. 그래서 나는 구성원들의 동의를 구해 우리 회사의 사회공헌기금 일부를 그 고마움을 표하는 데 쓰기로 했다.

고마움을 아는 것은 인간의 당연한 도리이다. 또 그런 고마움을 적극적으로 표현하다 보면 선순환이 돼 반가운 일로 돌아오기도 한다. 나는 스픽맨 씨와 관련된 일을 겪으면서 문득 깨달았다. 나눔과 봉사를 실천하는 것이 중요하지만, 그전에 먼저 고마움을 알고 보답할 줄도 알아야 한다는 것을.

노블리스 오블리제의 전통을 만들자

삼성경제연구소가 자체 개발한 '선진화 지표'를 통해 경제협력개발기구 회원 국가들의 수준을 측정 비교해 연구한 적이 있다. 그 연구에서는 '성장과 통합이 조화를 이루며 시민적 덕성이 높은 수준으로 고양된 상태'를 선진화로 정의하고 7대 선진화 요건에 따른 70개 세부항목을 분석해 지표를 구성했다.

그 결과 우리나라는 65.5점으로 경제협력개발기구 30개국 중 24위를 기록했다. 특히 사회 지도층의 경제정의 실현에 대한 기여를 측정한 노블리스 오블리제 항목, 정치적 비전, 사회 안전망 등의 항목에서 꼴찌로 나타났다.

사회적으로 높은 신분을 가진 사람들에게는 그에 상응하는 도덕적 의무가 있다. 그것을 일러 '노블리스 오블리제'라 한다. 고대 로마시대 왕과 귀족들의 투철한 도덕의식과 공공정신에서 비롯된 전통이다. 당시 사회 고위층은 사회에 대한 봉사와 기부 등을 매우 명예로운 일로 여겼다. 그들은 또 전쟁이 일어나면 솔선수범해 전장에 나가서 기꺼이 목숨을 던지는 것을 자랑스럽게 여겼다.

이러한 전통은 문화예술의 절정기였던 르네상스 시대에 활짝 꽃이 피었다. 당시 귀족들은 미술품이나 장서를 수집하고 많은 비용을 들여 기념비적인 건축물을 건립했다. 그리고 예술가에 대한 적극적인 후원 등을 통해 가문의 예술적 안목을 과시하고 수준 높은 문화를 향유했다.

그 대표적인 예가 피렌체의 명문가 메디치 가문이다. 교황을 네 명이나 배출하고 프랑스 왕비 두 명을 필두로 유럽의 수많은 왕조와 혼인관계를 맺은 이 대단한 가문은 진정으로 예술을 사랑했다. 막강한 부와 명예를 가지고도 전쟁을 일으키는 대신 문예부흥의 한복판에서 수많은 예술가를 후원하며 그 힘으로 한 시대를 지배했으니 '메디치 가家 없이는 르네상스도 없다'는 말이 나돌 정도였다.

문화는 사회를 지탱하는 정신적 기반이며 우리의 일상적인 삶이 뿌리 내리고 있는 토양이다. 과거에는 세상이 힘의 논리에 의해 지배됐다면 21세기는 문화가 이를 대체하게 될 것이다. 확산돼가는 시장경제체제 하에서 순수 문화예술은 생존하기 힘들 수밖에 없다. 오늘날 기업이나 가진 자들의 문화에 대한 지원이 절실한 이유이다.

한편 근현대에 와서도 노블리스 오블리제의 정신은 이어졌다. 이른바 '철강왕'으로 불리는 앤드루 카네기가 그 대표주자다. 그는 미국인들에게 성공한 기업가이기 전에 자선사업가로 더 알려져 있다. 그는 '부자로 죽는 것은 가장 수치스러운 일'이라는 좌우명에 따라 전 재산의 90퍼센트 이상을 자선사업에 쓰고 세상을 떠났다.

그가 카네기재단에 공식적으로 기부한 액수만 무려 2억 3,600만 달러에 이른다고 한다. 약 100년 뒤인 오늘날 화폐가치로 환산하면 상상하기도 어려운 액수다. 그밖에 개인적인 기부는 다 알려지지도 않았다. 반면 가족에게는 아주 적은 유산을 남김으로써 부의 세습을 당연하게 여기는 후세 사람들에게 귀감이 됐다.

오하이오 스탠더드 석유회사를 창립한 존 록펠러 또한 자선사업으로 널리 알려진 사람이다. 그는 젊은 시절에 미국 내 정유소의 95퍼센트를 지배하는 스탠더드 오일 트러스트를 조직해 반反트러스트 법을 위반하는 등 '혐오스러운 기업가'로 손가락질을 받은 적도 있었다. 하지만 54세에 병을 얻은 뒤 인생에서 가장 소중한 것은 '나누고 베푸는 것'이라는 사실을 깨달았다. 그리하여 1890년대에 시카고대학 설립 기금 6,000만 달러를 필두로 그 후에도 여러 재단에 3억 5,000만 달러를 기부했다.

21세기 들어 세계 최고 부자로 등극한 마이크로소프트의 빌 게이츠는 일찌감치 200억 달러 이상의 기부금을 내 '빌 앤드 멜린다 게이츠 재단'을 설립했다. 세계 두 번째 부자로 꼽히는 워렌 버핏은 전 재산의 85퍼센트에 해당하는 370억 달러를 빌게이츠 재단과 여러 사회단체에 기부했다. 미국 실리콘 밸리의 투자를 좌지우지하는 알베르토 빌라 또한 카네기센터를 비롯한 여러 문화단체에 천문학적 액수의 후원금을 기부한 것으로 유명하다.

이처럼 노블리스 오블리제의 전통을 면면히 이어오는 서구 사회에 비하면 우리나라 기업들의 사회공헌활동은 매우 초라하다. 부의 세습을 당연하게 여김은 물론이고 문화예술에 대한 지원도 매우 인색하다. 근본적인 문제는 우리 사회에서 부의 사회적 환원이 잘 이루어지지 않는다는 것이다. 급격한 산업화 과정에서 우리 사회에는 그러한 전통이 마련되지 않았던 까닭이다.

사람들은 행복해지기 위해서 더 많이 가져야 한다고 생각한다. 하지만 그것은 욕심에 불과할 뿐이다. 비록 작고 보잘것없을지라도 내가 가진 것을 남에게 베풂으로써 행복을 누릴 수 있다. 그것이 곧 노블리스 오블리제의 시발점일 것이다. 축적한 부의 과시나 상속의 수단으로서가 아닌 진정한 의미의 노블리스 오블리제를 실천하는 데 우리 사회도 한 발짝 나아가야 할 것이며, 여기에는 기업인을 비롯한 사회 지도자가 앞장서야 할 것이다.

나는 2010년 초에 「중앙일보」에 '미리 쓰는 유서' 라는 칼럼을 통해 사후 장기기증, 후계구도, 향후계획 등에 대해 공식적으로 밝혔다. 그 칼럼에서 언급한 내용에 대해 나는 앞으로 실행방안을 강구할 것이다. 이해인 님의 '미리 쓰는 유서'의 시구처럼 나도 '그동안 받은 사랑 진정으로 고마웠습니다' 라는 말로 생을 마감하고 싶다.

내 인생의 이모작을 위해

사회복지법인 따뜻한 동행을 설립함으로써 14년 동안 지속적으로 해온 봉사활동이 한 단계 도약할 수 있는 계기가 마련됐다. 사회복지에 대한 전문성을 갖추고 더 효율적이며 조직적인 사회공헌활동을 펼칠 수 있는 조건이 마련된 것이다.

그처럼 따뜻한 동행 재단이 설립된 지 한 달쯤 지난 4월 어느 날이었다. 70대 중반의 노신사 부부가 나를 찾아왔다. 중소기업을 경영하는 박승범 회장이라는 분이었다. 그분은 이렇게 말했다.

"작년 9월에 회장님께서 『매경춘추』에 쓴 '나눔과 행복' 이라는 칼럼을 보고 감회가 깊었습니다. 그래서 스크랩을 해두고 회장님을 꼭 한번 뵈려고 하다가 이제야 결심을 하게 됐습니다."

도대체 그 결심이 무엇일까? 나는 속으로 그렇게 궁금해하며 노 회장의 말씀에 귀를 기울였다. 박 회장은 말을 이었다.

"저는 그 칼럼에서 장애인을 돌보는 기업연합복지재단 구상을 보고 깊은 감명을 받았어요. 그래서 스크랩한 칼럼을 여태 간직하고 있었는데 지난번에 사회복지법인 '따뜻한 동행' 출범 소식을 접하고서 말과 행동이 다르지 않은 신뢰할 수 있는 분이라 생각하고 회장님을 찾아오게 된 것입니다."

그러면서 박 회장은 구체적인 기부 내용을 내게 약속해주었다.

"제가 참여하는 모임에서 1년에 몇 차례씩 자선파티를 엽니다. 그때 모인 기금을 따뜻한 동행에 기부를 하겠습니다. 또 우리 아이 중에 음악을 전공한 녀석이 있는데 그 재능도 함께 기부토록 하겠습니다."

노 회장은 자신의 의지를 확인이라도 시켜주려는 듯 애를 쓰는 모습이 역력했다. 그분은 내가 칼럼 내용에 밝힌 바를 단 몇 달 만에 실천함으로써 '언행일치'를 보여준 것에 대해 신뢰를 가진 것이었다. 그리하여 내가 벌이는 여러 가지 활동을 자녀들과 함께 모니터링을 한 뒤 우리와의 동행을 결심하게 됐다고 했다.

나는 그분을 만나면서 나의 일거수일투족이 사회적으로 많이 노출되고 있다는 생각에 섬뜩함을 느꼈다. 하지만 또 다른 동행자를 만나게 됐다는 사실에 금세 마음이 따뜻해지는 것을 느꼈다. 여러 사람들과 참으로 따뜻한 동행이 이뤄질 것 같다는 그런 느낌 말이다.

나는 애초에 사회공헌활동을 회사경영의 핵심가치로 삼으면서 '전 구성원의 자발적인 참여'를 목표로 삼았다. 또한 그 목표에 도달하기 위해 3단계 계획을 가지고 추진해왔다.

1단계는 우리 회사 차원에서 독자적으로 사회공헌활동을 벌이면서 필요할 때 관련 업체나 전문기관 등에 협력을 요청하는 단계였다.

2단계는 그런 경험을 축적해 파트너십을 구축하는 단계로 보았다. 그리고 마지막 3단계는 사회공헌활동에 대한 광범위한 네트워크를 구축해 전 사회적으로 확산되는 단계를 꿈꾸었다.

이처럼 점진적으로 사회공헌활동의 수준을 높여오면서 우리는 1단계와 2단계를 거쳐왔다. 그리고 따뜻한 동행 재단을 설립한 것과 궤를 같이해 3단계 수준에 첫발을 내딛게 됐다.

그런 시점에서 낯선 인사가 찾아와주신 것은 지금까지 우리가 벌인 활동이 나름대로 평가받을 수 있다는 증거였다. 우리의 활동이 전 사회적으로 확산될 수 있다는 가능성이 보이기 시작한 것이다.

따뜻한 동행에서는 이강현 세계자원봉사협의회 회장, 권오정 건국대 건축학부 교수, 김수진 서울시 그룹홈지원센터 소장, 백경학 푸르메재단 상임이사, 백은령 총신대 사회복지학과 교수, 양옥경 이화여대 사회복지전문대학원 교수, 정진모 서초한우리정보문화센터 관장, 정희선 볼런티어21 사무처장 등 8명의 인사를 자문위원으로 위촉하고, 재단의 발전방향과 주요 사업의 의사결정에 대한 전문적인 도움을 받고 있다.

누구에게나 인생은 이모작이다. 내 인생 전반기의 목표는 경영인으로서 우리나라 건설산업을 혁신하는 데 기여하는 것이었다. 하지만 이제 인생의 후반부를 맞아 나눔과 봉사를 실천하고 이를 널리 전파하고 조직하겠다는 더 큰 목표를 향해 또 다른 도전을 시작하고 있다.

기업이 세상을 더 좋은 곳으로 바꿀 수 있다

우리 사회에서 기업에 대한 인식은 긍정적이지만은 않다.

최근의 상생문제도 그러한 배경이고 그동안 일부 기업이 비리, 정경유착, 부패 등의 원산지였고 일부 기업 오너들의 편법, 탈법, 몰염치 등도 기업의 인식을 나쁘게 하는 원인이었다.

하지만 우리가 이렇게 잘살게 되고 세계적으로 대한민국이 평가받고 있는 것은 기업이 크게 성공하면서 고용창출을 통하여 국가 경제에 이바지한 덕분임을 잊어서는 안 된다.

우리나라는 이제 스스로 잘사는 문제뿐만 아니라 더불어 잘사는 세상을 기업의 사명으로 삼아야 할 때가 되었다. 미국 등 선진국에서는 빌 게이츠와 워렌 버핏 같은 세계 최고의 부자들이 거의 자기 전 재산을 사회에 환원하여 기업의 힘으로 세상을 더 좋은 곳으로 바꾸고 있다. 이들은 또한 미국 100대 재산가들이 자기 재산의 반 이상을 기부하는 운동도 벌이고 있다.

이 운동에 40여 명의 거부가 동참키로 했고 약정 금액만 1,500억 달러(약 176조 원)를 넘었다 한다. 이것은 우리에게는 다소 꿈같은 이야기일 수 있다. 그렇지만 우리 사회도 기업의 힘으로 세상을 더 좋은 곳으로 바꾸는 노력을 시작해야 한다.

회사마다 뜻이 있으면 그 회사의 특성을 살려 자신의 힘으로 세상을 더 좋은 곳으로 바꿀 수 있는 길은 얼마든지 있다고 믿는다. 이를 위해서는 지도자와 가진 자의 역할이 중요하며 가치관의 재정립이 무엇보다도 중요하다.

기업의 부는 오너 일가족의 개인적인 부라고 보기보다는 그 기업이 부를 축적하는 과정에서 수많은 구성원의 피땀 어린 희생과 기여가 바탕이 되었고 국가와 국민의 뒷받침이 있었다는 사실을 재인식해야 할 때가 되었다. 기업은 부의 일부를 사회의 도움이 절실한 계층을 구하는 데 적극적으로 사용해야 한다.

우리 사회에는 이러한 시각에서 변화의 조짐은 도처에 보이고 있다. 다만 빌 게이츠, 워렌 버핏, 앤드루 카네기, 록 펠러 같은 큰 부자들의 동참이 부족할 뿐이다.

우리 회사는 규모는 크지 않지만 '기업의 사회적 사명'을 실천하는 데 일익을 담당해왔고 앞으로도 더 발전된 모습으로 이 일을 감당하는 데 혼신을 다할 것이다.

이를 위해 사회복지법인 '따뜻한 동행'을 만들고 민간의 힘으로 사회복지시설을 업그레이드시키겠다는 목표와 종국에는 장애자가 있으나 '장애가 없는 세상'을 만들자는 꿈을 가지고 있다.

특히 나는 나의 여생의 사명을 '사회공헌사업'에 몸을 바치겠다는 것을 2006년 2개월의 안식휴가 과정에서 이미 결심했고 이를 위해서 '따뜻한 동행'과 'CEO지식나눔' 창립을 주도했다. 이러한 일련의 과정은 내가 우리 사회로부터 받아온 한없는 혜택과 사랑을 환원하는 과정이라고 생각하며 사랑은 또 다른 사랑을 잉태하여 확대 재생산해가리라 믿기 때문이다.

이러한 사랑의 실천은 기업이 성과를 내고 성장을 해야만 가능하다. 성과창출의 가장 밑바탕에는 '구성원 중심'의 기업문화철학이 바탕이 되어야 한다는 것이 나의 믿음이고 이 믿음을 실천해왔다. 구성원과 경영진, 구성원과 조직, 구성원과 구성원 간의 관계의 질이 탁월한 회사는 같은 방향으로 같은 생각을 하면서 열정으로 똘똘 뭉쳐 스스로 성과창출을 하는 조직이 될 수 있다. 직원이 행복해야 주변도 돌아볼 수 있고 사랑도 실천할 수 있다. 우리는 이를 실험하고 있고 적지 않은 성과를 내고 있다.

직장인의 천국 못지않게 중요한 것이 가정의 천국이다. 나는 이 점에 대하여 떳떳하지 못하다. 아내는 바깥에서 하듯이 집에서도 같이 하라고 불평한다. 이는 맞는 말이며 결혼하여 가정을 꾸린 이후에 가정보다는 늘 바깥을 중요하게 생각해오지 않았나 하는 반성을 하게 되고 앞으로는 아내와 아이들을 위해 더 시간을 갖고 가정을 더 가정답게 만드는 프로젝트도 함께 시작해야 할 것이라고 다짐해본다.

한국 민족이 지난 60년간 이룩한 업적은 세계가 경탄하고 있고 우리의 자부심이기도 하다.

기업의 사회적 사명을 재인식하여 '기업이 이 세상을 더 좋은 곳'으로 만드는 사업에 더 많은 동참자를 기대하면서 기업인들의 건승을 기원한다.

독자 여러분에게도 무한한 사랑의 메시지를 전하고 싶다.

여기 자랑스러운 한미파슨스 구성원들이 있습니다.

가영진 강병일 강석배 강성순 강성찬 강세웅 강신규 강영조 강태일 고동희 고부랑 고영일
고영환 고영훈 고재욱 고호성 고희정 곽노옥 곽동원 곽서연 곽한일 구성완 구충완 권근천
권덕인 권세형 권순갑 권순학 권영환 권오경 권오위 권오찬 권용주 권혁준 금동신 김갑수
김건영 김경남 김경태 김경필 김경호 김경화 김규종 김규현 김근배 김기인 김기홍 김대영
김대원 김도균 김도한 김동석 김동재 김두선 김문수 김범안 김보현 김봉기 김상동 김상범
김석호 김선미 김성배 김성수 김성식 김성영 김성원 김성철 김세연 김승욱 김영곤 김영수
김영진 김영찬 김용진 김용훈 김우성 김우일 김유리 김유인 김은형 김인애 김장수 김재균
김재현A 김재현B 김정동 김정식 김정옥 김정용 김정태 김정호 김종호 김주완 김주호 김준래
김지완 김착한 김찬석 김창경 김창래 김창식 김창완 김창운 김창은 김천수 김 철 김태웅
김태웅 김한석 김현곤 김현정 김현준 김형곤 김형만 김형배 김호수 김홍섭 김홍헌 김홍룡
나경남 남궁승 남새별 남영우 남하나 노금주 노성식 노송근 노영진 노치욱 류기춘 모명석
문병두 문상학 문종철 민석기 민웅기 민재일 박갑철 박경모 박경백 박경전 박경휘 박기현
박길수 박나래 박명구 박명호 박민관 박바름 박병규 박병윤 박상진 박상철 박상혁 박상현
박서영 박성수 박세준 박영욱 박원호 박은정 박은주 박장식 박재열 박재웅 박정식 박정우
박정음 박종식 박종훈 박준호 박지애 박진배 박진웅 박차홍 박찬아 박철수 박현병 박현섭
박현진 박홍렬 방지웅 배상빈 배재석 배한철 백기철 백승필 백홍철 변봉수 변상규 변영민
변인수 변정수 변진석 서동정 서민재 서영교 서인수 서준오 서희준 성명식 손기호 손명조
손웅찬 손창석 손희구 송경호 송민호 송병두 송일갑 신광식 신금호 신기성 신동기 신동일
신동희 신성섭 신승주 신영환A 신영환B 신용욱 신용일 신원조 신인철 신재원 신철남 신한철
신희윤 심동석 심미루 심병준 심원섭 심재관 심재진 안광명 안상익 안선주 안성환 안영택
안용환 안장호 안재봉 안재우 안종현 안형준 안희성 양대룡 양재건 양창모 엄준호 여상철
염창원 오기민 오성수 오승경 오승환 오현석 우광호 우종현 원경수 원기상 원덕재 원명희
원영호 원종태 유근만 유동훈 유승곤 유승권 유용환 유은종 유재준 유지우 유현열 윤경환
윤길상 윤선미 윤요현 윤인진 윤종태 윤진철 이경원 이경훈 이공석 이광수 이광준 이국헌
이규영 이기은 이남진 이다영 이대구 이덕로 이동명 이동섭 이동열 이동찬 이명식 이명재
이미영 이범구 이병건 이병일 이병희 이상령 이상조 이상철A 이상철B 이상환 이석준 이성백
이성호 이송이 이수연 이순광 이승열 이승우 이승혁 이승현 이승호 이양우 이양호 이영민
이영석 이영우 이영일 이영환 이용광 이용채 이용희A 이용희B 이욱원 이원구 이원석 이윤석
이익한 이인덕 이재관 이재영 이정배 이정복 이정주 이종현 이주영 이주용 이주현 이주희
이준규 이지혜 이지희 이진규 이진옥 이진호 이창우 이창호 이철빈 이충한 이태수 이태열
이태호 이택상 이택수 이한호 이항복 이해욱 이혁진 이현균 이현석 이현용 이형주 이혜성
이훈희 임경범 임규모 임동준 임문환 임석종 임수철 임영규 임용묵 임우영 임종환 임지훈
임창연 임창현 임현용 장 근 장대성 장성용 장승필 장용기 장인성 장인철 장재곤 장종윤
전덕준 전성철 전영준A 전영준B 전은도 전태석 전하진 전해동 전현주 전형준 전환덕 정규섭
정기열 정기준 정길호 정대진 정동명 정미애 정 민 정상민 정석원 정선태 정성효 정세진
정순오 정양곤 정용선 정유태 정익교 정인달 정일균 정임수 정제헌 정종관 정찬엽 정찬영

정태원 정태준 정하진 정홍진 정희석 조기봉 조남욱 조남행 조능호 조덕원 조명관 조병인
조성덕 조성필 조승연 조원규 조윤성 조일현 조일형 조장환 조정민 조정환 조준범 조진곤
조창호 조한창 조현미 조현우 주광영 지형권 진외룡 진재영 차홍철 천경우 최경철 최기성
최상민 최선경 최선종 최성술 최성용 최성우 최승균 최승호 최영규 최영상 최영신 최용재
최우람 최윤권 최인옥 최정호 최주원 최진규 최태선 최한규 최형국 최호경 최호진 최홍섭
탁용운 표영민 하상원 하영신 하지혜 한대현 한동수 한상섭 한성만 한우섭 한지헌 한진선
한화택 함광훈 허 근 허상호 허진수 허창수 현준섭 홍 석 홍성구 홍성현 홍순천 홍순현
홍영규 홍장군 홍현수 황규용 황규찬 황기효 황명환 황정환 황지애 황호일 황현철

Carlton Walker	David Graham Raw	Dennis Duerr	Matthew Havill
Mike Davis	Christopher O'shea	Robin Penman	Gunthar Detches
Rizaldy Reyes	Ana Pingol	Shaib Mohammed	Salman F. Al Qarzouh
Abdu Nour	Saida Menjly	Yasantha Mudianselage	Richard Barber
Rihab F. Abusedra	Eugenio G. Item	George Obungen	Radel Madarang
Fatma H. Elshawish	Hesham Bouderbala	Ahmed A. Queiri	Marwan ElBabaa
Seraj El Anizi	Amin Salem	Wesam M. Nabous	Salem Ali
Mohammed Elhassy	Ahmed S. Elnakhat	Malik Elmehdawi	Anwar R. Shennib
Khalil Kezeiri	Ali Ramdan	Motasem Alammari	Gonzalo Fernando
Najeeb Salem	Walid Salem	Haithm A. Alfitory	Esam Alamin
Emad Elgazwi	Emadeldin Kablan	Hatem K. Ahmoda	Danny Quijano
Jarlath Hagan	Ashraf Al Shami	Brian J. Campbell	Joseph C. Fontanoz
Ahmed. El Anizi	Edward D. Awas Jr.	Ray P. Tongol	Mukhtar Jaouda
Sofian A. Elgmaty	Haifa M. Badr	Suresh K. Suppiya	Ajith K. Singappulige
Saied S. Alhudere	Patricio Santiago	Peter Massagan	Joseph Narag
Nader Al Shirafy	Dioscoro C. Ranis Jr.	Moftah A. Elshakey	Franklin C. Sumile
Salah Alsakran	Samuel A. Buaya	Ricky T. Gutana	Robert J. Vega
Essam Mohamed	Osama Mohamed	Mohammed Masud	Neiazi Bahlol
Ibrahim Arbi Elfallah	Abdalla Elmahgub	Jeremy Matterson	John Meredith
Edgard Abd	Tomas Mason	Adnan Salhani	Ali Gharaibeh
Muhammad Aliuddin	Sami Hamed	Brian King	Darren Sutherland
Imran Mehmood	Nabil Jafar	Ashraf Issak	Neil Harvey
Diomedes Listanco	Benjamin M. Musngi	Jovert B. Sollano	Jose Arlie Castre
Rene Jr. L. Lamera	D krishnaswamy Udayashankar		Nestor E. Tugade
Harisankara Babu Challa	Isagani Osal Ty	Edgardo N. Arabe	Arnold J. Palmiano
Edwin A. Pagdanganan	Ali Said Mubarak Al Junaibi		Rommerl G. Aya
Anthony D. Palayaban	Bantula June L.	Aquileo G. Santiago	Avelson E. Delgado
Marvin Fronteras	Syed Mohammad Shamin Alam		Christopher Comper
Nestor Abrazado	Manuel Chua Cantuba	Richard Arevalo	

이 광 동려운 장 해 황덕천 최수만 황기훈 안월진 박태명 심견영 김경석 오서광 김 뢰
박성일 권길선 허춘욱 박송철 김승범 염광일 현홍걸

KI신서 2963

우리는 천국으로 출근한다
–한미파슨스 김종훈 회장의 유토피아 경영

1판 1쇄 발행 2010년 11월 15일
1판 17쇄 발행 2024년 4월 1일

지은이 김종훈
펴낸이 김영곤 **펴낸곳** (주)북이십일 21세기북스
편집 북이데아 **북디자인** 표지 본문 twoes
출판마케팅영업본부 본부장 한충희
출판영업팀 최명열 김다운 권채영 김도연
제작팀 이영민 권경민
출판등록 2000년 5월 6일 제406–2003–061호
주소 (우 10881) 경기도 파주시 회동길 201(문발동)
대표전화 031–955–2100 **팩스** 031–955–2151 **이메일** book21@book21.co.kr

(주)북이십일 경계를 허무는 콘텐츠 리더

21세기북스 채널에서 도서 정보와 다양한 영상자료, 이벤트를 만나세요!
페이스북 facebook.com/jiinpill21   **포스트** post.naver.com/21c_editors
인스타그램 instagram.com/jiinpill21   **홈페이지** www.book21.com
유튜브 www.youtube.com/book21pub

서울대 **가**지 않아도 들을 수 있는 **명강**의! 〈서가명강〉
유튜브, 네이버, 팟캐스트에서 **'서가명강'**을 검색해보세요!

© 김종훈, 2010

이 책의 인세는 저자의 뜻에 따라 사회복지 법인 '따뜻한 동행'에 기부되어
장애인지원 사업에 사용될 예정입니다.

ISBN 978–89–509–2717–2 03320
책값은 뒤표지에 있습니다.